| 光明社科文库 |

鲁班工坊建设的标准化模式研究与实践

王娟　霍琳◎主编

光明日报出版社

图书在版编目（CIP）数据

鲁班工坊建设的标准化模式研究与实践 / 王娟，霍琳主编．--北京：光明日报出版社，2022.4

ISBN 978-7-5194-6523-0

Ⅰ.①鲁… Ⅱ.①王… ②霍… Ⅲ.①职业教育—研究—中国 Ⅳ.①G719.2

中国版本图书馆 CIP 数据核字（2022）第 059680 号

鲁班工坊建设的标准化模式研究与实践

LUBAN GONGFANG JIANSHE DE BIAOZHUNHUA MOSHI YANJIU YU SHIJIAN

主　　编：王娟　霍琳

责任编辑：杜春荣　　责任校对：张慧芳

封面设计：中联华文　　责任印制：曹　净

出版发行：光明日报出版社

地　　址：北京市西城区永安路 106 号，100050

电　　话：010-63169890（咨询），010-63131930（邮购）

传　　真：010-63131930

网　　址：http://book.gmw.cn

E - mail：gmrbcbs@gmw.cn

法律顾问：北京市兰台律师事务所龚柳方律师

印　　刷：三河市华东印刷有限公司

装　　订：三河市华东印刷有限公司

本书如有破损、缺页、装订错误，请与本社联系调换，电话：010-63131930

开　　本：170mm×240mm

字　　数：255 千字　　印　　张：16.5

版　　次：2023 年 5 月第 1 版　　印　　次：2023 年 5 月第 1 次印刷

书　　号：ISBN 978-7-5194-6523-0

定　　价：95.00 元

编委会

主　　　编： 王　娟　霍　琳

参与编写人员： （按照姓氏笔画顺序）

丁　冉　于忠武　王丹阳　王兴东

王　妍　王　娟　王　翀　王　群

王　璐　申　奕　史翠玉　冯文忠

李立功　李晓彤　张如意　张宏戌

张梦龙　张　楠　张　颖　梁宇栋

黎志东　霍　琳

前　言

鲁班工坊是职业教育积极响应国家“一带一路”倡议的重点国际化办学项目。鲁班工坊的主要目的在于通过职业教育进行国际合作，与世界开展技能分享，同时起到服务国际产能合作和推进中外人文交流的重要作用，项目彰显了精益求精的工匠精神和国际合作的发展理念。本著作是全国教育科学“十三五”规划教育部重点课题《“一带一路”视域下海外鲁班工坊建设的标准化模式研究》（DJA180328）的研究成果，课题研究于2018年立项，历时两年。

鲁班工坊为天津首创、原创中外人文交流品牌项目，已经经过了六年的研究与实践过程，在基本概念、核心观点、基础理论支撑、建设程序、建设模式和标准方面的研究与实践均取得了一定的成果并在业内广泛获得共识。基于课题研究已取得的研究成果，课题组继续深入进行了研究总结，研究重点和主要成果体现在：鲁班工坊建设的基础理论框架，中国职业教育响应“一带一路”倡议进行国际化办学的政策梳理，鲁班工坊的建设流程、模式、标准和运行机制和相应的国际比较等。鲁班工坊的研究与实践着力于落实全国职教大会的有关精神，立足于分享中国职教方案、支持国际产能合作，打造中国职业教育国际知名品牌。同时，在不断总结的基础上，不断延伸和拓展鲁班工坊的功能，增强适应所在国外部生态环境的能力和可持续发展的内生动力，使鲁班工坊建设在整体规划和顶层设计下，做到建设有标准、内生有动力、运行有规范、成效有标准。

本著作共计七章，第一章对我国职业教育国际化发展进行了综述与分析；第二章分析了鲁班工坊国际化合作与服务的理论基础和国际经验，梳理了鲁班工坊的发展进程；第三章分析了鲁班工坊的定位并对已建成的鲁班工坊进行了比较研究，总结了鲁班工坊取得的成效；第四章概括梳理了鲁班工坊组建模式和运行机制及鲁班工坊建设的制度与保障体系；第五章提出了鲁班工坊建设的标准化模式；第六章提出了鲁班工坊持续建设与发展路径；第七章为鲁班工坊个案研究。本著作由天津轻工职业技术学院国际交流与合作处副处长王娟、质量管理中心霍琳主编，天津轻工职业技术学院党委书记戴裕崴研究员、原天津市职业大学章建新教授（天津轻工职业技术学院聘请专家）担任编写顾问，天津市教育科学院杨延教授担任主审。编写组主要成员为在天津市首批建成六个鲁班工坊的高职和中职院校的相关领导及老师们，参与编写的人员均不同程度地参与了鲁班工坊建设和运行管理的全过程，他们对鲁班工坊建设的基础理论研究具有较好的基础，对鲁班工坊的实践研究具有较丰富的经验。

在本著作编写过程中，得到了天津市教委领导及天津市鲁班工坊研究与推广中心相关领导的具体指导及相关兄弟院校的大力支持。对此，编写组对给予本著作大力支持的各级领导和专家表示由衷的感谢。

《鲁班工坊建设的标准化模式研究与实践》编写组

2022 年 2 月 20 日

目　录
CONTENTS

第一章

“一带一路”倡议与中国职业教育国际化发展的机遇和挑战

第一节　中国职业教育国际化办学的历史沿革与现状分析

我国的高等职业教育起步较晚，在高等职业教育国际化的道路上也不断在向发达国家学习借鉴，虽然目前我国高等职业教育正在逐步向国际化迈进，但由于人们对国际化这一概念的定义把握不够准确，导致高等职业教育在开展国际化工作方面的错位与不清。因此，必须首先厘清两个概念：高等教育国际化和高等职业教育国际化（陈保荣，2012）。

对于高等教育国际化，教育界从不同角度给予了解释：我国的《教育大辞典：高等教育卷》（汪永铨主编，上海教育出版社出版）给出的定义是“各国高等教育在面向国内的基础上面向世界的一种发展趋势”。成立于 1989 年的欧洲国际教育协会在界定高等教育国际化时指出，“国际化是一个总体的过程，在这一过程中高等教育更少地趋向于本国，更多地趋向于国际发展”。联合国教科文组织（UNESCO）所属的国际大学协会（IAU）给予了比较权威的定义：“高等教育国际化是把跨国界跨文化的观点和氛围与大学的教育与教学、科研和社会服务等主要功能相结合的过程，这是一个包罗万象的变化过程，既有学校内部的变化，又有学校外部的变化；既有自下而上的，又有自上而下的；还有学校自身的政策导向变化。”这一定义对高等教育国际化从内涵、功能、空间、资源共享等方面进行了界定，使这一概念有了准确的定义。

对“高等职业教育国际化”这一概念，职业教育领域也有过不同的界定，孙芳仲、林若红在《高职教育国际化发展策略探析》一文中给出的内涵界定是“高等职业教育国际化应该是作为我国职业教育面向世界的办学过程，容纳世界先进的职业教育资源的一个活动过程，它的核心是培养具有国际视野的具有竞争力的高素质人才，尤其是具有创新能力、实践能力的技术性人才”。上海第二工业大学高教所杨旭辉给出的界定是“高职教育国际化是在经济全球化的大背景下，各个主权国家在高级技术应用性教育方面相互交流、相互借鉴的过程”。扬州职业大学刘正良博士在《高职教育国际化的结构适应性与对策思考——江苏经验的经验分析》一文中的定义是“高职教育国际化是指国内高职教育与国际教育机构、国际企业的交流合作，培养具有国际发展意识、国际交往能力和国际竞争力的高素质劳动者和高技能人才的过程”。

从这些定义中可以看出，不同研究者从不同角度对高职教育国际化这一概念进行定义，侧重点虽有不同，但却是对高职教育国际化这个教育过程中的教育目的、教学手段、教学效果进行限定，也就是说高职教育国际化是高等职业院校依据国际公认的课程标准，运用科学合理的教学手段，培养具有国际视野和在国际范围内通用的技能人才，是一个综合而又完整的教育过程，强调对培养对象——人的塑造和激发，使之趋向于合乎共同标准的教育活动。

我国职业教育国际化发展大致经历了全盘西学、进展缓慢，初步发展、遭遇挫折，百废待兴、探索尝试，全面复苏、创新发展四个阶段。当前，我国的高等职业教育实现了历史性的新跨越，高等职业教育已经成为目前世界上规模最大的职业教育体系。随着“一带一路”倡议的提出，为职业教育国际化提供了新的机遇，也赋予了职业教育新的内涵和更广阔的发展空间。“鲁班工坊”是一种能够代表中国特色职业教育的形式，对促进我国职业教育国际化发展具有重要的意义。

一、1949 年前：全盘西学、进展缓慢

职业教育思想在我国教育发展过程中是有传统的，我国古代职业教育的主要形式就是学徒制，注重学生在实践中学习，近代的实业教育也强调工学并进。近代，“职业教育”一词是舶来品，我国近现代的职业教育思想最早可以追溯到 20 世纪早期，以著名教育家、近现代职业教育重要奠基人黄炎培先

生为代表的专家学者，就职业教育问题著述论说。

二、1949—1979 年：初步发展、遭遇挫折

到了 20 世纪五六十年代，“实践、认识，再实践、再认识”以及“教育与生产劳动相结合”的思想在教育界得到比较普遍的认同，学生走出校园，学工学农，不但学习文化知识，也了解社会现状（苏俊玲，2008）。但此时的职业教育尚处于孕育奠基阶段，仅实现了从自发到自觉、从单一到多元、从简单到全面、从无序到规范的过渡，职业教育国际化尚不明显。

三、1980—2010 年：百废待兴、探索尝试

20 世纪七八十年代，中专、技校是我国主要的职业教育模式，且大多数中专、技校隶属于行业或企业。学生在学校学习 1~2 年的专业基础知识，再下车间跟在师傅后面手把手学习实践技能，学成之后留在实习企业或是分配到行业内的单位就业。这是一种比较典型的职业教育方式，为当时的社会主义建设培养了一大批技能型人才。

20 世纪 80 年代，开始对外国中高级技术工作人员展开培训，我国职业教育“走出去”的历程由此拉开。但长久以来，受自身发展局限、国际局势多重因素影响，我国职业教育“走出去”步伐并不快，也没有形成如“孔子学院”一样的中国教育知名品牌。2006 年，我国开始了示范校、骨干校建设，这是我国职业教育走向现代化的里程碑，据不完全统计，三年之中全国 1200 所的高职院校校长均出国考察，70%的二级单位领导和教研室主任出国考察，全面接受了世界职业教育发达国家的教育体制、模式和育人方式。姜大源把改革开放以来中国职业教育的发展历程划分为四个阶段：1978—1998 年为职业教育发展起飞阶段、1999—2002 年为职业教育发展回落阶段、2003—2010 年为职业教育发展机遇阶段、2011—2020 年为职业教育发展创新阶段。

20 世纪七八十年代时，我国高等职业教育从发展之初就融入了国际化的元素，借鉴了发达国家的职业教育制度，得到了发达国家、世界银行和联合国有关组织的大力支持。职业教育国际化首先开展的工作是引入发达国家的教育理念。学习、引进国外校企合作教育这一人才培养模式成为职业教育改

革的一大方向，在中央到地方各有关部门的支持下，许多学校结合实际开展了不同层次、不同类型的校企合作教育。20 世纪 80 年代，我国的高职教育就开始引进国外发达国家的校企合作模式，包括德国的双元制、MES（Modules Of Employable Skills，模块式技能培训）、行动导向教学；加拿大的能力本位 CBE（Competency Based Education“以能力为本位”的教学模式）；澳大利亚的 TAFE（Technical and Further Education，职业技术教育学院）；英国的 BTEC（Business & Technology Education Council，英国商业与 MOSHI 技术教育委员会）。这些先进的理念和模式引发了我国职业教育改革的浪潮，推进了我国校企合作改革发展的步伐。

多个实践案例标志着我国“引入”阶段的开始。例如，1983 年，国家教委牵头开展了中德第一个职业教育合作项目——南京建筑职业技术教育中心。此后，中德进行了很多合作，德国“双元制”在我国得到广泛推广；1985 年上海工程技术大学与加拿大滑铁卢大学合作，采用“一年三学期，工学交替”的模式进行校企合作教育实验；20 世纪 80 年代，天津中德职业技术学院引进吸收国际优秀的教育模式，包括德国的“双元制”模式和日本的企业经营管理教育培训模式。天津中德职业技术学院在充分借鉴国外教育模式的基础上，根据自身条件不断创新发展，较好地实现了国外教育经验的本土化创新。此后，天津中德职业技术学院在原有国外合作的基础上，又陆续拓展了与加拿大、美国、澳大利亚等国的著名院校、企业和机构之间的多种合作，截至目前已经建立了近二十种合作项目，将学院成功打造为全国职业教育开展国际合作的典型范例。天津职业大学的酒店管理专业于 2001 年在学习借鉴英国职业教育体系中的 BTEC 课程项目时，采取的方式就是研究与实践并重，在学习研究的基础上加强实践培训，努力实现国外教学模式本土化。到 2002 年 3 月又启动了“中澳（重庆）职业教育与培训项目”，这是两国政府间最大的职业教育项目，通过这个项目，我国借鉴了澳大利亚的 TAFE 人才培养模式，改革了传统的教学模式和方法。

到了 2007 年，《中国共产党章程》和党的十七大报告明确指出人才强国战略是发展中国特色社会主义的三大基本战略之一。在人才强国战略的指引下，多种途径培育人才以及多渠道吸引海外高层次人才工作加速推动。这一发展阶段，确立了以我为主、按需引进、突出重点的国际交流方针。其特点是借鉴国外职教的先进理念，在认真调研、理解吸收的基础上，注重本土创新并与国情和自身条件相结合。

四、2010 年至今：全面复苏、创新发展

从 2010 年开始，合作办学和交流的频率逐步递增，数据显示：2010 年开始的头三年，合作办学和交流次数分别达到 244 次和 286 次。2011 年，《教育部关于推进高等职业教育改革创新引领职业教育科学发展的若干意见》指出，高等职业学校要服务国家“走出去”战略，满足企业发展需要和高技能劳务输出需要；2014 年《国务院关于加快发展现代职业教育的决定》指出“到 2020 年，形成适应发展需求、产教深度融合、中职高职衔接、职业教育与普通教育相互沟通，体现终身教育理念，具有中国特色、世界水平的现代职业教育体系”；2016 年 3 月，在教育部职业教育与成人教育司印发的《2016 年职业教育与继续教育工作要点》中强调，新时期职业教育的对外开放，必须做到“走出去”与“引进来”平衡发展，要求各个职业院校积极做好对外交流的整体布局与规划，提升职业教育对外合作的针对性与可操作性。世界水平有两层含义：一是通过消化吸收，使中国特色现代职业教育体系与国际接轨；二是中国特色现代职业教育能够走向世界。可以说，自 2010 年开始，我国职业教育国际化已经进入“引进来”和“走出去”双管齐下的发展阶段。

特别是 2013 年“一带一路”倡议提出以来，职业教育国际化的“走出去”趋势更加明显。2015 年 3 月，国家发改委等部门发布了《推动共建丝绸之路经济带和 21 世纪海上丝绸之路的愿景与行动》。同年，教育部发布了《高等职业教育创新发展行动计划（2015—2018 年）》，明确指出要扩大与“一带一路”沿线国家的职业教育合作，主动发掘和服务“走出去”企业的需求，培养具有国际视野、通晓国际规则的技术技能人才。

当前，我国的高等职业教育实现了历史性的新跨越，高等职业教育已经成为目前世界上规模最大的职业教育体系。以课程建设为例，我国根据“走出去”与“引进来”的社会发展需求，不断加强高等职业教育国际化课程体系、教学标准、教学模式及创新项目开展等国际化课程建设。例如，陕西工业职业技术学院于 2018 年启动与印度尼西亚、孟加拉国等“一带一路”沿线

国家高校开展教师和学生交流项目，计划打造1～2个全英语（或其他语种）授课的通识性国际化课程，拓宽国际化课程建设领域。同时，该校通过实际开展的教育部有色行业职业教育“走出去”赞比亚电工培训班项目，探索在国际化课程建设上优化教材内容，探索新型活页式、技能训练手册式的教材开发，课程讲授形式采用双语授课、双语习题等模式。

以天津为例，天津从五方面推动职业教育国际化的发展：一是拓宽国际合作渠道；二是引入国际标准促进行业和院校共同发展；三是加强海外培训基地建设；四是推动“中国标准”走出国门；五是精心组织国外员工培训。其中，在海外培训基地建设方面，从“十一五”规划开始，天津市不断加强职业教育的海外培训基地建设，先后与德国、加拿大、澳大利亚等国家和地区合作共建师资培训基地。天津职业院校每年选派优秀教师赴海外深造学习，取得了良好的效果。其中，天津职业大学眼视光工程学院，多次选派优秀教师赴法国、奥地利、澳大利亚和美国等国家进行学习交流，走访国外眼视光专业院校，深入学习调研国外院校眼视光专业的发展历史、目前发展状况、采取的办学模式、所需的科研成果、院校教师队伍状况和学生参与实验实训等情况。

第二节　中国职业教育从封闭转向开放

新时期，中国职业教育国际化办学的标志是从封闭转向开放，在新理念、新格局、新阶段的新时代下，中国职业教育在全面实施国际交流与合作方面应当迈出新步伐。对此，应当针对影响其这一观念转变的重要标志性事件，即《唐山声明》加以剖析。

2017年7月5日，国际职业技术教育大会在中国唐山通过了标志性成果文件《国际职业技术教育大会唐山声明》。《唐山声明》主要涉及四个重点领域：预测和评估技能需求；发展惠及全民的技能；提升技能和资格认证的透明度和认可度；推动不同职业更好地利用技能，支持创业。《唐山声明》反映出了大家对于进一步发展职业技术教育的积极态度和观点，为今后职业技术教育的发展奠定了一个新的基础。《唐山声明》的发布也是对落实联合国教科文《教育2030》计划的一个重要的贡献。该声明促使大家加强职业技术教育领域的交流与合作，在世界范围内弘扬劳动光荣、技能宝贵，为培养可持续发展所需要的高素质劳动者和技能人才贡献力量。该声明还提出了构建“一带一路”职业教育共同体的设想，倡导各国在职业教育领域开展多元合作，为世界经济的持续发展提供人才动力。通过教育理念与培养模式的转化和创新发展，实现本土化职业教育与世界融合的现代化发展。调整职业教育结构同人和社会发展的秩序高度协同，与其他国家的职业教育体系能兼容、互认互通，最终形成定位精准、交叉通联、层次明晰的富有中国特色与世界高水平的职业教育体系。这就表明了中国职业教育领域正在转向更加开放，将与世界先进职业教育国家互鉴互融，提升本国的人才素质和研发创新能力，为职业教育相对落后的国家和地区输送人才、经验，主动承担大国责任。

唐山会议中各国代表围绕“不断变化的技能：全球趋势与本土实践”这一主题展开讨论，共话职业技术教育的发展与未来，达成了许多的共识，必将有力推动国际间职业技术教育的交流与合作，有力促进各国职业技术教育的共同发展。通过此次大会，中国也更加认识到要认真学习借鉴各国经验，把握发展趋势，立足本土实践，全面提升职业技术教育质量与水平，让更多的人掌握就业技能和本领，为推进经济发展、产业转型打下坚实基础。

一、创新型、开放性职业教育的新理念

一方面，我国职业教育要构建“引进来”的长效机制。即在微观层面要积极引进国际先进的职业教育管理方法、评价体系、技术标准、产品标准、服务标准及工艺流程等，以此为借鉴，打造我国优质教学内容系统；同时在中观层面，吸纳英国的质量保障体系、德国的“双元制”等来提升我国职业教育国际化系统的创新；在宏观层面，逐步拓展多种形式的中高职衔接、集团化办学、人才培养基地建设、联合办学等，为国际化发展提供多元平台。同时，我们要注意创新发展，不能过度向外借鉴，这也不利于中国特色职教品牌的形成与输出。近年来，中观职业教育改革发展经验还是缺乏系统的理论研究和实践梳理，使得在国际化进程中多数项目为一般性交流和访问，不

利于中国经验的世界性分享。因此，国际化面临的首要问题是协调好引进来和走出去的项目平衡，在“请进来”的基础上探索适合国情的改革方案，形成自主品牌，为“走出去”奠定基础。

另一方面，我国职业教育要提升“走出去”的能力。打造中观职业教育的世界普遍通用性，如打造被其他国家普遍认可的职业教育资格、标准、课程体系、评价体系等，提升我国职业教育的通用性。为此，中国职业教育者要系统梳理职业教育改革发展经验，提炼我国职业教育模式，厘清规律性、可复制性，并形成统一品牌向国外推介，以获得深度和广泛的互信、认可和采纳。中国应当积极参与国际社会中职业技术标准的制定或牵头开发高质量的普遍适用的职教标准，将职业教育的资格证书标准、课程标准与企业和“一带一路”合作地区或国家相应企业的技术标准体系对接。

职业教育国际化是在战略全局和细分领域谋划与国际标准的嫁接，不断适应国际规则的过程。当前我国职业教育正在逐步争取世界的话语权，我们要积极参与职业教育的双边多边政策的沟通与提升参与和协调全球职业教育治理能力。加快从单向适应国际规则转变，通过因地制宜的创新形成具有中国特色职业技术教育标准与规则，提升我国职业教育国际化程度。中国应加强对国际规则的认知和研究，推动国际规则的制定与完善，积极参与全球职业教育治理。一方面，在吸收先进的职教理念的基础上，形成高水平自有创新成果，在国际平台上与发达国家进行平等对话；另一方面，积极分享本土职教经验，形成中国品牌，达成中国职业教育在国际上的“规则适应”与“规则制定”的动态平衡。

二、新时代中国职业教育创新发展的新格局

面对新世纪的发展需求，21 世纪初中国政府确立了科教兴国的重大战略，不断巩固突出推进教育事业优先发展的重要战略地位，把推进教育建设作为基础性、全局性和先导性的工作重点来做；非洲各国也从自身基本国情出发，把推进教育优先发展和促进人才培养工作视为推动国家经济发展的两大重要战略目标。开展教育学术交流与国际合作活动是开展人才培养和促进人力资源综合开发的一个非常重要的途径，是发展中国家加快实现国民经济社会可

持续发展和社会全面进步的必要条件。因此，中国与发展中国家各国政府及国家领导人均希望能从适应时代发展需要和社会经济发展的高度准确认识彼此间的深化教育交流合作的迫切重要性，始终把这项神圣的教育事业的建设置于各国政府对外政策方针、政府的重要战略位置。

非洲国家是“一带一路”沿线重要发展中国家，根据2021发布的《新时代的中非合作》白皮书，中非不断扩大教育和人力资源的开发合作。中国大力支持非洲教育发展，根据非洲国家经济社会发展需要，帮助非洲培养急需人才，通过设立多个奖学金专项，支持非洲优秀青年来华学习。2012年起，中非双方实施“中非高校20+20合作计划”，搭建中非高校交流合作平台。中国在联合国教科文组织设立信托基金项目，累计已在非洲国家培训1万余名教师。2018年以来，中国在埃及、南非、吉布提、肯尼亚等非洲国家与当地院校共建鲁班工坊，同非洲分享中国优质职业教育，为非洲培养适应经济社会发展急需的高素质技术技能人才。

三、职业院校国际化发展的新动能

在新时代中国与发展中国家的合作进程中，“一带一路”教育行动为中非职教合作带来了新的动力。2015年，由教育部牵头印发的《推进共建“一带一路”教育行动》的重要通知中①，明确提出要加强与“一带一路”沿线国家开展各类人才培养和培训计划。包括设立“丝绸之路”中国政府奖学金，全面开展来华留学生教育；加强中国优质职业教育配合高铁、电信运营等企业走出去，探索开展多种形式的境外合作办学；实施“丝绸之路”师资交流培训计划，推进优质教育模式、教学仪器设备、教材课件和整体教学方案输出，推动教育资源共享等内容。加大中国与发展中国家教育领域的广泛交流与合作不仅可以有效增进双方国家的民心相通，同时也为中国与发展中国家的产能合作与中国技术转移提供强有力的人才支撑②。

21世纪以来，随着综合国力的提高和国家化趋势的加强，我国教育援助

---

① 梁克东. 中非职业教育合作的理念与路径 [J]. 职业技术教育，2020，41（06）：69-74.

② 刘亚西. 中国对非职业教育援助与合作研究 [D]. 杭州：浙江师范大学，2018.

进入了崭新的历史阶段，2006年，为推动中非新型战略伙伴关系的建立，我国加强了对非洲人员、财物、信息等要素的资助；在共同构建人类命运共同体和“一带一路”国际合作的框架下，我国领导人多次承诺加强对非的教育援助；在世界经济论坛2017年年会开幕式上的主旨演讲中，习近平总书记提到，1950年至2016年，中国在自身长期发展水平和人民生活水平不高的情况下，举办了11000多期培训班，为发展中国家在华培训各类人员26万多名，在对外教育援助方面做出了力所能及的贡献①。这意味着中国作为新兴的教育援助国与传统的教育援助国相比，更加注重非洲国家的自身诉求，更关注受援国发展的有效性而非援助的有效性②。

教育援助不仅有助于改善受援国的教育条件，也是援助国提高国家软实力和国际影响力的重要方式。在“一带一路”和人类命运共同体的时代背景下，通过提高对外教育援助的实效性以提高我国的软实力和国际影响力已经成为新时代的重要课题。作为新兴的教育援助国，职业教育和高等教育是我国进行教育援助的首选领域，特别是与个体就业和经济发展联系最为紧密的职业教育，由于投入效果立竿见影，能够以最快的速度解决受援国的燃眉之急，从而实现援助国和受援国的“双赢”③。因此，中非双方应深化“南南合作”，进行更深层次的国家合作和文化领域的沟通与互动。

中国与发展中国家职业教育合作是需求驱动下的南南合作方式。从中国的视角来讲，职业教育“走出去”的国际化诉求日益显现。特别是在中国与发展中国家双方经济合作和文化交流不断深化的背景下，为中国与发展中国家之间的职业教育合作做好了充分的准备。在经济全球化和教育国际化的环境下，职业教育的变革与发展应加强宽领域、高质量、多层次的教育交流与合作，积极学习海外的先进教学模式，作为提高国家综合实力和国际竞争力的重要途径，国家采取了一系列政策来支持职业教育的国际化之路。2012年

① 邝艳湘，陈静. 中国对外教育援助在公共外交中将大有可为［J］. 公共外交季刊，2017（03）：44-50，135.

② 滕珺，李笑旭. 中国：一个新兴教育援助国的历史基础与未来挑战——基于“中非教育合作与交流”的批判性文献分析［J］. 北京师范大学学报（社会科学版），2016，253（01）：17-30.

③ 滕珺，丁瑞常，陈柳，等.“一带一路”沿线国家教育受援格局研究——基于“发展援助委员会”近十年官方数据的分析［J］. 比较教育研究，2018，339（04）：10-18.

发布的《国家教育事业第十二个五年规划》中明确提出实施教育的对外开放战略；2013年“一带一路”的建设使职业教育的国际化提上日程，注重职业教育的内涵式发展和国际话语权的掌握；2014年颁发的《关于加快发展现代职业教育的决定》中实施中外职业院校合作办学项目，支持高职院校“走出去”，重点培养国际技术人才；2015年教育部颁布的《高等职业教育创新发展行动计划（2015—2018年）》中指出要引进优质的海外资源，加强与职业教育发达国家的交流与合作，探索中外合作教育的新模式。2021年中办、国办印发的《关于推动现代职业教育高质量发展的意见》中指出推动职业教育“走出去”，探索“中文+职业技能”的国际化发展模式。服务国际产能合作，推动职业学校跟随中国企业走出去。完善“鲁班工坊”建设标准，拓展办学内涵。职业教育“走出去”的迫切需求背后是由我国在职业教育国际市场中的“边缘人”地位驱动的，但就其现有建设水平和条件而言，也有能力引领发展相对滞后的发展中国家的职业教育建设①。同时，现有政策为我国职业教育的国际化提供了制度保障，为我国职业教育走出国门、参与国际职业教育标准的制定和培养高质量的国际技术人才奠定了坚实的基础②。

四、职业教育合作的新模式

中国与非洲国家的职业教育合作从主体角度看大致可以分为政府统筹、院校探索、企业推动三大类型。在实践领域的具体合作项目则是这三大类型的延伸与拓展。中国与非洲立足两国既往的合作基础，依据合作对象国的政治经济状况、教育体系特点、职业教育发展情况的不同，探索形成了一些具有创新特征和示范意义的典型合作模式。本研究将就中国与南非、赞比亚、埃及、肯尼亚、乌干达、布基纳法索的职业教育合作模式进行介绍分析。（见表1-1）

---

① 宋晓燕. 中国—南非职业技术教育合作实践研究［D］. 杭州：浙江师范大学，2020.

② 刘亚西. 中国对非职业教育援助与合作研究［D］. 杭州：浙江师范大学，2018.

表 1-1　中国与发展中国家职业教育合作典型模式

序号	国别		合作模式
1	中国	南非	“主体办学、联盟合作、‘汉语+技能’培训”
2		赞比亚	“多径办学、校企合作、人才共有”
3		埃及	“联动办学、产教整合、师资共有”
4		肯尼亚	“合作办学、企业助学、扶持就业”
5		乌干达	“国际办学、技能培训、来华留学”
6		布基纳法索	“双向培训、技术援助、标准建设”

第三节　中国职业教育国际化办学和鲁班工坊建设的政策梳理与分析

从世界职业教育发达国家的发展历程看，职业教育在本国发展到一定水平，均将以输出优质教育资源为主，进行国际化办学，并将国际化办学作为国家发展战略和国际服务贸易的重要内容。德国职业教育具有百年历史，其成果已经是世界职业教育发展的标志，战后的日本在经济度过恢复期之后，进入 20 世纪 80 年代以来，也将体现日本职业教育特色的理念和方法进行海外输出。世界教育发达国家“输出式”的国际化办学模式，使“输入”和“输出”国家获得了双赢。20 世纪 80 年代，中国正值改革开放之初，原国家经委在联合国教科文组织的大力支持下，进行了 17 所本科院校的改制，并将每一所改制院校进行了学习和引进某世界职业教育发达国家的定位，如在全国建立了分别与八个职业教育发达国家合作的企业管理培训中心，天津中德应用技术大学正是在那个时期，在德国的援助下建成的，可见，我国 20 世纪的国际化办学主要是以引进、学习、借鉴发达国家职业教育为主。在那一时期，国家教育和其他部门都有相应的政策进行支持。

进入 21 世纪之后，尤其是近十年，中国职业教育快速发展，在许多方面已经进入世界职业教育发达国家行列。在国际化办学方面，开始从单一的

"输入"，进入到"输入"与"输出"并行的阶段，国际化办学大体经历了招收国外主要是东南亚和非洲留学生、进行各种形式的学术交流、教师培训等过程。国家提出"一带一路"倡议后，给职业教育项目沿线国家"输出"提供广阔的空间。从区域看，福建、广西、云南、湖南、浙江、江苏和山东等省区均在东南亚和中亚国家进行了较大规模和多元化的国际化办学，并取得了相应的成果。对此，教育部和相关省、市、自治区教育主管部门也颁布了多项文件给予支持。鲁班工坊作为天津市职业教育国际化办学的原创、首创，从第一个泰国鲁班工坊开始，经过近六年的时间，经历了探索、研究、规范、成长、成熟的过程。随着鲁班工坊建设数量的增加，建设成效日益呈现，已经成为我国职业教育国际化办学的主要形式，并得到了党和国家各级政府的政策支持。近年来，在国务院、教育部、各地方政府的文件中，多次针对中国职业教育国际化发展及鲁班工坊建设提出了政策性支持和规范性建设的意见。近五年，针对职业教育国际化和鲁班工坊建设的省教育主管部门以上的政策文件可进行如下梳理：

表 1-2 职业教育国际化和鲁班工坊建设相关文件汇总表

发布时间	文件名称	主要相关内容
2016	《推进共建"一带一路"教育行动》（教育部文件）	高等学校、职业院校要立足各自发展战略和本地区参与共建"一带一路"规划，与沿线各国开展形式多样的合作交流，重点做好完善现代大学制度、创新人才培养模式、提升来华留学质量、优化境外合作办学、助推企业成长等各项工作的协同发展。
2016	《关于做好新时期教育对外开放工作的若干意见》（中共中央办公厅、国务院办公厅印发）	通过鼓励高等学校和职业院校配合企业"走出去"，鼓励社会力量参与境外办学，稳妥推进境外办学。通过发挥教育援助在"南南合作"中的重要作用，加大对发展中国家尤其是最不发达国家的支持力度，加快对外教育培训中心和教育援外基地建设，积极开展优质教学仪器设备、整体教学方案、配套师资培训一体化援助，开展教育国际援助，重点投资于人、援助于人、惠及于人。

续表

发布时间	文件名称	主要相关内容
2016	《天津市推进共建“一带一路”教育行动计划》	设立“鲁班工坊”。鼓励我市有条件院校与沿线国家的职业院校在境外联合设立“鲁班工坊”，配合“走出去”企业面向当地员工开展技术技能培训和学历职业教育。推进校企合作，推动职业院校和部分具有跨境经营业务的企业联合开展订单式人才培养。
2016	《天津市关于做好新时期教育对外开放工作的实施意见》	在海外设立“鲁班工坊”。配合“走出去”企业面向当地员工开展技术技能培训和学历职业教育。扩大“鲁班工坊”的建设规模，支持天津机电职业技术学院、天津轻工职业技术学院等院校联合中国企业与印度、泰国和印度尼西亚等国职业学院合作建立“鲁班工坊”。推进校企合作，高校和部分具有跨境经营业务的企业联合开展订单式人才培养。
2016	《浙江省高等职业教育创新发展行动计划（2016—2018 年）实施方案》	推进高职教育国际化。支持高职院校学习和引进国际先进成熟适用的职业标准、专业课程、教材体系和数字化教育资源；选择类型相同、专业相近的国（境）外高水平院校联合开发课程，共建专业、实验室或实训基地，建立教师交流、学生交换、学分互认等合作关系；申办聘请外国专家（文教类）许可、举办高水平中外合作办学项目和机构。同时，配合国家“一带一路”倡议，助力优质产能走出去，扩大与“一带一路”沿线国家的职业教育合作。主动发掘和服务“走出去”企业的需求，培养具有国际视野、通晓国际规则的技术技能人才和中国企业海外生产经营需要的本土人才。
2017	《关于加强和改进中外人文交流工作的若干意见》（中共中央办公厅 国务院办公厅印发）	将“鲁班工坊”打造成人文交流的国际知名品牌。

续表

发布时间	文件名称	主要相关内容
2017	国务院办公厅关于深化产教融合的若干意见	鼓励职业学校、高等学校引进海外高层次人才和优质教育资源，开发符合国情、国际开放的校企合作培养人才和协同创新模式。探索构建应用技术教育创新国际合作网络，推动一批中外院校和企业结对联合培养国际化应用型人才。鼓励职业教育、高等教育参与配合“一带一路”建设和国际产能合作。
2018	职业教育与继续教育2018年工作要点（教育部职业教育与成人教育司）	联合商务部等开展职业教育“走出去”专题调研，打造以“鲁班工坊”等为代表的品牌项目，共同支持建设一批新的试点，服务好我国在国际产业体系分工中有竞争力的重点产业和企业。
2018	省政府办公厅关于深化产教融合的实施意见（江苏省人民政府办公厅）	鼓励职业学校、高校引进海外高层次人才和优质教育资源，开发符合国情、国际开放的校企合作培养人才和协同创新模式。支持职业教育、高等教育中外合作办学，开展高等职业学校与境外应用型本科高校中外合作办学改革试点，示范骨干职业学校均应与国际高水平职业学校结成伙伴院校。探索构建应用技术教育创新国际合作网络，推动一批中外院校和企业结对联合培养国际化应用型人才。支持职业教育对接世界技能大赛，按照国际先进标准选拔培养高技能人才。
2018	天津市教委《关于推进我市职业院校在海外设立“鲁班工坊”试点方案》	积极鼓励有条件的职业院校，配合中国产业“走出去”，协同相关行业企业，充分发挥专业建设和国际合作优势，到2020年，在海外试点建设10个“鲁班工坊”；在应用并完善已有的50个国际化专业教学标准的基础上，结合“鲁班工坊”的建设需求，再开发50个国际化专业教学标准，为国际化技术技能人才培养提供依据。持续推进“鲁班工坊”的制度建设，加强“鲁班工坊”的宣传与推广，建立“鲁班工坊”可持续发展的体制机制。

续表

发布时间	文件名称	主要相关内容
2018	《中共天津市委办公厅天津市人民政府办公厅印发〈关于做大做强做优职业教育的八项举措〉的通知》	鼓励和支持企业参与“鲁班工坊”建设，加强项目规划和建设布局，拓展合作领域和实施范围，将“鲁班工坊”打造成为国际知名品牌，大力提升职业教育服务“一带一路”建设和国际产能合作的能力。
2018	广西参与“一带一路”科技创新行动计划实施方案（2018—2020年）	支持广西企业、高校、科研院所与“一带一路”相关国家相关机构以独资新建、收购兼并、合资合作等方式，建立联合实验室（或联合研究中心）、创新中心、科技示范基地、技术转移中心等海外研发机构或创新平台，输出先进适用技术成果。
2018	《加快推进人才国际化若干措施》（中共山东省委组织部、山东省人力资源和社会保障厅、山东省教育厅、山东省科学技术厅、山东省公安厅、山东省财政厅、山东省卫生和计划生育委员会、山东省税务局印发）	将人才国际化有关内容纳入专业技术人员继续教育公需科目，提升专业技术人才的国际化意识。加快“走出去”步伐，鼓励有条件的专业技术人员和继续教育基地、施教机构与国外高水平继续教育机构进行合作，定期组织开展专业技术人员管理骨干国（境）外培训，推进管理服务与国际接轨。
2019	《加快推进教育现代化实施方案（2018—2022年）》（中共中央办公厅、国务院办公厅印发）	鼓励支持高等院校、职业院校与企业共同走出去，共建一批人才培养、科技创新与合作、人文交流等基地。

续表

发布时间	文件名称	主要相关内容
2019	《广东省职业教育“扩容、提质、强服务”三年行动计划(2019—2021年)》	支持职业院校扩大与“一带一路”沿线国家的职业教育机构合作，主动跟随优质产业或重点企业“走出去”，配合中国企业面向当地员工开展技术技能培训和学历职业教育。
2019	教育部 财政部关于实施中国特色高水平高职学校和专业建设计划的意见（教育部、财政部）	开发国际通用的专业标准和课程体系，推出一批具有国际影响的高质量专业标准、课程标准、教学资源，打造中国职业教育国际品牌。积极参与“一带一路”建设和国际产能合作，培养国际化技术技能人才，促进中外人文交流。探索援助发展中国家职业教育的渠道和模式。开展国际职业教育服务，承接“走出去”中资企业海外员工教育培训，建设一批“鲁班工坊”，推动技术技能人才本土化。
2019	《广西职业教育改革实施方案》	充分发挥区位优势和地方特色，鼓励有条件的职业院校赴境外办学、协同企业“走出去”，共建一批人才培养、科技创新与合作、人文交流基地。办好中国—东盟职业教育联展暨论坛。支持桂港现代职业教育发展中心成为服务广西、面向东盟国家行业企业的人才培训基地、职业教育师资培训基地和青少年文化交流基地。推动桂台职业教育交流常态化。
2019	《江西省职业教育改革实施方案》	培养国际化技术技能人才，促进中外人文交流。支持有条件职业院校对接航空及汽车制造、光伏新能源、轻工机械、有色金属、生物医药等我省国际产能合作优势领域，主动服务企业“走出去”，与企业共建一批“鲁班工坊”，面向当地员工开展技术技能培训和学历职业教育，推动技术技能人才本土化，形成与江西企业和产品“走出去”相配套的发展模式。

续表

发布时间	文件名称	主要相关内容
2019	《中国教育现代化2035》（中共中央办公厅、国务院办公厅印发）	加快建设中国特色海外国际学校。鼓励有条件的职业院校在海外建设“鲁班工坊”。积极参与全球教育治理，深度参与国际教育规则、标准、评价体系的研究制定。推进与国际组织及专业机构的教育交流合作。健全对外教育援助机制。
2019	《中国教育现代化2035》（中共中央办公厅、国务院办公厅印发）	积极稳妥推动职业学校、高等学校与企业共同“走出去”，共建一批人才培养、科技创新和人文交流基地。加快建设中国特色海外国际学校。鼓励有条件的职业院校在海外建设“鲁班工坊”。
2019	《福建省职业教育改革工作方案》	增强职业教育服务“一带一路”建设能力，吸引沿线国家学生来闽留学，在沿线国家建设海外职业教育培养培训基地，面向当地员工开展技术技能培训和学历职业教育。到2022年，建成15个中外合作办学机构和项目，在“一带一路”沿线国家建立5个海外职业教育培养培训基地。
2020	《职业教育提质培优行动计划（2020—2023年）》（教育部等九部门印发）	加强职业学校与境外中资企业合作，支持职业学校到国（境）外办学，培育一批“鲁班工坊”，培养熟悉中华传统文化、中资企业急需的本土技术技能人才。推进“中文+职业技能”项目，助力中国职业教育走出去，提升国际影响力。引导职业学校与国（境）外优秀职业教育机构联合开展学术研究、标准研制、师生交流等合作项目，促进国内职业教育优秀成果海外推介。

续表

发布时间	文件名称	主要相关内容
2020	教育部 山东省人民政府关于整省推进提质培优建设职业教育创新发展高地的意见	深化中外合作办学。支持国（境）外高水平应用技术型高校在山东开展合作办学。探索国（境）外知名企业在山东独资办学，鼓励中外合资、外商独资企业在山东举办职业院校。支持山东职业院校在国（境）外建设“鲁班工坊”。
2020	《天津市委教育工委 市教委 市财政局关于印发天津职业教育“鲁班工坊”建设项目和资金管理办法的通知》	全面推进“鲁班工坊”建设，服务国家“一带一路”，配合国际产能合作，带动我国及本市优势产业、优秀企业和优质产品“走出去”。
2020	《湖南省职业教育改革实施方案》	探索在海外设立技术技能人才培养基地，推进优质职业教育资源走出国门，服务湖湘企业“走出去”。
2020	教育部 江西省人民政府关于整省推进职业教育综合改革提质创优的意见	积极参与“鲁班工坊”项目，配合企业“走出去”战略，按照“一行一校”“一企一校”模式，整合省内优质职业教育资源，配套建设职业培训学校（中心）、中医药保健中心（所）。
2020	《福建省高水平职业院校和专业建设计划实施方案》	围绕服务“一带一路”建设和国际产能合作，扩大招收沿线国家学生来闽留学，培养国际化技术技能人才。在沿线国家建设海外职业教育培养培训基地，面向“走出去”中资企业海外员工和当地员工开展技术技能培训和学历职业教育。
2021	《关于推动现代职业教育高质量发展的意见》（中共中央办公厅、国务院办公厅印发）	推动职业教育“走出去”。探索“中文+职业技能”的国际化发展模式。服务国际产能合作，推动职业学校跟随中国企业“走出去”。完善“鲁班工坊”建设标准，拓展办学内涵。提高职业教育在出国留学基金等项目中的占比。积极打造一批高水平国际化的职业学校，推出一批具有国际影响力的专业标准、课程标准、教学资源。各地要把职业教育纳入对外合作规划，作为友好城市（省州）建设的重要内容。

续表

发布时间	文件名称	主要相关内容
2021	教育部 浙江省人民政府关于推进职业教育与民营经济融合发展助力“活力温台”建设的意见	实施温台商（协）会携手计划，依托温台区域商（协）会，联合研制泵阀、眼镜、智能卫浴、智能电气、智能缝制等特色优势产业行业的区域性技术标准和教学标准，培养国际化技术技能人才，携手民营企业抱团“走出去”。实施温台职业教育伴随计划，在“一带一路”沿线国家和地区建设“鲁班工坊”“丝路学院”，开展“中文+职业技能”项目，为温台企业“走出去”提供本土化高素质技术技能人才。充分整合海外温台人才资源，与民营企业联合建立若干温台职业教育培训基地，力争建设中德、中意职业教育园区。
2021	《广西教育提质振兴三年行动计划（2021—2023年）》	新增5个中外、内地与港澳台地区合作办学项目和机构。鼓励和支持高等职业学校发挥职教优势开展境外办学，服务“走出去”企业对本土人才需求。引导高校积极申报和实施教育援外项目。
2021	《湖南省“十四五”教育事业发展规划》	坚持实施更大范围、更宽领域、更深层次教育对外开放。深度融入“一带一路”建设，加强教育国际交流与合作，服务我省自贸区建设。
2021	《云南省“十四五”教育事业发展规划》	依托普通高校、职业学校建设一批教育援外培训品牌和示范基地。支持高校和企业到南亚东南亚、环印度洋地区国家举办汉语学习中心、基础教育学校、职教学院等境外办学机构和项目，提升云南教育在区域内的知名度和影响力。

续表

发布时间	文件名称	主要相关内容
2021	《浙江省职业教育提质培优行动计划（2021—2023年）》	提升职业教育对外开放水平。加快培养国际产能合作急需人才。加强职业院校与（国）境外中资企业合作，支持有条件的职业院校配合企业到国（境）外办学，培育建设一批“鲁班工坊”“丝路学院”等境外办学机构。统筹利用现有资源，实施“职业院校教师教学创新团队境外培训计划”，选派职业院校专业带头人和骨干教师出国研修访学。鼓励引进国（境）外优质职业教育机构来华合作办学，促进国际经验的本土化、再创新。探索有条件的职业院校“走出去”举办学历教育。鼓励职业院校招收“一带一路”国家优秀留学生，积极承接“一带一路”国家各类人才培养培训项目，支持建设一批“一带一路”人才培养培训基地，提升国际影响力。
2021	《安徽省职业教育提质培优行动计划（2021—2023年）实施方案》	加强职业院校与境外中资企业合作，支持职业院校到国（境）外办学。培育一批“鲁班工坊”，培养熟悉中华传统文化、中资企业急需的本土技术技能人才。推进“中文+职业技能”项目，引导职业院校与国（境）外优秀职业教育机构联合开展学术研究、标准研制、师生交流等合作项目，促进国内职业教育优秀成果海外推介。促进职业院校与区域内龙头企业合作，开展国际职业教育服务，助推“一带一路”建设。统筹利用现有资源，开展职业院校教师教学创新团队境外培训，选派专业带头人和骨干教师出国研修访学。

针对上述国家和地方政府职业教育主管部门颁布的有关职业院校国际化办学的政策文件，可进行以下梳理和分析：

第一，经过对我国教育“十二五”“十三五”规划的梳理，可以明确看出，我国职业教育近十年来，已经做到封闭—半封闭—开放，在规划中有专章、专节对国际化办学做出了规定。从规划的目标和内容看，重点是有步骤地接受了国外留学生，在继续学习和借鉴职业教育发达国家经验的同时，通过召开国际化研讨会和国际化办学项目的实施，扩大我国职业教育的影响力，规划中尤其提出围绕“一带一路”倡议，向沿线发展中国家输出我国优秀职业教育资源，在国际化办学方面，已经呈现出与职业教育发达国家竞争的态势，有的方面已进入世界前列。

第二，在“十二五”期间，教育部和相关省、自治区（云南、广西、福建、贵州）的专项文件中，均有向东南亚及我国台湾省进行合作办学的规定，上述省、自治区在向柬埔寨、泰国、老挝、马来西亚输出优质教育资源方面，迈出了坚实的步伐。相关资料显示，我国上述地区均有 10~15 所院校与东南亚国家签订了长期交流与合作项目，在海外均设有职业教育机构，吸收留学生平均每年达到数千人。

第三，在“十三五”期间，教育部和我国职业教育发达地区的教育主管部门，在实施国际化办学方面的步伐迈得更加坚实，成效更加显著。随着我国“一带一路”倡议的实施，职业院校国际化办学做出了明确响应，在五年中教育部和相关省教育厅（委）发布的文件均明确提出，要求职业院校要在“走出去”和响应国家“一带一路”倡议中，与沿线国家加快交流与合作。2018 年以来，随着国务院国发职教 20 条、提质培优行政规划等重大项目的实施，国际化办学已经成为职业教育在新理念、新格局、新阶段下，重新发表的重要内容。2019 年，国家实施“双高计划”，在高水平高职院校和高水平专业群建设任务中，国际化办学是重要环节，2018 年以后，我国职业教育国际化办学已经实施了新的跨越，从引进、学习、借鉴为主开始向输出优质资源，参与国际化办学竞争方面做出了实质性的改变。2017 年，天津建成了第一个泰国鲁班工坊，天津市委市政府和天津市教委连续发布文件给予支持，在政策导向方面，对天津首创原创的国际化办学形式做出了明确认同。在 2018 年，习近平主席在中非合作论坛北京峰会中明确提出“在非洲建立十个鲁班工坊，为非洲青年提供职业技能培训”，第一次对通过鲁班工坊建设援助非洲发展国家给予了肯定。

第四，自 2018 年以来，习近平主席先后 6 次在中非合作论坛和会见亚非首脑时提出“以建设鲁班工坊的形式，对亚非国家职业教育发展给予支持”，2018 年以后，教育部、教育部职教司在诸多文件中也明确提出了将鲁班工坊建设作为新时期职业教育国际化办学的形式，天津市政府发布了正式文件，要求针对鲁班工坊建设进行系统化的政策支持和理论研究，使鲁班工坊成为天津市响应“一带一路”倡议，实施职业教育“走出去”的名片。

第四节 典型发展中国家经济与产业状况

中国职业教育经过近百年的发展历程，尤其是近40年，在中国经济改革开放的大环境中，伴随经济、产业以及企业改革的不断深化，取得了令世人瞩目的成效。在国际化办学方面，从20世纪80年代起，中国职业教育从以引进、借鉴、学习、吸收世界职业教育发达国家为主，到中国职业教育已经开始将优质教育资源输出，支援职业教育发展落后的国家和地区，这种输入与输出并行的方式是中国职业教育国际化办学的总趋势。在职业教育响应“一带一路”倡议中，在落实构建中非命运共同体“九项工程”中，中国职业教育援助发展中国家均被列为主要任务。鲁班工坊建设已有6年的时间，国际化办学与鲁班工坊建设的实践均表明，在成果导向下，国际化办学和鲁班工坊要做到建设可持续，应当根据输入国的国情、人文尤其是经济和产业发展的需求。因此，应对“一带一路”沿线主要是发展中国家的经济与产业发展进行基本掌握与深入分析，才能从职业教育的本质，即服务输入国经济与产业发展的视角，认真研究采取什么方式、什么模式、什么路径进行国际化办学，同时使鲁班工坊在完成初始建设后具备持续建设与发展的内生动力。埃及虽属发展中国家但在非洲的经济总量排名第三，属非洲的发达国家；肯尼亚和乌干达则是中东非地区长期落后的发展中国家；印度近年来经济发展速度很快，在数字经济产业中处于世界领先地位；巴基斯坦是我国长期以来非常友好且合作基础雄厚的国家，其经济和产业已开始通过平稳过渡，进入起步腾飞阶段。印度和巴基斯坦均是“一带一路”沿线的重要国家。将埃及、肯尼亚、乌干达、印度和巴基斯坦作为亚非地区的典型发展中国家并对其进行基本的经济发展和产业环境分析，有利于推动职业教育国际化办学和鲁班工坊建设进一步明晰方向和路径，提高办学和建设成效。

一、埃及经济与产业发展情况

（一）经济总量

埃及是非洲第三大经济体，属开放型市场经济，拥有相对完整的工业、农业和服务业体系。首先，埃及是传统农业国，农村人口占全国总人口的55%；其次，埃及的工业以纺织和食品加工等轻工业为主，重工业以石油化工业、机械制造业及汽车工业为主；最后，埃及历史悠久，名胜古迹很多，具有发展旅游业的良好条件，服务业约占国内生产总值的50%。① 近5年埃及主要经济指标见表1-3。

表1-3 近五年埃及主要经济指标②

主要指标	2014—2015财年	2015—2016财年	2016—2017财年	2017—2018财年	2018—2019财年
GDP（亿美元）	3320. 8	3363	2343	2508	3032
GDP实际增长率（%）	4. 3	4. 3	4. 2	5. 3	5. 6
通货膨胀率（%）	9. 9	6. 2	22. 9	21. 6	13. 4
人均GDP（美元）	3784	3696	2544	2336	3065
贸易赤字占GDP比重（%）	11. 6	11. 2	15. 9	14. 9	12. 5
失业率（%）	12. 8	12. 1	12	9. 9	8. 4
外汇储备（亿美元）	200. 8	175. 5	313. 1	442. 6	444. 8
外国直接投资（亿美元）	63. 8	69. 3	79. 3	77. 2	82. 4
旅游收入（亿美元）	73. 7	37. 7	43. 8	98. 0	125. 7
苏伊士运河收入（亿美元）	53. 6	51. 2	49. 5	57. 1	57. 3
外债（亿美元）	481	558	790	926	1087

资料来源：埃及中央银行公报。

① 对外投资合作国别（区域）指南—埃及（2020年版）
② 对外投资合作国别（区域）指南—埃及（2020年版）。

（二）产业发展

——三大产业结构

埃及经济属于开放型市场经济，拥有相对完整的农业、工业和服务业体系。第三产业约占国内生产总值 51.95%，第二产业占 36.67%，第一产业占 11.37%。石油天然气、旅游、侨汇和苏伊士运河是四大外汇收入来源。见表 1-4。

表 1-4 2018—2019 财年一、二、三产业产值分布比例①

产业类别	产值（亿埃镑）	占 GDP 的比重（%）	产业结构变化（百分点）
农业、林业、渔业	5880	11.37	-0.8
采掘业（包括油气）、制造业、水和电力生产、建筑业等	18960	36.67	+4.21
生产、生活服务业、政府支出等	26860	51.95	-4.14

——支柱产业

电力：2018—2030 年，埃及电力部门将增加产能 51.738GW，其中太阳能装机增加 6950MW，太阳能光伏增加 9020MW，风力发电增加 9350MW，水电增加 68MW，单循环燃料动力增加 100MW，燃油和燃气电厂项目增加 4650MW，燃煤电厂增加 16800MW，核电增加 4800MW。所需总投资约 1352.58 亿美元。

石油和天然气：2017 年 2 月，埃及发布埃及石油天然气工业现代计划，其核心为区域型油气集散地战略，立足地中海东部天然气大发现，加大管道仓储、油气码头的新建力度，夯实埃及基础设施比较优势，联合以色列、塞浦路斯，供给国内、西亚北非以及欧洲市场，由一个石油枢纽成长为一个涵盖石油、天然气、油气制品的区域型油气集散地，2011—2018 年埃及石油、天然气探明储量见图 1-1、图 1-2。

① 埃及财政部、中央银行，中央统计局数据

图 1-1　2011—2018 年埃及石油探明储量统计图①

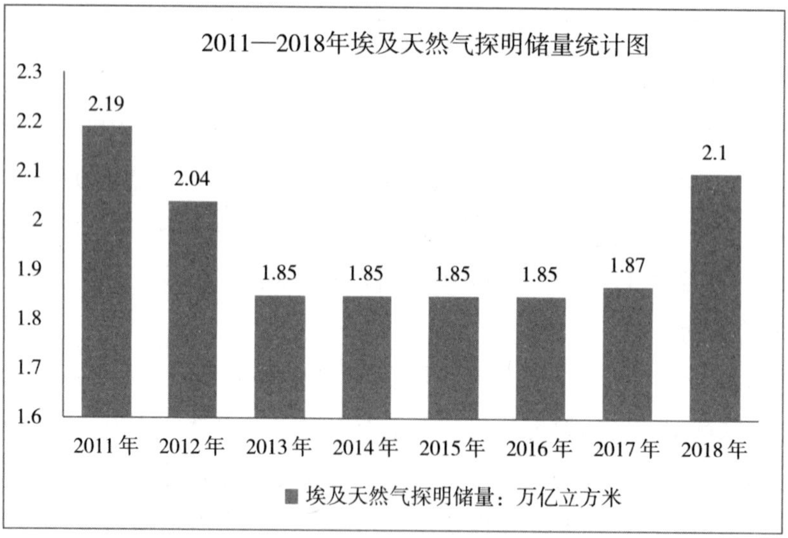

图 1-2　2011—2018 年埃及天然气探明储量统计图②

① BP，华经产业研究院

② BP，华经产业研究院

制造业：一是增加高附加值和高新科技产品生产比例；二是加大工业品的国内成分，提升本国产业在全球价值链中的地位；三是实现产业发展的地域平衡；四是提高发展效率，加大工业改善民生的贡献率。计划在 14 个省新建 25 个工业园区，形成中小企业产业集群。

二、肯尼亚经济与产业分析

（一）经济总量

肯尼亚实行以私营经济为主体的“混合型经济”体制，私营经济在整体经济中所占份额超过 70%。农业是肯尼亚第一大创汇行业，其中，园艺产品（花卉、蔬菜、水果）、茶叶和咖啡为肯尼亚主要出口创汇产品；肯尼亚旅游业较发达，是第二大创汇行业；侨汇是肯尼亚第三大外汇来源。肯尼亚工业在东非地区相对发达，国内日用消费品基本自给。

根据肯尼亚国家统计局（KNBS）最新发布的《2020 经济调查》，肯尼亚 2019 年经济增长率为 5.4%，较 2018 年 6.3%的增速有所下降，主要原因是长时间的降水导致主要种植区错过最佳种植季，农、林、渔业增速放缓，同时影响了工业所需部分原材料的供应。金融和保险业、房地产行业的快速增长推动了服务业的良好表现。其中，农业增长率为 3.6%，制造业增长率为 3.2%，建筑业增长率为 6.4%，房地产业增长率为 7.9%，运输及仓储业增长率为 7.8%，金融及保险业增长率为 6.6%，住宿及餐饮服务业增长率为 10.3%，电信业增长率为 8.8%。

肯尼亚 2001—2020 年间的 GDP 呈稳步增长的态势。根据世界银行公开数据显示，20 年间，肯尼亚 GDP 总量从 2001 年的 129.86 亿美元增长至 2020 年的 988.43 亿美元，年均增长率为 4.25%，见图 1-3。

肯尼亚 2016—2020 年 5 年间的 GDP 总量和人均 GDP 在世界、非洲和东非的排名情况如表 1-5 和表 1-6 所示：

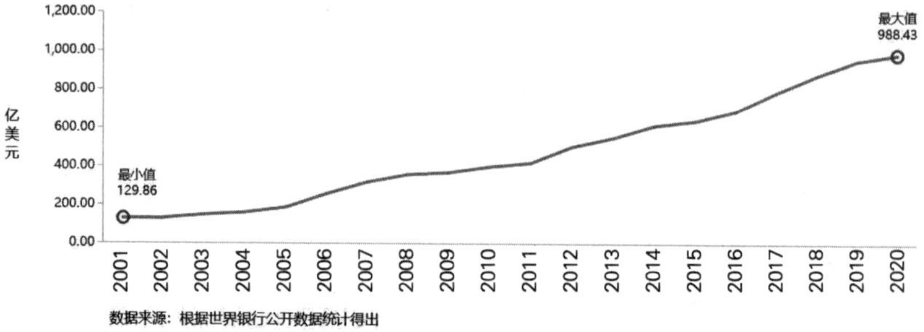

图 1-3　2001—2020 年肯尼亚 GDP 总额

表 1-5　肯尼亚近五年 GDP 和排名情况

年份	GDP（亿美元）	世界排名	非洲排名	东非排名	GDP 增长率
2016	691. 89	69/207	7/47	2/16	---
2017	789. 65	68/208	7/47	2/16	14. 1%
2018	877. 79	65/208	6/47	1/16	11. 2%
2019	955. 03	65/202	6/47	2/16	8. 8%
2020	988. 43	61/177	6/49	2/16	3. 5%

数据来源：根据世界银行公开数据统计得出

表 1-6　肯尼亚近五年人均 GDP 和排名情况

年份	人均 GDP（美元）	世界排名	非洲排名	东非排名	人均 GDP 增长率
2016	1410. 53	171/210	21/47	5/16	---
2017	1572. 35	165/208	20/47	4/16	11. 5%
2018	1708. 00	163/206	19/47	4/16	8. 6%
2019	1816. 55	159/201	19/47	4/16	6. 4%
2020	1838. 21	139/181	19/49	4/16	1. 2%

数据来源：根据世界银行公开数据统计得出。

（二）重点/特色产业

1. 农业

农业是肯尼亚国民经济的支柱产业，根据世界银行的统计数据，2001—2020年间在该国GDP中的平均占比为21.27%。2020年，农业增长率4.78%。肯尼亚主要粮食作物有玉米、小麦和水稻，主要经济作物有咖啡、茶叶、剑麻、甘蔗、除虫菊精和园艺产品（花卉、蔬菜、水果）。

2. 工业

肯尼亚制造业在东非地区相对发达，国内日用消费品基本自给，独立以后发展较快，门类比较齐全，是东非地区工业最发达的国家。发展制造业是肯尼亚四大行动目标之一，制造业以食品加工业为主。但近年来，肯尼亚制造业发展缓慢，2019年，制造业增长3.2%，约占GDP的7.5%，与上年相比有所下降。工业主要集中在内罗毕、蒙巴萨（Mombasa）和基苏木（Kisumu）三市。肯尼亚《2030年远景规划》目标是2030年将肯尼亚建成新兴工业化国家，大力发展制造业是其重点之一。2018年年初，肯尼亚政府宣布将在未来五年推进"四大发展计划"，其中制造业目标是将制造业占GDP比重增加至15%。2001—2020年肯尼亚制造业在GDP中的比重如图1-4所示：

数据来源：根据世界银行公开数据统计得出

图1-4 2001—2020年肯尼亚制造业在GDP中的比重

3. 服务业

2018年，肯尼亚交通和仓储业增长7.9%，占GDP比例为8.5%；批发零售业占GDP比例为7.6%；金融保险业增长6.6%，占GDP比例为6.0%；建筑业增长 6.4%，占 GDP 比例为 5.6%；房地产业增长 7.9%，占 GDP 比例为 6.9%，如图 1-5 所示。

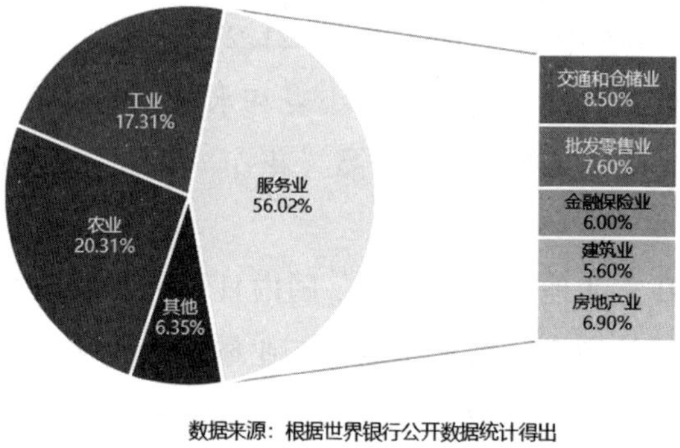

图 1-5　2018 年服务业中重点行业在 GDP 中的比重

4. 交通业

肯尼亚具有优越的地理位置，蒙巴萨港是东中非最大的港口，运输业辐射到周边国家。近年来随着经济的复苏，运输业发展较快，但是基础设施落后等因素限制了该行业的进一步快速发展。目前，肯尼亚正致力于铁路网、公路网和港口的建设升级。蒙内铁路投入运营对肯尼亚客、货物流条件均带来较大改善。

5. 通信业

2019 年信息通信技术（ICT）行业增长 8.8%。肯尼亚邮政电讯业目前可提供国际直拨、移动电话、电传、传真、数据传输及相关服务。移动通信服务业发展迅速，用户数量超过 4950 万。

6. 旅游业

肯尼亚旅游业较发达，是国家支柱产业之一。主要旅游景点有内罗毕、察沃、安博塞利、纳库鲁、马赛马拉等地的国家公园，湖泊风景区及东非大裂谷、肯尼亚山和蒙巴萨海滨等。据肯尼亚统计局数据显示，2019 年，肯尼亚旅游业创收 1636 亿肯先令（约合 15.5 亿美元），同比增长 3.9%。根据肯尼亚旅游局发布的报告，2019 年肯尼亚国际游客总数达 204.8 万人次，同比增长 1.16%。酒店入住率增长 6.31%。游客来源方面，前六位为美国、乌干达、坦桑尼亚、英国、印度和中国（如图 1-6 所示）。中国目前是肯尼亚第六大旅游客源市场，也是亚洲第二大客源市场。2019 年，中国访肯游客为 84208 人次，同比增长 3%。

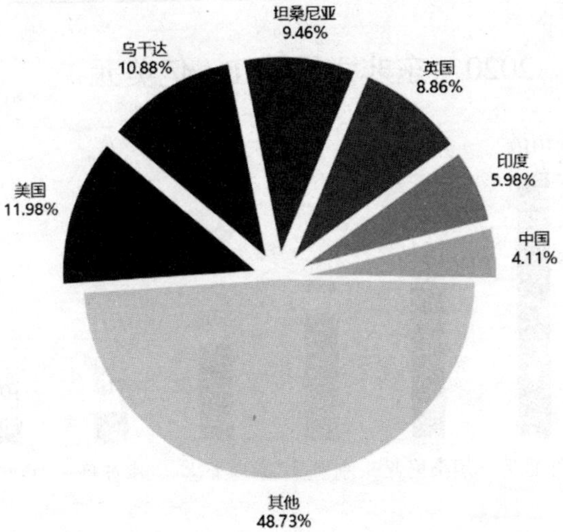

图 1-6 2019 年来肯游客数量居前六位的国家

三、乌干达经济与产业分析

（一）经济总量

乌干达近十年 GDP 增长率为 3%左右，2015—2020 年乌干达 GDP 增长情况见表 1-7，2020 年东非六国 GDP 排名如图 1-7。

表 1-7 2015—2020 年乌干达 GDP 增长情况

年份	GDP（亿美元）	GDP 增长率
2015 年	323.87	5.19%
2016 年	292.04	4.78%
2017 年	307.44	3.13%

续表

年份	GDP（亿美元）	GDP 增长率
2018 年	329. 27	6. 30%
2019 年	353. 53	6. 44%
2020 年	376	2. 95%

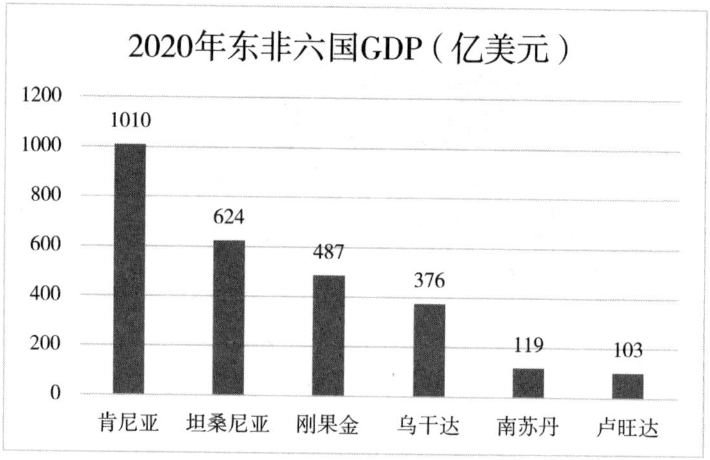

图 1-7　2020 年东非六国 GDP

数据来源：世界银行数据库

由表 1-7 可见，2019 年乌干达经济实现了较强劲增长，增速 6. 44%，国内经济较为稳定，三大产业中，农业是乌干达的主导产业，2015/16 财年对 GDP 贡献率为 23. 6%。该财年工业和服务业的贡献率分别是 19. 8%和 48. 7%（其余 7. 9%属于产品税收），近年通货膨胀率较高。①

2020 年 GDP 达 376 亿美元，在东非六国排名第 4 位。新冠疫情引发了经济放缓，乌干达 2020 年 GDP 增长率为 2. 95%。

2015—2020 年乌干达人均 GDP 增长情况见表 1-8，2020 年东非六国人均 GDP 排名如图 1-8。

① 数据来源：中华人民共和国驻乌干达共和国大使馆经济商务处乌干达简况，http：//ug. mofcom. gov. cn/article/ddgk/201305/20130500112309. shtml.

表 1-8 2015—2020 年乌干达人均 GDP 增长情况

年份	人均 GDP（美元）	人均 GDP 增长率
2015 年	847.27	1.57%
2016 年	736.56	1.02%
2017 年	746.83	-0.67%
2018 年	770.6	2.42%
2019 年	798.59	2.74%
2020 年	822.08	-0.36%

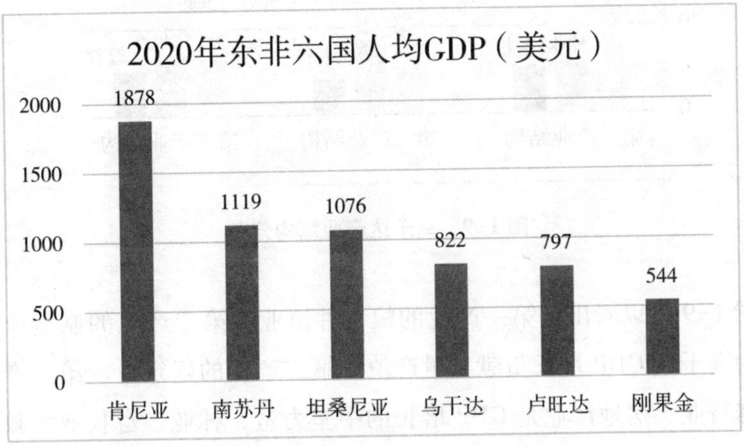

图 1-8 2020 年东非六国人均 GDP

数据来源：世界银行数据库

2020 年人均 GDP 为 822 美元，增长率为-0.36%，在东非六国排名第 4 位，疫情使得乌干达贫困率从 18.7%增加到 22%。①

新冠疫情严重影响乌干达经济发展，外国直接投资、出口、外汇、运输、旅游业收入、受外国援助等均出现大幅下降，农业作为乌干达支柱产业，将成为最不受疫情危机影响的行业之一，保持良好发展态势，农业部门将帮助

① 数据来源：中华人民共和国驻乌干达共和国大使馆经济商务处 乌干达贫困人口增加，http：//ug. mofcom. gov. cn/article/jmxw/202106/20210603171085. shtml.

乌干达在疫情之下复苏经济，解决多数乌干达劳动力就业问题。

2019—2020 年第一季度乌干达产业结构分布如图 1-9。

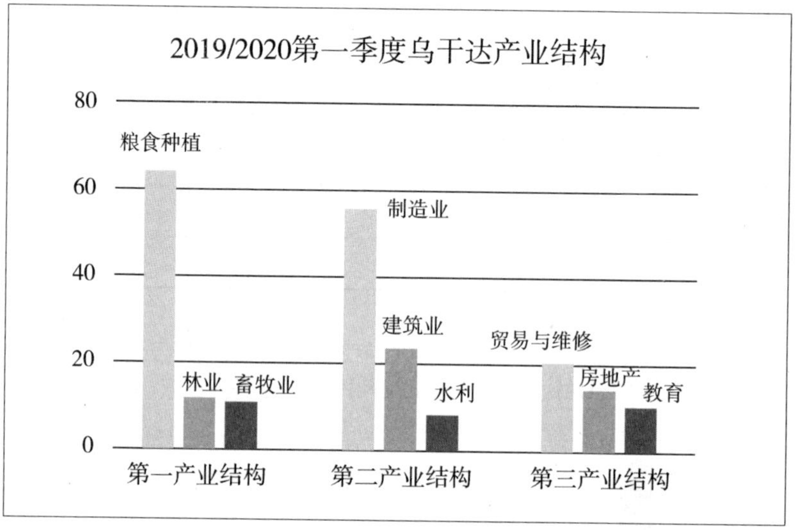

图 1-9　乌干达产业结构分布

由图 1-9 可以看出，第一产业的粮食种植业和第二产业的制造业占比最大，将为乌干达 GDP 增长贡献大量产值，第二产业的建筑业、第三产业的贸易与维修行业、房地产业是 GDP 增长的中坚力量，林业、畜牧业、教育行业和水利行业贡献较少。

（二）经济政策

乌干达实行务实、稳妥的经济发展政策。

2013 年 4 月，乌干达国家规划局颁布《2040 年愿景发展战略》。为此，乌干达政府提出了以下发展战略：

①优化政府服务系统，建立高效公众服务体系；

②加大战略领域的政府直接投资，刺激和促进私营经济发展；

③推进城市化进程，建立高效、宜居、可持续发展的城市体系；

④加强优化科技创新、科学技术、能源、人才发展、公共管理和私营经济发展等领域的政策，实现跳跃式发展；

⑤实施国家创新体系，推进新技术的启动、引进、发展和推广；

⑥重点对涉及石油、能源、运输及 ICT 产业的基础设施做好前期投资建设，实现产业最大化；

⑦加速工业化进程，通过产业升级和多样化实现本地资源有效利用；

⑧实施国家服务规划，提升公民爱国情感和国民意识，培育发展国家价值体系。

2020—2021 财年的预算战略主题为"工业化促进就业和共同繁荣"，将以第三个国家发展计划的中期增长和发展目标为基础。巩固发展成果，重点通过资源主导的工业化进程增加家庭收入，侧重于生产部门的有效和持续开发，巩固和提高生产性基础设施的存量和质量，支持贸易、工业化、出口和高效城市化，提高人民的生产力、包容性和幸福感，加强私营部门以推动增长，加强财政和行政管理的有效性。

2022—2023 财年的预算战略主题"工业化促进包容性增长、就业和财富创造"，以增加总需求、恢复经济和加速社会经济转型为目标。优先恢复商业活动；侧重农业和轻工业；发展矿产、钢铁工业，降低建设成本；改善卫生基础设施和系统；利用数字化改善生产性基础设施和公共服务；加速实现油气资源商品化。

面对疫情导致的进口商品不足的问题，总统表示，乌干达应将其转变为发展进口替代的机会，疫情之下，应注重发展实体经济，核心领域包括粮食、服装、住房、医药、国防、基础设施、医药保健、教育等。

(三) 产业发展状况

乌干达是农业国，经济基础薄弱，结构单一。农业是主导产业，工业落后，但服务业发展较快。2010、2015、2020 年各产业 GDP 占比见表 1-9。

表 1-9 2010、2015、2020 年乌干达各产业 GDP 占比情况

产业	2010	2015	2020
第一产业 GDP 占比	28.7%	26.3%	23.9%
第二产业 GDP 占比	22.2%	20.5%	26.5%
第三产业 GDP 占比	49.1%	53.2%	49.6%

数据来源：联合国数据库

2020年，第一产业GDP贡献率为23.9%，其中粮食作物种植占10.5%，林业占3.8%，畜牧业占3.5%，其余为经济作物和渔业。同时，农业是吸纳就业人数最多的行业。目前，农业生产仍存在依赖自然气候、农作物产量低、南北发展不平衡等问题。

乌干达工业处于起步发展阶段，主要产业包括制造业、加工业、能源业、采矿及建筑业。近十年，工业稳步发展，制造业当中钢铁和水泥是目前国家主导产业。据制造商协会统计，该国境内目前投资设立了11家钢铁厂商，2016年钢铁产量为35万~45万吨，而市场需求约为60万吨。2015年，乌干达水泥产量为233万吨，出口43.1万吨，进口33.5万吨。

第三产业以贸易与维修保养、教育和房地产业为主，占GDP比重较大。根据统计局数据，2018年乌干达旅游业共接待游客180万人，同比增长28%，外汇收入达14亿美元，是该国赚取外汇最多的行业。根据乌干达旅游发展规划，未来几年内，旅游业外汇收入将超过20亿美元，对GDP贡献率将在2020年达到15%。

目前，乌干达政府产业相关规划政策主要有《2021—2025年国家发展规划》（以下简称为“《规划三》”）和《2040年愿景发展战略》（以下简称为“《2040愿景》”）。其中，《规划三》于2020年1月30日通过，主要以增加产业附加值和民众收入为基本目标。该计划的主题为“工业化包容性增长、就业和可持续的财富创造”。计划提出，未来5年，乌贫困人口比例将从目前的21.4%大幅下降至14.2%。工业对GDP的贡献率提高到不低于25%；矿业和制造业被列为优先发展领域。《2040愿景》于2007年批准，旨在30年内将乌干达从一个以农民和低收入为主的国家转变为一个具有竞争力的中等收入国家，力争达到国内生产总值增长率保持在年均约8.2%，至2040年国内生产总值达到5805亿美元、人均国民收入9500美元。

乌干达政府将在农业、制造业、建筑业、钢铁工业、石油和天然气产业、贸易维修等重点领域进行战略投资，政府还将发展数字产业中心，重点促进电子和微电子产业、机床、运输与汽车等较高技术产业，航空航天工业，纳米和生物技术产业的发展和升级，通过加强基础设施建设、产业升级和多样化实现本地资源的有效利用，从而使工业化进程得到加速发展。

四、印度经济与产业发展分析

（一）经济总量

印度独立后至20世纪80年代，经济平均年增长率只有3.5%，20世纪80年代上升为5%~6%，21世纪初进入8%~9%的快速增长阶段。农业由严重缺粮到基本自给，工业已形成较为完整的体系，自给能力较强。20世纪90年代后，服务业发展迅速，占国内生产总值的份额逐年上升。高科技发展迅速，成为全球软件、金融等服务的重要出口国。

表1-10　近5年印度GDP统计

（单位：卢比）

财年	GDP	GDP增长率	人均GDP
2014—2015	106.57万亿	7.4%	83052
2015—2016	113.51万亿	7.6%	88523
2016—2017	121.65万亿	7.1%	93653
2017—2018	131.79万亿	7.2%	100151
2018—2019	140.78万亿	6.8%	105688

（二）产业结构

根据世界银行统计，按三次产业计，2019年农业、工业（包括建筑业）和服务业增加值占印度GDP的比重分别为15.97%、24.88%和49.88%。按支出法计，最终消费支出、总资本形成以及货物和服务净出口分别占其GDP的72.01%、30.21%和-2.72%（其中出口占18.66%，进口占-21.38%）。

印度中央统计办公室（CSO）2019年5月31日发布印度2018—2019财年经济报告。报告显示，印度2018—2019财年GDP同比增长6.8%，增幅较2017—2018财年下降0.4个百分点。全年经济增速呈逐季回落趋势，四个季度分别增长8%、7%、6.6%、5.8%，其中四季度增速为近5年来最低。从产业表现来看，制造业、建筑业以及金融行业增长势头较好，全年分别增长6.9%、8.7%和7.4%，增幅较2017—2018财年分别提高1个百分点、3.1个百分点和1.2个百分点，而农业、采矿业、交通运输业以及公共部门支出增速较 2017—2018 财年有所放缓。

（三）重点/特色产业

1. 农业

农业在印度国民经济和社会生活中占重要地位。目前农村居民仍占全国人口的 70%左右，全国 54.6%的就业人口来自农业及相关领域。2018—2019 财年间，农业总产值 29.23 万亿卢比，其中种植业 16.15 万亿卢比，畜牧业 8.72 万亿卢比，林业 2.23 亿卢比，渔业和水产养殖 2.13 亿卢比，农业全行业增加值占全印增加值总额（GVA）17.1%。印度耕地面积 1.4 亿公顷，约占全球可耕地面积 1/10。印度独立后 70 年，农业取得长足进步，从独立时食品短缺需要进口，到 20 世纪 70 年代基本实现粮食供给，粮、棉、肉、奶及水产品产量居世界前茅。2018—2019 财年，印度粮食产量达 2.85 亿吨、蔬菜产量 1.86 亿吨、水果 9858 万吨、肉类 811 万吨、牛奶 1.88 亿吨、禽蛋产量 1033 亿个及水产品 1342 万吨。

2. 工业

印度工业体系比较完善。主要包括纺织、食品、化工、制药、钢铁、水泥、采矿、石油和机械等。近年来，汽车、电子产品制造、航空航天等新兴工业发展迅速，但制造业在国民经济中占比不足，未能有效带动就业，进而制约印度国民收入及消费能力进一步提升，影响经济发展动能。印度医药、汽车零配件、钢铁、化工等产业水平较高，竞争力较强。2012 财年至 2018 财年，印度增加值总额（GVA）年均增长 4%，2017、2018 财年制造业 GVA 分别达 3471.0 亿美元、3908.4 亿美元。

3. 服务业

服务业是印度的支柱产业，占印度 GDP 比重约为 53%，具体包括金融、房地产和专业服务、公共管理、国防和其他服务，以及贸易、酒店、运输、通信和与广播有关的服务。2018—2019 财年，按照当前价格计算，印度总增加值（GVA）为 169.61 万亿卢比，服务业 GVA 为 92.26 万亿卢比，占比达 54.4%。印度软件出口和服务外包业发展迅速。2018—2019 财年，印度实现软件服务业出口 1370 亿美元。随着软件服务业的发展，近年来，形成了班加罗尔、金奈、海德拉巴、孟买、普纳和德里等一批著名的软件服务业基地。

4. 纺织业

纺织业历史上一直在印度国民经济中占有重要地位。印度纺织部年报显示，纺织业贡献了印度 GDP 的 4%、工业总产出的 14%、出口创汇的 11%。产业共吸引就业 3500 万人，是继农业后第二大就业部门。主要产品有棉纺品、人造纤维、毛制品、丝织品、黄麻制品、手织品、地毯、手工艺品及成衣等。目前，印度全国共设有 7 个纺织业特别经济区（SEZ）以鼓励产品外销。

5. 医药业

印度的医药业规模在全球范围内排第二位，生物医药是印度制药业的领头羊。印度是仿制药市场的全球枢纽，医药行业市场规模超过 200 亿美元。2015 年，印度药品出口增长 7.55%，达到 120.54 亿美元。从业人员 300 多万人，较大规模的研发型生物医药企业约 270 家。此外，还有约 5600 家拥有药品生产执照的小规模仿制药企业。

五、巴基斯坦经济与产业分析

（一）宏观经济

据巴基斯坦财政部分析，过去十几年，由于长期结构性问题，巴基斯坦经济遇到了巨大的挑战，能源短缺、安全不靖、投资环境不佳以及持续的财政和经常账户赤字阻碍了经济增长。从 2009 财年至 2013 财年，巴基斯坦经济增长始终徘徊在 3%以内。2013 年谢里夫政府上台后，在中巴经济走廊及结构性改革带动下，巴基斯坦经济逐渐趋稳，并呈现持续较快增长态势，2014—2015 财年 GDP 增速 4.06%，2015—2016 财年 GDP 增速 4.51%，2016—2017 财年 GDP 增速 5.28%，2017—2018 财年 GDP 增速达到 5.79%，创下 13 年来新高。2018 年 8 月伊姆兰·汗政府上台后，经济通胀上升，三大产业发展不及预期，巴基斯坦经济在经历持续较快增长后急回落，2018—2019 财年经济增长率降至 3.3% ，2019—2020 财年受新冠肺炎疫情影响，巴基斯坦经济陷入衰退，国际金融组织预计巴基斯坦经济增速将降至-1.3%。

表 1-11　2015—2019 财年巴基斯坦经济增长情况（以卢比计）

财政年度	GDP（万亿卢比）	增长率（%）
2014—2015	26.09	4.06
2015—2016	27.40	4.51
2016—2017	31.86	5.28
2017—2018	34.40	5.79
2018—2019	38.60	3.30

（二）重点/特色产业

巴基斯坦财政部数据显示，2018—2019 财年巴基斯坦国内生产总值中，农业、工业和服务业所占的比重分别为 18.74%、19.74%、61.52%。

【工业】制造业是巴基斯坦经济支柱，2018—2019 财年对该国 GDP 的贡献率为 19.74%，较 2018—2019 财年增长 1.4%，但低于 7.6%的年度预期。其中大规模制造业同比下降 2.1%，中小企业发展较快，增速达到 8.2%。在制造业中，轻纺工业占了较大比例，机械、电子制造业发展不足。

1. 纺织业

纺织业是巴基斯坦制造业中最为重要的行业，有着完整的产业链条，从原棉、轧棉、纺纱、布料、印染直到成衣制造。巴全国共有 423 家纺织企业，提供了 40%的劳动力就业岗位，信贷规模占全国银行的 40%，贡献了近 1/4 的工业增加值，根据巴基斯坦经济调查（Paksitan Economic Survey 2018—2019），2018—2019 财年巴基斯坦纺织业出口额达到 99.91 亿美元，占全国总出口总额的 58.51%。

2. 皮革业

共有 720 家企业，其中规模较大的有 3050 家，著名企业有哈菲斯·萨菲（HafeezShafi）制革有限公司等。2018—2019 财年，巴基斯坦皮革业出口 3.58 亿美元，约占巴出口总额的 2.1%。

3. 水泥业

较大型企业有 31 家，重点企业有：Bestway 水泥公司（Bestway Cement）、幸运水泥公司（Lucky Cement Ltd）、福吉水泥公司（Fauji Cement Company

Ltd）等。根据全巴水泥生产厂商协会（All Pakistani Cement Manufacture Association）的统计，2018—2019 财年，巴基斯坦水泥总体产能 3992 万吨，出口 2.21 亿美元，出口额较上年增长 32.81%。

4. 制糖业

较大企业有 81 家，著名企业有：德旺制糖公司（Dewan Sugar Mills Ltd）、弗兰制糖公司（Faran Sugar Mills Ltd）等。2009—2010 和 2010—2011 财年无出口，2012—2013 财年出口额约为 4.31 亿美元、2017—2018 财年出口额约为 1.15 亿美元。

5. 化肥业

较大企业有 13 家，著名企业有：安格鲁化学公司（Engro Chemical Ltd）、FFC 约旦化肥公司（FCC Jordan Fertilizer Company Ltd）等。由于国内农业化肥需求大，巴基斯坦化肥产量大部分在国内销售。

6. 拆船业

近年来，拆船业在巴基斯坦发展迅速，根据联合国贸发组织（UNCTAD）近期发布的“2019 全球海运报告”，孟加拉国、印度和巴基斯坦是世界三大拆船国，巴基斯坦的全球油轮拆除份额约为 22%，全年拆船量约为 421.5 万吨。

【农业】农业是巴基斯坦经济的生命线，2018—2019 财年，巴基斯坦农业产值增加 0.85%，占其 GDP 的 18.5%，为 38.5%的劳动力提供就业机会，以农业为生计的人口占全国人口的 59.5%。巴基斯坦主要农作物有小麦、大米、玉米、棉花、甘蔗，产量占农业增加值的 21.90%和 GDP 的 4.06%，其他农作物产量分别占 11.21%和 2.08%，牲畜产量分别占 60.54%和 11.22%。其他重要农产品包括水果、蔬菜、牛奶、牛肉、羊肉等。

通过对亚非五国进行经济与产业发展的基本分析，可做出以下判断：

第一，印度近 10 年来经济增速很快，平均 GDP 增长率在 6%左右，在亚洲国家中属于快速增长的国家，印度的产业已经从单一的以手工业和工业化初期的产业模式逐渐发展成为制造业、电子信息和数字产业相对发达的国家。印度政府对职业教育发展非常重视，具有完善的职业资格等级制度，从 1960 年开始国家颁布了《学徒制法案》，使从业人员必须经过“学徒”过程才能正式成为产业工人。但是从总体看，印度职业教育发展水平是较低的，表现在高等职业教育发展缓慢，专业和产业发展不匹配，师资和办学条件均不能满足需要，面对现代制造等产业发展，高技能人才处于极度匮乏的状态。

第二，巴基斯坦在现政府的领导下，国家经济已基本走过了复苏的阶段，其经济总量在亚洲地区属中下层次，人民生活水平较平稳但不丰富。近年来，该国经济成稳步增长的态势，2018 财年 GDP 增速达到 5.79%，进入高速增长阶段。受新冠肺炎疫情影响，经济增长速度明显回落，但仍保持在 1%~3%的正增长态势。巴基斯坦的主导产业是以制造业、纺织业、皮革业和轻工业为主，职业教育尤其是高等职业教育处于低水平，造成了产业发展中技能型产业工人供给严重不足且呈现较高的失业率。巴基斯坦是我国长期友好合作的国家之一，是“一带一路”上重要的合作伙伴，中巴职业教育的合作意愿很大，巴基斯坦的产业发展为职业教育尽快提高办学水平和规模的扩大提出了新的要求，巴基斯坦鲁班工坊的建设实践表明，其发展前景和空间也很大。

第三，埃及是非洲第三大经济体，属开放型市场经济，拥有相对完整的工业、农业和服务业体系。主导产业为电力、石油天然气、汽车产业、纺织业等制造业。近年来，由于政局稳定，埃及 GDP 实现稳步增长，更是成为 2020 年中东北非唯一实现 GDP 正增长的国家，在中埃政府高层推动和合作机制引领下，中埃经贸合作延续良好发展态势，进入新的黄金发展期，埃及政府大力改善投资环境，中资企业对埃及投资意向持续增强，对埃及本土实用性人才需求增加。但由于埃及的职业教育水平相对较低，导致埃及青年综合能力较低，埃及教育水平与劳动力市场的技能需求不相适应，无法满足产业发展需求。埃及两个鲁班工坊致力于构建中高职衔接的职业教育体系，并携手泰达合作区共建埃及鲁班工坊培训就业基地，助力埃及进行职业教育改革，培养更多的技术技能人才，促进经济和产业发展。

第四，肯尼亚是中东非地区经济比较发达的国家，近年来由于政局稳定，政府在经济与教育实施开放政策，中资及其他外国资本在该国投资建厂的势头很猛，肯尼亚与世界职业教育发达国家合作的历史也相对久远。中国在肯尼亚的中资企业主要以制造业、采矿业为主，是进入该国的海外资本相对稳定的国家，中国在肯尼亚建有鲁班工坊，受到了肯尼亚政府尤其是职业教育界的大力支持和欢迎。中国职业教育援助肯尼亚主要立足于支持肯尼亚职业教育的发展、支持肯尼亚职业教育培养更多的高技能技术工人，促进该国的经济和产业发展，帮助当地中资企业的高技能员工实现本土化。

第五，乌干达在中东非地区是经济较落后的国家。该国近年来国家政治稳定，由于具备较好的地域和气候条件，当地的经济总量和个人可支配收入虽在非洲国家中仍处于较为落后的地区，但呈稳定增长的态势。乌干达的中资企业在该国产业体系中的占比很大，以汽车、采矿、黑色金属、有色金属冶炼、水泥为主干产业，近年来制造业和电子信息产业开始发展，已经基本完成了产业发展的初期阶段，正处于快速发展并进入现代产业业态的过程。乌干达具有相对完善的职业教育体系和职业资格框架，但职业教育的整体水平很低，该国青年在初中或技术学校毕业后的失业率近70%，说明教育对经济和产业的贡献度很低。乌干达鲁班工坊建在中资企业产业园即姆巴莱产业园内，是政、校（两国院校）、园、企四方合作建设的，得到乌干达政府和教育部的高度评价，已培养两批教师和近300名技术工人，办学水平和成效得到当地政府和企业的认可。

第五节 “一带一路”倡议与中国职业教育国际化办学环境和机遇

一、办学环境

（一）外部环境

“一带一路”提出了打造共同繁荣、命运共同体的美好愿景，然而现阶段沿线国家经济模式与发展阶段不尽相同、工业化进程不一，社会发展指数、经济发展水平、能源储备、开放程度、工业化率、教育发展水平、营商指数、公民健康指数等差距明显，与发达国家相比还存在较大差距。世界银行数据显示，沿线65个国家中有13个高收入国家，有25个低收入、中低收入国家。总体上看，沿线国家第二产业整体仍具有较高的就业吸纳能力，国家之间的技术技能人才流动有助于各国实现产出和就业的均衡发展。阿富汗、尼泊尔、柬埔寨、老挝、巴基斯坦等中低收入国家的农业占比超过25%，以农业为支柱型产业；中国、泰国、捷克、白俄罗斯、匈牙利等国以生产电信设备、机械设备、汽车及零部件、化工产品等传统工业产品为支柱型产业，为制造业占比最高的5个传统工业化国家。随着“工业4.0”“中国制造2025”等推进与中国经济转型及产业结构调整升级，中国的鞋帽衣物、玩具塑料制品等传统行业制造基地将向东南亚国家转移，这些沿线国家将承接中国在全球价值链中的位置。同时，据亚洲开发银行测算，到2025年，沿线国家在电力、通信、铁路、公路、港口等基础设施产业领域预计新增约50万亿元人民币规模的投资需求，将形成数以百万计的技术技能人才需求缺口。大数据分析表明，沿线国家居民的平均受教育水平较低，教育指数低于世界平均水平，各国受教育水平差距明显，高等教育入学率远低于发达国家水平。根据人力资本理论，经济发展需要教育提供人才供给，教育发展需要经济提供物质保障，由此形成了教育与经济的耦合关系，沿线国家社会发展与经济发展的分析为探究职业教育与“一带一路”的耦合关系提供了研究基础。沿线国家发展中的技术合作、人才需求为我国职业教育“走出去”提供了发展机遇。沿线国家需要我国职业教育提供高质量的毕业生、实现人才与技术多要素的流通，也需要我国的职业教育品牌与优质教育资源输出，吸引国外学生来华留学，为沿线国家培养具有国际视野与国际水平的留学生，提供具有国际水平的教育理念与教育资源。

（二）内部环境

近年来，《国务院关于加快发展现代职业教育的决定》《现代职业教育体系建设规划（2014—2020年）》《推进共建“一带一路”教育行动》等一系列重要文件先后出台，首次对现代职业教育体系进行整体谋划和全面部署，并明确提出要“大力提升教育对外开放治理水平，完善教育对外开放布局，充分发挥教育在‘一带一路’建设中的重要作用”，国家对职业教育改革和开放的重视程度前所未有，职业教育的国际化迎来了历史性的发展机遇。我国职业教育要加强与相关国家的交流合作，积极引进先进的教育模式和理念，输出优质教育资源，探索多样的合作办学模式，实现教育资源国际化的良性循环，进而取得自身跨越式发展。

目前，中国已成为全球第一大贸易国、第一大出口国，资本、商品和服务与各国的交流互动规模前所未有，特别是"一带一路"倡议的提出，各国相互融合、共同发展的步伐大大加快，如何为国家经济发展培养和输送具有国际视野的高素质技能型人才，对我国职业教育提出了新的更高的要求。

二、机遇

(一) 外部机遇：国际——全球化进程进一步加深

"一带一路"重大倡议是2013年9月10日习近平总书记在访问"一带一路"国家的过程中先后提出的，主要指"丝绸之路经济带"建设构建和"21世纪海上丝绸之路"的重大倡议，其东部与亚太经济圈紧密相连，西部能够向欧洲经济圈延伸，并且沿路通过64个国家，希望能够借助逐步加强中国和沿线其他国家的发展战略，实现相互之间的紧密合作、构建惠普经济合作桥梁。这一建设构想的提出得到了国际社会的广泛认同，并且"一带一路"重大倡议的提出对我国对外开放提出了新的发展要求。"一带一路"倡议包含了经济贸易、区域秩序、人文交流三方面内涵，以政策沟通、设施联通、贸易畅通、资金融通、民心相通"五通"为主要内容。"一带一路"建设东接亚太经济圈，西进欧洲经济圈，沿途连通中亚、东南亚、南亚、西亚和东非等64个国家，大多是新兴经济体和发展中国家，目前总人口约44亿人，经济总量约21万亿美元，分别约占全球的63%和29%。

全球化背景下人力资源的跨国流动成为常态。经济全球化的发展使得企业在全球范围内寻求合作、寻找最优人力资源成为赢得核心竞争优势的关键，不同国家、地区之间的人力资源流动成为常态。劳动力市场的国际化催生了对高素质国际化人才的需求，从而对职业院校发展和人才培养提出了新要求。一方面，职业院校师资队伍、管理人员、学生的国际化流动对其治理方式提出了新挑战；另一方面，劳动力市场对国际化人才的需求也推动了职业院校人才培养目标和培养模式的变革。顺应全球化发展趋势，不但要求职业院校在师资队伍、管理方式上与国际接轨，而且要关注既适应国内市场需求又具有全球化素养的高素质应用型人才的培养，提高职业院校竞争力和人才培养质量。

（二）内部机遇：国内——对外开放、新常态

“一带一路”倡议的实现需要高素质技术技能人才作为支撑。随着“丝绸之路经济带”和“21世纪海上丝绸之路”倡议的提出，2015年国家发改委、外交部、商务部联合发布了《推动共建丝绸之路经济带和21世纪海上丝绸之路的愿景与行动》，这标志着“一带一路”作为战略新构想进入到全面推进阶段。中国与“一带一路”沿线各国在各行业、各领域的深度合作势必对高素质技术技能型人才产生巨大需求，为职业院校依据“一带一路”需求调整人才培养目标、培养方式、课程设置等提供了动力，也为我国中西部职业教育发展带来前所未有的机遇。推进职业教育全方位系统性变革，促进职业教育国际化，为“一带一路”倡议的顺利实施和有效推进提供坚实的人才保障。因此，在经济全球化和信息技术革命的外在机遇下，积极配合教育对外开放战略，系统审视我国职业教育国际化发展的趋势特征与行动策略，为“一带一路”培养具有国际能力的技术技能人才，对开创国际教育新格局具有重要意义。

第二章

鲁班工坊国际化合作与服务的理论基础和国际经验

第一节 鲁班工坊的国际化合作与服务的理论基础

鲁班工坊不是我国一般性的职业教育国际化办学形式，经过近5年的不断探索、研究与实践，鲁班工坊建设逐渐形成了较为完整的理论体系。鲁班工坊国际化办学理论在理论层面支撑了鲁班工坊的建设与发展，起到了强有力的引领作用，并做到了在职业教育国际化办学理论研究方面与世界先进国家接轨。鲁班工坊在建设过程中所依据的基础理论包括：比较优势理论、竞争优势理论、推拉理论、知识外交理论。

一、比较优势理论

比较优势理论起源于大卫·李嘉图在《政治经济学及赋税原理》一书中提出的比较成本贸易理论，该理论是对亚当·斯密绝对成本理论的批判。亚当·斯密认为在国际贸易中，贸易双方都可以利用自己具有绝对成本优势的产品去换取不具有绝对成本优势的产品，从而彼此获利。而李嘉图认为国际贸易产生的真实原因在于成本的相对差异，比较成本理论虽然突破了亚当·斯密理论的局限性，但他只分析了各国参与国际分工和国际贸易的依据，却未能揭示出比较优势的来源以及国际贸易形成和发展的根源。继比较成本理论之后，瑞典经济学家俄林提出了要素禀赋学说，他认为影响商品成本高低的是本国既有生产资源的相对丰裕度，并进一步指出资源丰裕度是比较优势的决定因素，从而解决了亚当·斯密理论未能揭示出比较优势来源的基础性问题，理论上的突破也标志着比较优势理论最终的形成。

美国人卡尔·彼得是一个厨师，他若工作一小时酬金是50美元；珍妮是一个菲律宾女佣，主要工作是打扫卫生，工作一小时酬金是10美元。关于卡尔·彼得的家庭卫生究竟由谁来承担，可有两个选择。其一，卡尔·彼得自己承担卫生清洁，若以一小时计他将失去一小时从事厨师工作的酬金，即40美元；而珍妮则处在无业的状态，劳动报酬为0。其二，卡尔·彼得将卫生清洁工作外包给珍妮，而去做厨师，但应支付珍妮10美元的劳务报酬，实际收入为40美元，而珍妮将获得10美元的劳动报酬，另从工作的专业性看，珍妮作为专业清洁工，显然工作质量和效果会强于卡尔·彼得。这就出现了比较优势的原理，即卡尔·彼得具有从事厨师工作的优势，而做家庭清洁卫生则是劣势；而珍妮具有做家庭卫生的优势。从商品（劳务）等价交换的原则，可以得出结论，在任何交易和贸易中均是比较优势原理在发挥作用，卖方永远出让的是具有比较优势的商品，从而获得高回报，而买方永远购买的是相对于自身优势而处于劣势的商品。从而一方面支付较低报酬，另一方面以自身的优势资源获取更高的报酬。因此，可以得出这样的结论：比较优势产生交易，比较优势产生贸易。在比较优势理论下，每个国家都应集中生产并出口具有比较优势的产品，进口具有比较劣势的产品，从理论的核心要点看，比较优势是指一个地区（国家）与另一个地区（国家）在经济上不同领域和不同层面相比较而存在的优势，是一种状态优势，具有层次性的特点。

经过多年的探索和实践，中国职业教育已经形成了完整的教育体系，对支持经济和产业发展发挥了不可替代的作用。近5年，以习近平总书记为首的党中央针对中国职业教育快速发展做出了一系列重要指示，全国职教大会的召开、双高计划和提质培优等国家项目的先后启动，使中国职业教育的创新发展驶入了快车道。经过多年的努力，可以认为，中国职业教育在办学体制机制、深化产教融合、校企合作办学、强化企业技术服务、突出类型教育特色方面已经做出了成效并为世界大多数国家所认可。中国职业教育先后在立德树人、校企合作、现代学徒制、国际化办学方面形成了近千个优秀案例，已连续举办12届全国技能大赛，展示了近百个行业职业技能的最高水平，近万名优秀选手获奖反映了中国职业教育在高素质技术技能人才培养方面的巨大成果。由此可以看出，以上理论研究和实践成果已经成为中国职业教育的办学优势，有的已经和世界接轨并进入先进行列。中国职业教育国际化办学的合作国主要是发展中国家，尤其是“一带一路”沿线的发展中国家，相对于合作国职业教育的现状与发展，中国在许多方面具有比较优势，从而奠定了中国国际化办学的比较优势理论基础。

从我国职业教育国际化办学的历程看，经历了以引进、学习为主—引进和输出并存—以输出为主的过程。中国职业教育发展的实践已经充分证明，我国自 20 世纪 80 年代起，大范围地深入学习和引进德国、加拿大、日本、澳大利亚、美国等职业教育发达国家的先进理念和教学模式对于快速提升我国职业教育办学水平起到了不可替代的作用。进入 21 世纪后，中国职业教育逐渐形成了自身的体系和办学模式，在学习和引进的基础上进行了消化和吸收，在人才培养模式和教学方法等方面已经大大缩小了与世界职业教育先进国家的差距。近 10 年，中国职业教育的创新发展速度加快，在许多领域做出了突出成效，已经成为中国社会经济与产业发展中的组成部分，由此可以认为，中国职业教育的整体水平在世界范围内已经位居高位，在有些领域凸显了优势。在国际化办学方面，也开始由低水平的输出向高水平发展，尤其是在响应“一带一路”倡议下，以广西、福建、广东、湖南等省份与东盟国家的合作起步较早，与巴基斯坦、塔吉克斯坦、哈萨克斯坦等中亚国家的合作逐渐深入，同时形成了独具中国特色的职业教育与国内企业“捆绑”协同输出的模式，得到了诸多发展中国家的认可和欢迎。近 5 年中国与发展中国家合作办学情况见表 2-1。

表 2-1　双高校与发展中国家合作办学情况

序号	学校	合作国家	合作办学项目
1	天津市职业大学	南非	2019 年成立南非鲁班工坊
2	江苏农林职业技术学院	泰国、乌干达、科特迪瓦、加蓬、老挝	科特职教项目—机械加工专业—技术服务；乌干达技能培训和工程机械项目培训合作；肯尼亚教育部大中专升级改造项目—农机专业—在中国培训合作

续表

序号	学校	合作国家	合作办学项目
3	金华职业技术学院	卢旺达	2017 年在卢成立海外分校“金职院卢旺达穆桑泽国际学院”
4	黄河水利职业技术学院	赞比亚、南非	2018 年在赞比亚成立了大禹学院；2019 年在南非成立第二所大禹学院
5	深圳职业技术学院	南非、以色列	2020 年获批成立联合国教科文组织职业教育计划亚非研究与培训中心
6	陕西工业职业技术学院	赞比亚	2019 年在赞比亚建成中国—赞比亚职业技术学院
7	北京工业职业技术学院	赞比亚、缅甸、蒙古等	从 2017 年开始派出优秀教师赴赞比亚培训中国有色海外员工，筹建中赞职业技术学院北工院分院。分期分批接收来自“一带一路”沿线国家缅甸、蒙古、赞比亚等国家的技术骨干 150 人来我校进行技术技能培训
8	天津医学高等专科学校	马里	马里鲁班工坊
9	辽宁省交通高等专科学校	泰国、布基纳法索	承担国家商务部“布基纳法索职业教育培训管理研修班”援外培训项目，培训非洲国家布基纳法索的政府官员共 25 人
10	天津轻工职业技术学院	印度、埃及	成立印度鲁班工坊、埃及鲁班工坊

鲁班工坊是由天津首创的。2016 年 3 月，在教育部和天津市教委的大力支持下，天津渤海职业技术学院与泰国大城技术学院合作创建了我国境外第一所鲁班工坊，随后，截至 2021 年 9 月已建成 20 家鲁班工坊。从鲁班工坊的

建设背景和路径看，中方院校（企业）均充分利用和发挥了自身优势，而合作国则在该领域存在相对劣势，在比较优势原理下构成了鲁班工坊供给侧与需求侧的统一。

事例一：2018 年，天津工业职业学院联合国内著名民营企业天唐集团，在乌干达与阿尔贡高等技术学院合作建立了乌干达鲁班工坊。乌干达鲁班工坊的管理体制实行“政、政、园、企、校”五方协同，其主要背景是中方企业，即天唐集团是乌干达最大的中资企业，该企业在乌干达建立了包括 43 家中资企业在内的工业产业园。但是，乌干达职业教育水平较低，不能培养中资企业和本地企业的中高技能工人，已经成为中资企业和当地经济与产业发展的瓶颈。乌干达经济发展情况见表 2-2。乌干达鲁班工坊的建立，是天津工业职业学院钢铁冶金和机电一体化两个优质专业与中方企业中的优质资源协同输出，旨在同鲁班工坊一样培养本土化的高技能员工，为中资企业服务。乌干达鲁班工坊建成不到一年，已为当地培养 260 名技能型工人，其中被中资企业录用 67%。

表 2-2 2015—2019 年乌干达经济增长情况表

年份	GDP（亿美元）	经济增长率（%）	人均 GDP（美元）
2015	275.3	5.0	787
2016	245.3	4.6	682
2017	258.8	4.0	774
2018	279.0	5.8	797
2019	347.5	6.5	891

数据来源：乌干达统计局

乌干达实行务实、稳妥的经济发展政策，积极开展基础设施建设，优先发展农业和制造业，重点发展私营经济，推行自由贸易。农业是乌干达吸纳就业人数最多的行业，但生产力落后，亟须引进先进农业生产技术和设备，以提高产量和生产效率；工业处于起步发展阶段，以制造业和建筑业为主；服务业占 GDP 比重较大。2018 和 2019 财年，据非洲发展银行的调查，乌干达青年失业率为 83%。乌干达作为非洲人口增长最快、最年轻的国家之一，

78%的人口为30岁以下的青年人，每年约有40万学生从高校毕业，但市场提供的就业机会仅为9000个。乌干达鲁班工坊旨在通过培养中资企业所需要的技术技能型人才，提高青年就业率。

事例二：埃及鲁班工坊建设中，中方院校充分发挥学校的比较优势，所开设专业均在该专业领域名列前茅。艾因·夏姆斯大学鲁班工坊开设数控设备应用与维护专业、新能源应用技术专业、汽车运用与维修技术专业，开罗高级维修技术学校鲁班工坊开设数控加工专业、汽车运用与维修技术专业。天津轻工职业技术学院数控加工专业是教育部确定的国家数控技术专业领域紧缺人才培养基地，更是“双高”建设的重点专业群。数控设备应用与维护专业承担天津市国际化专业教学标准制定任务，新能源应用技术专业是中央财政支持的重点专业，汽车运用与维修技术专业是国家骨干校重点专业。此外，中方对埃及做了详尽的国别研究，根据埃及尤其是首都开罗周边经济和产业发展情况，以及在该地区中资企业的建设情况，经过广泛调研发现埃及的支柱产业为电力产业、天然气产业及以汽车产业为主的制造业。合作专业充分发挥中方院校的比较优势和特色，立足于提升合作校（艾因·夏姆斯大学及开罗高级维修技术学校）的职业教育水平，立足于服务当地国际产能合作，立足于以艾因·夏姆斯大学鲁班工坊为核心向周边辐射，形成具有中国和埃及双重特色的职业教育圈（园）。

事例三：吉布提鲁班工坊采用“政校企”合作模式，由天津市人民政府、吉布提教育部、天津铁道职业技术学院、天津市第一商业学校、吉布提工商学校、中国土木工程集团有限公司共建，一期建设铁道类专业、商科类专业等4个专业，学制3年。吉布提鲁班工坊通过共享职业教育优质资源，开展学历教育和职业培训，为亚吉铁路和吉布提港口物流经济发展乃至吉布提国家经济社会发展培养技术技能人才，鲁班工坊体现了“一带一路”在吉布提的进一步推进。吉布提区位优势比较明显，是“一带一路”天然的合作伙伴。我国和吉布提的“一带一路”项目取得了一系列成果，比如，亚吉铁路、港口、自贸区，这些大的工程实施需要人才，特别是吉布提当地人才的支撑。

综上所述，在比较优势原理下，鲁班工坊汇集了国内优势职业教育资源和产业资源，重点支持合作国相对处于劣势的领域和方面，形成了支持合作国职业教育发展、支持合作国国际产能合作、支持合作国提高青年就业率的国际化办学宗旨和功能。在发展中国家尤其在“一带一路”沿线国家产生了巨大影响，逐渐成为中国职业教育优质资源海外“输出”，进行国际化办学，打出中国品牌的样板。

二、竞争优势理论

竞争优势理论是美国哈佛大学教授迈克·波特率先提出来的。迈克·波特在《竞争优势》（1985）一书中指出较低的生产成本、与众不同的产品特性及目标集聚策略是创造和维持竞争优势的三种策略；1990 年迈克·波特又在他的《国家竞争力》一书中把企业战略和竞争力的研究上升到产业和国家层面，形成了国家竞争优势理论，提出了著名的“钻石体系”模型。竞争优势理论认为一国某产业能否拥有竞争优势取决于以下六个要素：①生产要素状况，指生产某种产品所需要的人力、物资和知识等各种投入；②需求条件，包括国内市场需求的数量、结构和特点；③相关及支持产业，相关及支持产业有助于形成强大的产业链和降低交易成本；④企业策略、结构和竞争对手，主要指明确发展目标、制定发展规划，激烈的市场竞争结构促使企业不断创新和改进生产技术；⑤机遇，主要包括科学技术方面的重大变革和突破；⑥政府，政府的作用是完善市场经济体制，提供公共产品和服务。前四个是基本要素，机遇和政府是两个辅助性因素，六要素可形成不同的框架组合，呈钻石形状。

由图 2-1 可以看出，竞争优势理论是建立在环境变化上的需求分析，主要强调的是在基本要素基础上的知识、管理、技术、制度等更高层次的要素创新，是后天的、动态的竞争力，体现的是规模经济、产品异质、制度环境和战略差异。

鲁班工坊建设之初的基本理念和服务面向是发展中国家，定位是以高质量、有特色的中国职业教育支持发展中国家经济和产业发展，从人力资源的方面为该国国内生产总值（GDP）增长提供强有力的支持，并成为该国 GDP 增长和人均 GDP 增长不可缺少的支撑力量。鲁班工坊通过优质职业教育资源的输出，将为合作国快速发展培养符合本土需要的高技能人才，从而形成核心竞争力并成为经济与产业发展的核心优势。非洲是我国重点支持和援助的

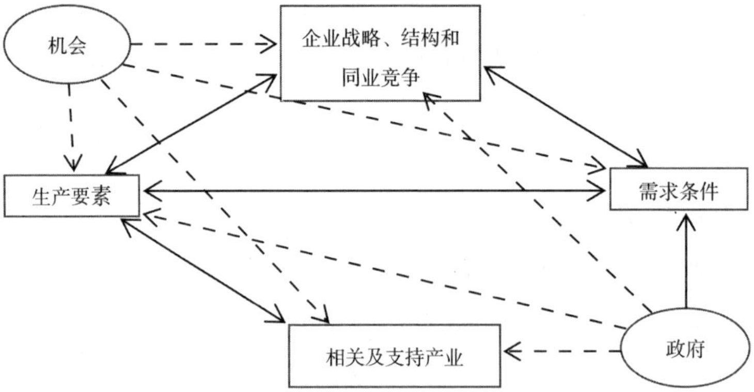

图 2-1 “钻石体系”模型

地区，在中非合作论坛等高级别会议上，习近平总书记曾经发表一系列带有“承诺性”的重要讲话，并明确提出“在非洲建立 10 个鲁班工坊，为非洲青年提供技能培训”。这将是中国在非建设鲁班工坊的重要动力。非洲典型国家近五年 GDP 和就业率情况见表 2-3。

表 2-3 2020 年非洲典型国家 GDP 总值和失业率

序号	国家	GDP 总值	人均国内生产总值	失业率
1	尼日利亚	4464.53 亿美元	2222 美元	33.3%
2	南非	3583.83 亿美元	6100 美元	32.5%
3	埃及	3022.56 亿美元	3046 美元	7.3%
4	阿尔及利亚	1727.81 亿美元	3980 美元	11.4%
5	摩洛哥	1190.4 亿美元	3345 美元	11.9%
6	肯尼亚	992.46 亿美元	2010 美元	23%

事例一：随着中泰经贸持续升温，中国制造、中国技术和中国标准成为越来越多泰国企业的选择，虽然泰国也大力发展职业教育，全国 800 多所职业技术学校，近两百万名学生，但依然无法满足企业需求。据泰国教育部职业教育委员会秘书长阿卡尼·克朗介绍，泰国的学校都在努力改善教学条件，比如，从中国引入数控机床、电子元器件等设备，但当地老师很难在短时间内对中国装备做到精通，也就很难为企业培养出足量的合格职业技能人才。但经过泰国鲁班工坊的培养，泰国学生可从事机电设备（数控设备、自动生

产线等）的安装调试、操作运行、维护维修、技术改造等生产一线工作，成了熟悉中国技术、中国标准和中国产品的海外本土化技术技能人才。目前，第一批留学生已经毕业，全部被玲珑轮胎泰国有限公司录用。

事例二：中国和印度是全球最大的两个新兴经济体。近几年随着中印经贸合作快速发展，越来越多的中国企业在印度投资建厂，印度本土企业也在快速升级，迫切需要大量的高素质技术技能型人才。印度鲁班工坊开设的四个专业，不仅为在印中资企业培养本土技能人才，同时又能为印度企业培养数控设备应用与维护行业、光伏发电技术与应用行业、机械设计与制造行业、工业机器人技术行业所需的技能型人才，为当地产业提供人才支撑，极大地促进了当地产业的发展。印度鲁班工坊所开设的四个国际化专业是根据国际能源署（IEA）发布的报告开设的，是印度重点发展的主导产业，如印度在新能源产业发展中，预计未来三年印度将累计装机容量位列全球第六，并引领全球光伏市场；汽车产业和应用工业机器人也将是印度未来人力资源需求量最大的产业。同时以上专业也满足了当地中资企业对人才的需求。

事例三：鲁班工坊服务国家“一带一路”倡议，在“一带一路”沿线的60多个国家中，必然导致激烈的产业变革、竞争和转型，而职业教育资源匮乏和高技能人才缺少将成为形成竞争优势理论的瓶颈。鲁班工坊的宗旨之一是支援发展中国家职业教育，其功能呈现是为所在国培养产业竞争急需的高技能人才，为竞争优势形成助力。在竞争优势理论中，重点是鲁班工坊在国际化职业教育舞台上的竞争优势。英国是世界发达国家，也是职业教育发达国家，中英鲁班工坊以烹饪技术应用为优势专业，培养对象是对中餐制作有偏好的英国人。中英鲁班工坊向英国特定群体输出中餐制作技术和具有悠久历史的中餐文化，体现了在英国餐饮业中的竞争优势，中英鲁班工坊的教学成果已纳入英国职业资格框架。

三、推拉理论

在高等教育国际化和全球化的背景下，比较教育学家阿特巴赫于1998年提出了“推拉理论”，并在全球范围内得到了广泛应用。推动因素往往是指生源国内推促学生出国留学的因素，拉动因素往往指向目的国内吸引学生入境求学的因素。推拉理论的研究范式强调推出去、拉过来。

推拉理论为本研究更好地洞悉海外鲁班工坊建设背后的理论依据提供了重要的理论支撑。从世界职业教育发达国家的发展过程看，推拉理论起到了重要的支撑作用。20 世纪 80 年代以后，世界职业教育的发展水平已经出现了分化，德国、日本、澳大利亚等国的职业教育体系已经形成，主要的办学理念和体制机制及政策体系也已成熟，同时形成了各具特色并为世界所公认的办学模式。在联合国教科文组织的推动下，职业教育发达国家开始将其优势资源进行海外输出，以“推出去”作为国际化办学的主要方式。1984 年，在联合国教科文组织支持下，我国接受了第一批世界银行贷款，促使当时 17 所本科院校转制，成为我国第一批高等职业院校，转制的院校分别以不同方式接受了世界职业教育发达国家的先进理念和方法，天津职业大学作为第一批转制校，较全面地开始引进和吸收国外的先进教学模式，“拉过来”的功能开始体现，该学校至今始终是国内高职院校领域综合办学水平较高的院校，在 2019 年“双高计划”评审中进入前十名。推拉理论的核心观点在于，一是当一种经济（教育）形体成长速度较快并处于某种优势状态下，为了规模扩张和影响扩散，势必将其特有的优势以不同形式推向其他经济（教育）形体，甚至出现一体化发展的态势；二是在自组织理论下，任何一种经济（教育）形体自身均具有内在的发展动能，但由于其内部和外部因素的制约，该动能处于被压抑状态而没有释放，从而位居劣势地位；三是在经济（教育）形体自组织下，经过外力的推动或自身吸收外界的正向能量，可以打破其被压抑的束缚，释放出自组织能量，从而在正动能作用下，进行新旧动能的快速转换，从而形成新型的经济（教育）形体。

按照推拉理论可以对鲁班工坊建设做出如下解释：首先，在我国“一带一路”倡议下，沿线大多数发展中国家的经济开始启动或复苏，纷纷搭上“一带一路”倡议的快车，从而使我国“一带一路”倡议推动了世界经济与贸易发展，为沿线发展中国家提供了快速发展的新路径；其次，在“一带一路”倡议下，我国优势产业开始实施“走出去”战略，在海外发展过程中，高水平人力资源的匮乏已经成为瓶颈，而输入国的职业教育水平普遍较低，在短期内难以满足中资和其他外资对技能型员工的需求；最后，鲁班工坊正是在与我国优质产业资源捆绑协同输出过程中，使两种不同的优质资源产生了协同效应，我国优质产业资源和职业教育资源以“推出去”的形式，促成了合作国将该资源“拉过来”，二者的同向并行使鲁班工坊很快在合作国受到欢迎并站稳了脚跟。

事例一：20 世纪 80 年代中期，在联合国教科文组织与世界银行的支持和推动下，德国在天津建立了中德技术培训中心，无偿提供了价值超过亿元的先进数控和电加工等设备，该中心 80%的领导和教师先后在德国学习了三个月至半年。两年后，中德技术培训中心成为当时国内引进德国数控加工技术和职业教育最先进、最系统、最全面的职业教育培训基地。中德合作历经 10 年后，中德技术培训中心成为中德职业技术学院并在国内占据了领先地位，2015 年，该校作为国内为数不多的院校升格为中德应用技术大学。在引进和吸收德国先进职业教育过程中，培养了超过 10 万人的高素质技能型人才，先后获得国家教学成果特等奖和一、二等奖。中德应用技术大学在引进德国先进技术和职业教育中已经形成了自身独特的办学优势，同时也不断拓展国际化办学领域。2018 年，先后在柬埔寨、尼日利亚建成 2 个鲁班工坊，柬埔寨鲁班工坊开发了机电一体化、通信技术两个专业，制作了 13 本国际化双语教材。

事例二：英国是职业教育发达国家，其国家商业与技术教育委员会开发的 BTEC 职业教育资格认证体系和国家职业资格等级框架制度已经非常完善并在国家法律层面加以固化，成为与英国高水平普通教育具有同等地位的职业教育体系。2017 年，天津经济贸易学校在英国建成以中餐烹饪专业为主的鲁班工坊，成为我国在职业教育发达国家建立鲁班工坊的先例。目前，鲁班工坊的中餐烹饪课程采用厨房实训和网络课程相结合的模式，并拆分为多个等级、多种课程，提高了学员参与课程的灵活性。鲁班工坊食品运营总监麦克·芒菲尔德曾经多次在课程中讲道：“每一道中国菜的背后都有故事，理解中国饮食文化对于学好中餐烹饪来说非常重要。英国的中餐厨师缺口非常大，希望培训出更多优秀厨师。”在伦敦以南西萨塞克斯郡的克劳利学院建成了中餐烹饪“实训厨房”，位于利物浦的集教学、测评和研发功能于一体的考评中心也即将落成。2019 年春节，师生还前往英国首相府，为首相府组织的中国新年招待会提供了餐饮服务。

事例三：中印两国同属发展中大国，印度职业教育的整体水平低于中国，但印度早在1960年就进行了职业教育学徒制立法，即颁布了《学徒制法案》；20世纪70年代末做了重新修订；21世纪初又制定并颁布了职业资格框架，规定了先学习成果认定、积累和互换机制，同时做到了职业教育与普通教育的互通。中印鲁班工坊的主旨之一是在输出中国先进职教资源的同时进行双向交流和借鉴。印度职业教育在某些方面已经与国际接轨，其做法具有先进性和可借鉴性。中印鲁班工坊先后组织中印职教合作论坛等活动，双方进行了深度交流。中方专门组织研究课题，对印度职业教育发展历程进行了追踪研究，研究成果也作为教育部课题的子课题。中印两国借助鲁班工坊平台，双方互为输出和引进，既有“推”又有“拉”，在推拉中使中印双方职业教育做到互惠互利、共同发展。

四、知识外交理论

当代西方高等教育国际化理论研究的先锋——加拿大学者简·奈特（Jane Knight）于2015年提出了知识外交（knowledge diplomacy）的概念。作为近年来世界高等教育国际化领域崭露头角的研究范式，知识外交是高等教育国际化与国际关系的跨学科研究成果，有助于推动双边或多边关系发展，促进知识的横向流动。在当今世界科技进步的潮流下，知识已经成为世界互联互通的基石，而外交与国际关系联系在一起，聚焦于沟通、协商、合作、妥协和协作。为全球范围内高等教育及相关的人才进行跨国流动、跨境教育、国际合作办学、跨国科研等活动搭建了平台和桥梁。知识外交基础理论的主要观点见表2-4。

表2-4　知识外交理论表

概念	知识外交	软实力
动因	1. 强调共同应对问题 2. 在合作共赢的前提下强调自我实现和利他 3. 实现过程是自下而上的	1. 强调自我实现 2. 强调强势文明或政治制度对其他文明的影响力和相对控制力 3. 实现过程是自上而下的
策略	沟通、交流、妥协、互利合作、互相支持	优势吸引和引领，通常以资金支持或宣传的形式体现

续表

概念	知识外交	软实力
价值观	互学互鉴、互利双赢	控制、权威主义、竞争
成果	双边或多边机制产出的成果	单边机制产出的成果

奈特指出，知识外交的理论具有以下特征：多方或多个利益攸关方参与；聚焦高等教育，尤其是高等教育研究和知识创新；尊重不同的动因、需求及注重发挥各方资源形成合力；注重体现对等原则，和而不同；强调协商、合作以及协作；注重开展不同层级的合作；强调共同应对全球问题；强调构建和强化双边或多边的国际关系。从教育的基本属性来看，将高等教育国际化仅仅简化为经济贸易的附属品，有违教育具有经济、政治、文化等多重属性的价值定律。

鲁班工坊建设至今历时已近 5 年，中国职业院校在输出优质职业教育资源的过程中，以提高合作国职业教育水平和就业水平为主要功能，在一定程度上推动了合作国的经济发展及产业结构，其综合效应已经越出了单纯“教育”的范畴，在政治、社会等多方面引起了合作国的关注，以国际产能合作推动了“一带一路”倡议在沿线国家的实施，加强了中国与合作国在多领域的交流。

事例一：2018 年，习近平总书记在中非合作论坛峰会上提出在非洲建立 10 个鲁班工坊，2019 年 4 月，习近平总书记与埃及总统赛西会面时进一步提出“在埃及建设鲁班工坊，为埃及青年提供职业技能培训”。为全面落实习近平总书记的重要指示，2019 年天津轻工职业技术学院、天津交通职业学院与埃及艾因·夏姆斯大学和开罗高级维修技术学校在两国政府的高度重视和支持下，建设了两个鲁班工坊。埃及鲁班工坊旨在响应“一带一路”倡议，落实习近平总书记的重要指示，按照“培养、融入、辐射、发展”八字方针，使鲁班工坊成为埃及技能型人才培养的基地和标杆，在经济与产业服务方面发挥不可替代的作用；融入埃及国民教育体系，构建中高本衔接、贯通的办学体制，在技能型人才培养方面发挥引领示范作用；将鲁班工坊职业技能教育资源和成果向其他应用型、技能型院校辐射，带动埃及职业教育向高端化发展；支持国际产能合作，融入中资企业工业园区，培养为中资企业服务的本土化员工。

事例二：泰国鲁班工坊的建成在促进中泰两国人文交流、职业教育合作等方面发挥了巨大的作用，同时在东盟国家发挥辐射作用。天津市与泰国开展经贸合作有着稳固的现实基础，与泰国的职业教育合作也有10多年的历史，广泛开展了师资培训、学术研讨、职教论坛、学生互派等交流活动。2013年4月8日，泰国诗琳通公主来天津访问，时任天津市教委副主任吕景泉教授向诗琳通公主赠送《自动化生产线安装与调试项目化教程》（英文版），诗琳通公主回赠自己出版的画册。2014年9月12日，泰国隆财基金会主席、金佛寺副住持帕龙芒克拉赞赵昆通猜大师携泰国教育部职业教育委员会副秘书长阿伽尼·康善及来自泰国各地的11所职业院校校长来到天津市，与天津市11所对口职业院校签署合作协议。天津市教委和天津渤海职业技术学院被泰国授予“诗琳通公主纪念奖章”，大城技术学院更是荣获“国王奖”，也已经成为泰国最具影响力的大学。鲁班工坊让大城学院名声大振，不少印度尼西亚、马来西亚、柬埔寨等国家的学生纷纷慕名而来，甚至有其他学校的学生通过“转学”来到大城学院，就是为了能够进入鲁班工坊学习。现在除了泰国学生外，鲁班工坊已培训了上千名邻国学生。通过鲁班工坊，中国技术走进了大城，又走出了大城，并开始享誉整个泰国，甚至东南亚。

第二节　中外职业教育国际化办学经验

纵观世界职业教育发展的历史，职业教育发达国家均非常重视国际化办学，将其与国家的国际经济与贸易几乎视为同等重要的事。世界主要发达国家如德国、日本、美国、加拿大、澳大利亚是具有代表性的职业教育发达国家，如德国的双元制等均属于该国独有和独创，而有些发展较快的国家均经历了由学习、消化、引进到形成自身的职业教育发展模式并能够进行海外输出，这种由输入逐渐转变为输出，一方面显示出该国的职业教育整体发展水平的提高，另一方面也与职业教育逐渐市场化相关。

一、澳大利亚职业教育的国际化办学

澳大利亚的教育体系为小学教育 7~8 年，学生毕业后既可以升入初中，也可以选择职业教育路径，进行一级证书、二级证书、三级证书、四级证书的学习；职业教育三级证书课程对应高中层次的学习，四级证书课程结束后，学生可继续选择进行高职层次的学习，取得文凭或高级文凭。澳大利亚的教育体系是由该国的职业教育等级框架制度所决定的。

澳大利亚职业教育为世界所公认的特色是该国首创“培训包”，在大量行业企业调研基础上所编制的“培训包”内容非常丰富，是确定各专业课程内容的主要依据。澳大利亚高等职业教育国际化办学主要经过了三个时期的演变过程。第一阶段是对外援助时期，政府出于政治利益考虑而向来澳留学学生提供资助，但职业院校因不能从中获取额外经费而兴趣不高；第二阶段是对外贸易时期，教育产业化使得更多的学生获得了到澳大利亚学习的机会，职业院校因为学费带来的经济效益也热情高涨；第三阶段是法制化时期，澳大利亚在进行国际化办学过程中，由对外援助逐渐向市场化演变，并通过出台一系列法规，保障了澳大利亚职业教育国际化的质量。澳大利亚的国际化办学主要有四种形式：一是招收海外留学生来澳洲学习；二是通过 TAFE 学院开展国际合作办学；三是开设海外分校；四是远程教育。其中合作办学是双方共同制定计划好培养模式，学生在国内学习一段时间，在国外学习一段时间，颁发两国文凭。而开设海外分校则是由澳大利亚职业院校全权负责的，颁发澳洲文凭。

事例一：宁波 TAFE 学院。该学院是澳大利亚职业教育国际合作办学的成果之一。澳方西悉尼 TAFE 学院作为外方主办校与浙江省宁波城市职业技术学院、宁波外事学校合作，联合举办宁波 TAFE 学院。该学校为职业教育领域中的中外合作办学机构，由宁波市教育局主管。该学校的决策机构由三所合作院校共同组成，其中中方 6 人，外方 3 人。学生通过在校期间的理论知识学习和技能训练，较熟练地掌握了英语，较好地掌握了澳大利亚先进的技术和先进设备的操作技能，中方职业院校教师学习并了解了澳方“培训包”的职业教育特色，宁波城市职业学院也成为我国较早引进澳大利亚“培训包”的高职院校。

从澳大利亚职业教育的国际化路径我们可以看到，通过教育产业化和法治化办学，既保证了学校的国际化办学质量和办学声誉，又激发了职业院校的国际化办学热情。其职业教育国际化路径能够比较充分地保证澳大利亚本土国际教育模式的输出，保证学校对于教学质量的控制，从而进一步提升了澳大利亚职业教育的国际声誉。通过合作办学，学生不出国门或者不需要整个学习阶段都出国，就可以获得两国的证书，无形中也缩减了留学成本，降低了只有国外证书而没有本国证书的风险，是一种值得借鉴的职业教育国际化做法。

二、加拿大的职业教育国际化办学

加拿大职业教育的特点是以 CBE 模式为主，重视学生职业能力的培养。加拿大积极推进职业教育国际合作，在过去的 40 年里实施了 700 多个职业教育援助项目。加拿大国际化办学路径主要包括：一是加拿大与受援国共同制定教育发展战略并提供相关咨询服务；二是加拿大与受援国共同设立项目管理相关制度，对项目进行指导、管理和评估；三是加拿大通过与受援国的院校合作，从而对其进行指导，分享本国职业教育成果，提高受援国院校办学水平；四是加拿大还设有国际奖学金项目，帮助受援国学生到加拿大交流学习。加拿大的对外职业教育援助通过与受援国形成伙伴关系来保证援助项目效果，援助对象以弱势群体为主，在援助过程中注意因地制宜、量身定做，注重项目的有效性。

加拿大职业教育境外办学在“千强女性”计划（Mulhere Mil Project）中是加拿大最成功的职业教育援助项目之一。该项目由加拿大尼亚加拉学院与巴西中央联邦教育中心共同开发，开设旅游业相关专业，帮助弱势群体妇女获得更多的就业机会。该项目的核心是加拿大社区学院成熟的“先前学习评估和认可”方法。学生可以用之前的生活技能、工作经历等兑换学分，从而能够为学生提供更多的教育机会，减少学生教育开支。加拿大在援助过程中，并没有直接将加拿大的职业教育体系移植到受援国，而是邀请受援国政府官员和教师亲自到加拿大体验、参观社区学院教学，并挑选合作院校，采用了软性推销策略。最终受援国政府认为两国在人文地理上有相似之处，则进行院校和合作项目的选择。

加拿大的对外援助经验提示我们，职业教育需要当地政府的密切参与，通过双方协商合作共同制定管理机制，保障项目的正常运行。此外，国际合作的意义不仅仅在于分享本国的优秀职业教育成果，也更在于为所在国解决问题。外来的职业教育成果需要紧密联系当地实际，因地制宜，才能够在合作国获得长远的发展，实现更为深远的社会意义。

三、德国的职业教育

德国职业教育以双元制全球闻名。姜大源指出，双元制的一元是企业，一元是学校，学生既在学校学习，也同时在企业实习、工作，从而实现校企协作育人。德国职业教育的国际化发展，动因主要有四：一是德国政治经济的崛起带来了教育国际化的诉求；二是德国本身老龄化带来的就业人口匮乏，使得德国一方面需要引进国外优秀人才，一方面需要培养适应全球化经济形势的本土人才；三是受到欧洲国家教育交流合作传统的影响；四是因为德国传统学位制度与国际学位制度不相容，教育改革需求倒逼职业教育国际化改革。

为了使职业教育国际化，德国对学位制度进行了改革，从制度上保障了德国职业教育应用科技大学（FH）文凭与学历是文凭等价，开发了应用技术大学的博士授予权，使得德国的职业教育道路更加宽广，职业教育文凭在国际上具有可迁移性；改革本国的职业教育学时体系，使得本国体系能够与欧洲学分体系互通，实现了职业教育的可兼容性；搭建终身学习资格框架，为不同教育与培训部门之间搭建起互通的桥梁。

德国职业教育国际援助一方面是协助受援国发展双元制职业教育，另一方面是为了支持德资企业的海外发展。德国职业院校海外办学的成功，主要有赖于政府和合作伙伴的支持，校企两国学习地点理实结合的学习，以职业资格证书为保证的培训质量，合理的职业教育研究、咨询体系和良好的师资。德国于 2009 年开始实施区域合作平台项目，在中德合作的成果之上，针对中国和东南亚等国家广泛开展职业教育教师培训和职业教育领域的研究。德国的双元制具有百年历史，由于该教育模式和产业融合度高，能够适应企业的用人需求，因此世界上有为数众多的国家在发展职业教育方面均受到德国双元制的影响。

德国的职业教育在国际化的过程当中可以说是从制度层面做好了充分的准备，通过制度上的国际化，使得不管是国外学生（特别是欧洲学生）到德国留学，还是德国职业教育到海外办学，都能够比较顺畅地进行。在职业教育国际援助当中，德国职业教育比较好地保留了其双元制的特点，注重研究与实践合作相结合。

四、美国的职业教育国际化办学

美国作为世界第一的发达国家，政府高度重视职业教育，是世界上第一个在中小学开展职业生涯教育的国家，中小学阶段学生即开始通过各种课程和时间活动探索各类职业。初中毕业后开始普职分流，学生可以进入高中层次的职业教育学校。社区学院是最典型的高等职业教育场所。学生从社区学院毕业后，可以获得副学士学位，并进入大学继续深造或职业就业。美国境外办学的方式主要有三种：一是大学设立海外分校；二是公司设立海外学校，即国际公司通过合作办学、收购学校等方式拓展海外市场，比较著名的包括阿波罗集团、卡普兰公司等；三是与国外大学开展项目合作。美国高校境外办学一般会通过外派师资来保证吸引力，但这一做法也导致了难以在海外分校提供同等优质的教育，以及分散了本校的师资力量的问题。此外，美国境外办学高度重视英语教学，开设的学科偏重文科和商科，有利于传播美国价值观和文化。

美国社区学院是职业教育办学的基础和特点，将职业教育下沉到社区学院，有利于美国职业教育社区化的形成，成为建设发达国家现代化社区的标志。美国实施国际化实践特点包括：一是立足本土，结合本国、本地的实际情况开展国际合作项目；二是审批制度和程序严格，经过层层评审确定师生对将要去往的国家熟悉，确保出国对师生本身以及学院发展有益，从而保证了资金的合理利用；三是有完善的制度，确保归国人员的国际经历能进行分享和扩散；四是通过开展各种活动、讲座、项目实现全员、全面的国际化。

社区学院将国际化理念融入了学校发展当中，通过放学培训、聘请外教等方式提高教师的国际化素养，积极推动学生出国学习，积极招收国际学生，实现“引进来”与“走出去”并举，并在课程当中融入国际化特色，使用国际资源，从而实现全面国际化。

事例二：斯科茨代尔社区学院（SCC）位于亚利桑那州，因区位原因，在校生有4%左右的印第安人。该校通过海外项目，架起了印第安人和澳大利亚、新西兰土著人之间沟通的桥梁。借助这一项目，学生得以讨论一下敏感的问题，并且了解到外国人是如何看待本国传统和文化的。这一项目的开设充分考虑了本校的区位特点，不断增进学生的国际化意识，也引领了一批诸如印第安、新西兰、澳大利亚文化相关课程的开设，加强了双方的联系，并于2009年获得安德鲁·海斯克尔国际教育创新奖。

美国的教育实践启示我们，在进行职业教育国际化的过程中，一是要充分利用每个学校的自身优势，结合本地特色进行国际化实践；二是要注意方式方法，不断思考如何以润物无声的方式进行文化和语言教学。

五、英国的职业教育

纽丽提出，英国1993年推出现代学徒制计划，并通过多次修订，形成了与国家职业资格证书相对应的体系。完成学徒发展体系的建立，使得英国学术教育和职业教育之间实现了“横向融合、纵向贯通”的目标。

钟焜茂认为，英国的教育国际化主要以利益为导向，同时充分利用了其英语语言优势和品牌影响力。除了英国政府从政策层面大力支持高等教育国际化、简化留学手续、重视宣传、增加奖学金，英国高校也积极推动课程国际化，开展远程教学。

在境外办学方面，英国政府要求本国教育机构在境外办学项目中，必须保证项目符合英国大学的管理体制，同时与合作方签订具备法律效力的正式合同，明确规定质量保证措施。杨丽辉提到，在哈德斯菲尔德大学与广东师范技术学院合作办学的过程当中，双方决定共同招收教育发展专升本学士，学生的录取、注册，教学资源的运用，教师委派及成绩评定由英方负责，中方负责管理和提供食宿。合作项目遵循哈德斯菲尔德大学的学术、质量标准，并通过科学的管理机制保障办学标准：通过成立课程管理委员会保证课程计划符合学术需求和英方质量标准（成员包括英方援助人员、课程负责人、教师、学生等）；通过合作项目管理委员会保证项目正常运行，并且能够对项目的实施进行监控（该委员会由中方主导，双方管理人员参与）。

英国的教育国际化举措充分说明，要在境外推广本国教育，除了充分利用本国教育的优势、特长之外，还要通过一系列制度来保证合作办学质量，确保本国教育在国外质量不下降、模式不走样，从而进一步塑造本国教育的国际化品牌。

第三节 “一带一路”倡议下鲁班工坊的建设

一、建设背景

《国务院关于加快发展现代职业教育的决定》《现代职业教育体系建设规划（2014—2020 年）》《国家职业教育改革实施方案》对现代职业教育体系进行整体谋划和全面部署。现代职业教育要在服务“一带一路”等国家战略的过程中，不断提升自身的发展水平。2010 年，天津国家职业教育改革创新示范区建立，2015 年升级为国家现代职业教育改革创新示范区，致力于为职业教育国际化发展与合作搭建平台。2016 年，教育部提出“推进共建‘一带一路’教育行动”，鼓励中国优质职业教育配合行业企业“走出去”，探索开展多种形式的境外办学，培养当地急需的各类“一带一路”建设者。

“一带一路”倡议的提出，为职业教育国际化提供了新的机遇，也赋予了职业教育新的内涵和更广阔的发展空间。中国尤其是天津市职业教育在市委市政府和市教委的领导下，借助国家现代职业教育改革创新示范区的优势和成果，致力于为职业教育国际化发展与合作搭建平台。为响应习近平总书记提出的“一带一路”倡议，落实教育部《推进共建“一带一路”教育行动》，开始向以“走出去”为方式的国际化办学进行探索和实践，鲁班工坊应运而生，承担起分享天津职业教育优秀成果、助力职业教育国际化发展、服务

“一带一路”和国际产能合作的历史使命，以“天津之为”奋力打造“一带一路”上的中国品牌。

二、建设历程

鲁班工坊的建设历程可分为初始建设期、快速发展期、创新发展期三个阶段。

（一）初始建设期（2010—2015）

依托国家现代职业教育改革创新示范区，天津职业教育稳扎稳打获得优质成果，为鲁班工坊的萌芽提供前期积淀。2010 年，教育部高职高专自动化技术类教学指导委员会启动工程实践创新项目（EPIP）建设。2012 年，天津市承接教育部任务，开发 50 个国际化专业教学标准；同年，《工程实践创新项目教程》中文版正式出版。2013 年，《工程实践创新项目教程》英文版正式出版；同年，天津市启动 131 个国际化专业教学标准试点班建设工作。2015 年，《高等职业教育创新发展行动计划（2015—2018 年）》提出高职院校要配合国家“一带一路”倡议，助力优质产能走出去，扩大与“一带一路”沿线国家的职业教育合作；同年，教育部职成司提出“要打造职教领域的孔子学院”，创新职业教育国际化发展之路；随后，教育部职成司指导天津市着手对鲁班工坊项目进行前期调研、方案设计、标准制定工作，鲁班工坊项目正式启动。

（二）快速发展期（2016—2018）

中国境外第一个鲁班工坊在泰国正式揭牌启运。之后，鲁班工坊成功踏上欧洲，在这片被称为工业革命发源地的土地上，英国鲁班工坊成功运营。随后，印度、印度尼西亚、巴基斯坦、柬埔寨、葡萄牙……鲁班工坊实现“多点开花”。

2016 年 3 月，天津渤海职业技术学院在泰国建成我国首个境外鲁班工坊。2017 年，天津市相继在英国、印度、印度尼西亚建设了 3 个鲁班工坊。2018 年 7 月，由天津现代职业技术学院和巴基斯坦旁遮普省技术教育与职业培训局（TEVTA）合作建立的鲁班工坊落成并启动运营。旨在为巴基斯坦培养大批的机电一体化技术专业和电气自动化技术专业的技术技能人才，促进巴基斯坦当地的国际产能合作，满足当地产业对技术技能人才培养的需求。巴基斯坦鲁班工坊将成为中巴国际合作与交流的新窗口和“中巴职业教育+国际产能合作”的新支点，服务中巴经济走廊项目建设。2018 年 10 月，由天津中德应用技术大学和柬埔寨国立理工学院共建的澜湄职业教育培训中心暨柬埔寨鲁班工坊揭牌，标志着中柬两国在职业教育领域最大的合作项目正式运行，成为天津发挥职业教育优势，服务“一带一路”建设的重要成果。2018 年 12 月，由天津机电职业技术学院与葡萄牙塞图巴尔理工学院合作建立的鲁班工坊揭牌。中方坚持师资培训先行，自主研发专业教材，制定统一教学标准，配备了现代电气控制系统、自动化生产线安装与调试装备、工业机器人与智能视觉系统、药品灌装生产线等 16 套先进机械装备，将为葡萄牙持续培育急需型高素质技术技能人才。随着天津职教海外布局的脚步逐渐加快，天津市目前已建设了 18 个鲁班工坊，并已建立起从中等职业学校到高等职业院校再到本科院校，从技术技能培训到学历教育全覆盖的职业教育输出体系。

（三）创新发展期（2018 年至今）

随着鲁班工坊的不断建设与发展，鲁班工坊逐渐进入创新发展期。2018 年，天津市委印发《关于做大做强做优职业教育的八项举措》（津党厅〔2018〕71 号），明确要将鲁班工坊打造成为国际知名品牌。天津市政府印发《关于推进我市职业院校在海外设立鲁班工坊试点方案的通知》（津政办函〔2018〕16 号），积极鼓励有条件的职业院校，配合中国企业“走出去”，协同相关行业产业，在海外试点设立鲁班工坊。同年，习近平总书记在中非合作论坛北京峰会开幕式上宣布，要在非洲设立 10 个鲁班工坊，向非洲青年提供职业技能培训，为新时代鲁班工坊建设指明了方向，海外鲁班工坊建设提升为国家发展战略。2019 年 4 月，教育部、财政部发布《关于实施中国特色高水平高职学校和专业建设计划的意见》，意见中明确指出：“积极参与‘一带一路’建设和国际产能合作，培养国际化技术技能人才，促进中外人文交流。探索援助发展中国家职业教育的渠道和模式。开展国际职业教育服务，承接‘走出去’中资企业海外员工教育培训，建设一批鲁班工坊，推动技术技能人才本土化。”

2019 年 3 月 28 日，天津铁道职业技术学院联合天津市第一商业学校在吉布提建成非洲首个鲁班工坊——吉布提鲁班工坊，吉布提总统盖莱、总理卡米勒共同出席了揭牌仪式。同年12月，肯尼亚鲁班工坊、南非鲁班工坊和马里鲁班工坊揭牌启运。2020年以来，天津克服新冠肺炎疫情带来的不利影响，持续推进非洲鲁班工坊建设，尼日利亚、埃及、科特迪瓦、乌干达、马达加斯加、埃塞俄比亚开设的鲁班工坊陆续揭牌。在鲁班工坊建设与运行过程中，教育部等国家有关部委，天津市政府、市教委给予了强有力的指导和支持，有关院校做了大量卓有成效的工作，项目取得了实质性的阶段成果。从系列校本特色实训教材的编写理念到实训内容的技术等级设计，从实训室5S管理到各项管理制度，从专业技能模块编排到课程菜单遴选，从实训室文化设计到“理实一体化”的实训台与学习岛布局……天津职教先进的办学理念原汁原味地“拷贝”到了鲁班工坊。为保障鲁班工坊建设顺利推进，天津市开辟了鲁班工坊项目建设“绿色通道”，项目工作人员不列入因公临时出国批次限量管理；设立了鲁班工坊项目专项建设和奖补资金，职业院校可按照相关规定捐赠相应设备，支持项目建设。

2020年11月，鲁班工坊建设联盟成立，天津职业大学当选联盟理事长单位。该联盟是由中国院校、企业、科研机构和社会组织自愿结成的全国性、非营利性合作组织，目前共有72家成员单位。该联盟将研发鲁班工坊建设标准，开展鲁班工坊立项、质量监管和终止退出工作，将成为职业教育“走出去”的重要平台，同时对加快鲁班工坊建设速度、提高鲁班工坊建设质量、扩大鲁班工坊影响力具有重要意义。

作为中国对外人文交流机制“一文一武”中的重要组成部分和职业教育国际化发展的新举措，鲁班工坊在此时期受到了国家前所未有的关注，获得了政府鼎力给予的政策支持和史无前例的发展机遇。

三、建设概况

（一）工坊建设：建成20个鲁班工坊

以中国古代“大国工匠”鲁班命名的鲁班工坊，是天津原创并率先实施建设的中外人文交流知名品牌，是中国职业教育国际化发展的重大创新。2016年起，天津作为国家现代职业教育改革创新示范区，已先后在“一带一路”沿线国家如泰国、英国、葡萄牙、南非等建设了18个鲁班工坊，鲁班工坊也成为中国优质职业教育走向世界的一个支点，不断探索创新国际合作与交流的新模式。截至目前，20个鲁班工坊遍布亚非欧三大洲、19个国家，其中包括在非洲建成的12个鲁班工坊。

目前主要采取三种方式推进鲁班工坊建设。一是依托校际合作建设鲁班工坊。如泰国鲁班工坊、葡萄牙鲁班工坊，均以天津职业院校国际合作办学、对外合作交流为基础，在海外选择优质合作院校共同建设而成；二是依托校企合作建设鲁班工坊，如印度鲁班工坊、吉布提鲁班工坊，配合中国企业和产品“走出去”战略，致力培养本土化的技术技能人才；三是依托政府间的战略合作项目建设鲁班工坊，将鲁班工坊纳入国家外交和政府间合作的战略规划，如在“澜湄合作”框架下的柬埔寨鲁班工坊。鲁班工坊已建立起从中等职业教育到高等职业教育，再到应用本科、专业硕士，从技术技能培养到技术综合应用，从学历教育到社会培训全覆盖的职业教育输出体系。在鲁班工坊内，中国为当地学生带去的是具有中国特色的教学模式、专业标准、课程标准和教学资源。经过鲁班工坊的专业培养，当地学生的技术技能水平大幅提升，国际竞争力日益增强。

由表2-5可以看出：鲁班工坊项目自2016年启动建设以来，经过近6年的不断发展，已经成为中国职业教育“走出去”的国际知名品牌。截至目前，共有20个鲁班工坊在海外揭牌启运，其中亚洲5个、欧洲3个、非洲12个。合作国家除英国、葡萄牙为发达国家外，其余均为发展中国家。合作院校共涉及19个中方院校、17个外方院校和1个外方教育当局。在工坊建设方面，18个鲁班工坊建设总面积超过1万平方米，建设国际化专业48个，共计建成实训或教学区约70多个，培养学生近万人，培育师资近百人，辐射面积涉及非洲、东南亚、中亚等“一带一路”沿线诸多国家。

（二）教学科研

2018年1月，鲁班工坊研究与推广中心正式成立。该中心在遴选指导鲁班工坊建设的同时，旨在开展工程实践创新项目（EPIP）研究及鲁班工坊建设标准、模式、评价机制等内容的研究。一是国际化专业建设。在已经开发的50个国际化专业标准基础上，计划到2020年再开发50个国际化专业教学

表 2–5 鲁班工坊建设情况一览表

序号	名称	建设时间	合作院校	合作专业
1	泰国鲁班工坊	2016 年 3 月 8 日	中方：天津渤海职业技术学院、天津铁道职业技术学院 外方：泰国大城技术学院	1. 机电一体化技术 2. 物联网技术 3. 数控技术 4. 新能源汽车技术 5. 高速铁道信号自动控制 6. 铁道交通运营管理
2	英国鲁班工坊	2017 年 5 月 18 日	中方：天津市经济贸易学校 外方：英国奇切斯特学院	中餐烹饪专业
3	印度鲁班工坊	2017 年 12 月 8 日	中方：天津轻工职业技术学院、天津机电职业技术学院 外方：印度金奈理工学院	1. 数控设备应用与维护 2. 光伏发电技术 3. 机械设计与制造（3D 制作） 4. 工业机器人技术
4	印尼鲁班工坊	2017 年 12 月 12 日	中方：天津市东丽区职业教育中心学校 外方：印尼东爪哇省波诺罗戈市第二职业技术学校	1. 汽车运用与维修 2. 电子技术应用
5	巴基斯坦鲁班工坊	2018 年 7 月 18 日	中方：天津现代职业技术学院 外方：巴基斯坦旁遮普省技术教育与职业培训局	1. 电气自动化技术 2. 机电一体化技术

续表

序号	名称	建设时间	合作院校	合作专业
6	柬埔寨 鲁班工坊	2018 年 10 月 28 日	中方：天津中德应用技术大学 外方：柬埔寨国立理工学院	机电一体化通信技术
7	葡萄牙 鲁班工坊	2018 年 12 月 5 日	中方：天津机电职业技术学院 外方：葡萄牙塞图巴尔理工学院	1. 工业机器人技术 2. 电气自动化技术
8	吉布提 鲁班工坊	2019 年 3 月 28 日	中方：天津铁道职业技术学院、天津第一商业学校 外方：吉布提工商学校	1. 铁道交通运营管理 2. 铁道工程技术 3. 商贸 4. 物流
9	肯尼亚 鲁班工坊	2019 年 12 月 14 日	中方：天津城市职业学院 外方：肯尼亚马查科斯大学	信息安全与管理（云计算方向）
10	南非鲁班工坊	2019 年 12 月 16 日	中方：天津职业大学 外方：南非德班理工大学	1. 物联网应用技术 2. 增材制造技术
11	马里鲁班工坊	2019 年 12 月 20 日	中方：天津医学高等专科学校、天津市红星职业中等专业学校 外方：马里巴马科科技大学、巴马科人文大学	1. 中医技术 2. 中药和保健技术

续表

序号	名称	建设时间	合作院校	合作专业
12	尼日利亚鲁班工坊	2020年11月27日	中方：天津铁道职业技术学院和天津中德应用技术大学 外方：阿布贾大学	1. 电气电子工程（通信工程专业方向、电力系统自动化方向） 2. 机械工程（车辆工程方向、交通运输方向） 3. 土木工程（铁道工程方向）
13	埃及鲁班工坊	2020年11月30日	中方：天津轻工职业技术学院、天津交通职业学院 外方：埃及艾因·夏姆斯大学	1. 数控设备应用与维护 2. 新能源应用技术 3. 汽车运用与维修技术
14	埃及鲁班工坊	2020年11月30日	中方：天津轻工职业技术学院、天津交通职业学院 外方：埃及开罗高级技术维修学校	1. 数控加工技术 2. 汽车维修技术
15	科特迪瓦鲁班工坊	2020年12月9日	中方：天津理工大学 外方：科特迪瓦亚穆苏克罗国立博瓦尼理工学院	1. 机械工程 2. 电气工程及其自动化
16	乌干达鲁班工坊	2020年12月10日	中方：天津工业职业学院 外方：埃尔贡乌干达技术学院	1. 黑色冶金技术 2. 机电一体化技术

续表

序号	名称	建设时间	合作院校	合作专业
17	马达加斯加鲁班工坊	2020年12月22日	中方：天津机电职业技术学院和天津市机电工业学校 外方：马达加斯加塔那那利佛大学	1. 电气工程 2. 汽车工程
18	埃塞俄比亚鲁班工坊	2021年4月28日	中方：天津职业技术师范大学 外方：埃塞俄比亚技术大学	1. 机械制造 2. 电子与信息通信 3. 电气电子技术
19	保加利亚鲁班工坊	2021年10月15日	中方：天津农学院、天津市经济贸易学校 外方：保加利亚普罗夫迪夫农业大学	1. 农业工程 2. 作物学 3. 跨境电商
20	摩洛哥鲁班工坊	2021年12月3日	中方：天津商务职业学院 外方：摩洛哥阿伊阿萨尼1应用技术学院	跨境电子商务

标准，建立 10 个鲁班工坊；二是总结建设经验。先后出版了《鲁班工坊：职业教育国际合作新支点——天津渤海职业技术学院鲁班工坊建设纪实》《鲁班工坊》等专著，对鲁班工坊建设成果进行梳理和总结；三是开展鲁班工坊标准化模式的研究探索。通过在设立鲁班工坊专项财政资金、聘请第三方评价机构方面开展研究，进一步完善鲁班工坊的建设和人才培训评价机制，为鲁班工坊项目在全国进行实践推广提供借鉴和参考，推动鲁班工坊成为我国对外人文交流机制的重要组成部分。

此外，已建成的鲁班工坊也纷纷成立适应自身发展特色的研究中心，如泰国鲁班工坊的“铁院中心”、印度尼西亚鲁班工坊的“中国天津—印度尼西亚东爪哇职业教育发展研究中心”、巴基斯坦鲁班工坊的拉合尔国际产教协同育人联盟等。这些研究中心的成立，与鲁班工坊研究与推广中心共同搭建起自上而下的研究体系，在进一步巩固鲁班工坊的建设成果，推动鲁班工坊的内涵挖掘，探索鲁班工坊建设的标准化模式，开展鲁班工坊系统化理论研究、教材开发、国际化教学标准建立等方面发挥了重要作用。

第四节 鲁班工坊建设成效

截至目前，天津已在泰国、英国、印度、印度尼西亚、巴基斯坦、柬埔寨、葡萄牙、吉布提、肯尼亚、南非、马里、尼日利亚、埃及、科特迪瓦、乌干达、马达加斯加、埃塞俄比亚等 17 个国家，建成 18 个鲁班工坊，此外还有瑞士、摩洛哥、加纳、加蓬、保加利亚、俄罗斯、乌兹别克斯坦、塔吉克斯坦、哈萨克斯坦鲁班工坊等 9 个在建项目。

从首个鲁班工坊创立至今已有 5 年时间，在这 5 年的时间里，鲁班工坊项目建设取得了丰硕的成果，一方面在育人的同时扩大了中国职业教育的国际影响力，另一方面在服务国家战略发展方面发挥了重要作用。

一、打造出中国职业教育国际化合作办学新模式

围绕“一带一路”建设需求，立足国家职业教育整体发展趋势、鲁班工

坊服务国际产能合作、致力技术技能人才培养，以文明互鉴、文化交流的形式搭建了国与国之间职教互通的重要平台。鲁班工坊的出现填补了中国职业教育走出去缺乏系统性、缺乏知名品牌的空白；在回答职业教育“输出什么”“怎么输出”的问题方面提供了新思路；在回答职业教育国际化发展校企“如何合作”“怎么合作”的问题方面提供了新经验；为我国职业教育境外办学探索了新路径和新模式。

在教育部的指导下，当前，18 个鲁班工坊已全部建成并揭牌启运，它们分布于亚欧非三大洲，坐落于 17 个国家，共同遵循“政行企校研”联动理念，借助多方力量推动工坊建设与发展，在整体统一、特色发展的前提下，探索出各具特色的发展模式。例如：

——以泰国鲁班工坊为代表的“一坊两中心”模式；

——以英国鲁班工坊为代表的“以产促学”模式；

——以印度鲁班工坊为代表的“2+1”模式；

——以印度尼西亚鲁班工坊为代表的“一中七化”模式；

——以巴基斯坦鲁班工坊为代表的“0.5+2+0.5”中巴专科层次学历教育联合培养模式；

——以吉布提鲁班工坊为代表的“政政企校校”模式；

——以埃及鲁班工坊为代表的“在一个国家建设两个鲁班工坊”模式。

二、探索出中国职业教育国际化育人新路径

（一）学生培养

鲁班工坊采取技术技能教育与学历教育相结合的模式开展国际化人才培养，在重视对学员的职业技能训练的同时，开展学历教育和证书教育，提高其毕业后的就业能力。

泰国鲁班工坊学生毕业时可获得中外两校双毕业证。截至当前，泰国鲁班工坊已累计交流培训学生 4000 余人次，中方学校接收来自泰国鲁班工坊的留学生 162 人，其中毕业 21 人，就业率 100%。

英国鲁班工坊开办了中餐烹饪艺术（鲁班）3 级学历教育试验班，共有 8 名学员，培训了 100 多名当地从业人员。

印度鲁班工坊已培训金奈地区在校大学生 200 多名，为企业培训在职员工 550 人，输送毕业生 65 人，培训项目得到了全印度技术教育委员会（AICTE）的资金补贴。

印度尼西亚鲁班工坊双方搭建鲁班工坊运行四大平台，即合作办学平台、交流互访平台、国际技能竞赛平台、输出特色专业与服务平台，形成了“四方三层”学生考核评价模式。

巴基斯坦鲁班工坊已累计培养学生 100 名，其中首批 25 名巴基斯坦学生已获得 TEVTA 认证的 G3 等级职业培训证书，18 名优秀学员已成功申请天津政府奖学金将赴中国留学。

吉布提鲁班工坊采取校企共同招生的模式，企业根据其人员岗位需求及发展趋势，与吉布提鲁班工坊实行订单培养。目前，已招收 24 名吉布提鲁班工坊学员，4 名留学生，举办了 200 多人次的短期培训。

（二）师资培训

鲁班工坊针对合作院校进行师资培训始终是重心。师资培训由外方选派骨干教师集中到中国培训并辅之以空中课堂等线上培训和设备调试时的短期培训的方式开展。目前，各鲁班工坊结合自身情况主要通过外派中国教师海外教学、吸收外国教师中国学访、线上教师沟通 3 种方式培训。

英国鲁班工坊中餐烹饪人才的师资培养方式以培训本土教师为主，中方指导为辅，以英方派教师来中国进修学习、中英线上交流方式进行师资培训。

印度鲁班工坊已开展 3 次印度教师培训，一方面以赛促训、师资培训并行；另一方面专项培训，2019 年对三名印度金奈理工学院教师进行了培训，其中两人为数维专业，一人为新能源专业。

印度尼西亚鲁班工坊依托 EPIP 教学资源开展师资培训，开展了 9 期 EPIP 师资培训共计 1200 人次，培训后教师开始在鲁班工坊授课。

巴基斯坦鲁班工坊 2018 年选派巴基斯坦籍教师赴中国研修，研修结束后巴方教师回国上岗授课。

吉布提鲁班工坊依托“四双五能”进行师资培训，截至目前，已累计为吉布提培训教师 8 人次。

三、开发出中国职业教育国际化教育教学新资源

各鲁班工坊根据自身专业开展情况，依托 EPIP 教学模式开发适用于鲁班工坊教育教学的国际化教育教学资源，并取得显著成效。

（一）教学成果

2014 年，吕景泉教授以工程实践创新项目教学模式为依据的教学内容获得了中国职业教育领域首个教学成果特等奖。

2018 年 9 月，在天津市教委指导下，由天津渤海职业技术学院、天津轻工职业技术学院等多所院校联合申报的“开发国际化专业教学标准、创设‘鲁班工坊’职业教育国际合作的研究与实践”教学成果获得职业教育国家级教学成果一等奖。

由天津市经济贸易学校（原天津市第二商业学校）申报的“中餐烹饪教学标准的推广与实践——‘鲁班工坊’英国案例”教学成果获得职业教育国家级成果二等奖。

（二）教学手段

EPIP 教学模式是鲁班工坊的核心，在鲁班工坊教育教学手段的开发中起到引领作用。围绕 EPIP 教学，各鲁班工坊将项目、教学、创新相结合，更新教育教学手段与措施。

其中，泰国开展机电一体化技术、物联网技术、数控技术、新能源汽车技术、高速铁道信号自动控制、铁道交通运营管理等 6 个国际化专业的教育教学，并基于此展开实训和 EPIP 中英文系列教材和资源开发工作，并将成果广泛应用于泰国鲁班工坊的教学之中。

英国鲁班工坊基于自身专业特点，将项目与创新实践相结合，开发的中餐烹饪国际化标准与资源，经 Qualifi 核准被纳入英格兰国家普通和职业学历框架，定名为英国鲁班中餐烹饪艺术三级学历，获得欧盟及美国 3000 余所大学和学院认可，可进阶英国五至八级学历。

印度鲁班工坊建设 4 个国际化专业和 EPIP 及新能源车项目 6 个实训区，基于工坊教学需要，中方为其提供实训设备，并合作开发 4 个专业的教学标准，并公开出版了 4 本国际化双语教材。

印度尼西亚鲁班工坊以汽车维修技术为主线，开设了2个国际化专业，建有汽车维修应用智能、新能源汽车、工程实践创新、无人机技术4个教学区。

巴基斯坦鲁班工坊设立专业教学实训区和专业汉语培训区两个教学区域，重点建设电气自动化技术和机电一体化技术两个拥有国际化专业教学标准的专业。

吉布提鲁班工坊建设轨道交通和物流商贸2个部分、7间实训室。室内建有铁道运营沙盘教学区、机车模拟驾驶教学区、铁道模型展示区、EPIP教学教研区、企业全景感知实训区、企业模拟经营认知实训区、物流仓储模拟实训区；室外建有铁道工程教学区、叉车驾驶技能实训区。同时，鲁班工坊还在亚吉铁路那噶得车站设立了坊外实训基地，用于满足教学实习、技能实训、岗前培训等人才培养需求。

四、搭建起鲁班工坊内涵挖掘研究推广新平台

在教育部指导下，2018年1月10日，天津市成立了鲁班工坊研究与推广中心。天津市设立鲁班工坊专项资金，支持其进行鲁班工坊需求与交流、规范与标准、模式与评价、考核与退出、宣传与推广等研究；对已建成的鲁班工坊进行绩效评价，保障整体运行质量。

2018年12月20日，作为中印高级别人文交流机制会议的配套活动，天津市和中国驻印度大使馆共同举办首届“中国印度职业教育合作论坛”。

2019年，天津市制定了《鲁班工坊研究与推广中心建设方案》，成立天津市鲁班工坊研究与推广工作领导小组，完善鲁班工坊研究与推广中心运行机制。

2020年11月，教育部在天津召开全国鲁班工坊建设联盟成立大会。教育部国际司、外交部非洲司、商务部对外投资和经济合作司、国家国际发展合作署地区二司司领导出席会议。联盟发起成员单位共72家，包括60所学校、8家企业和4所研究机构，标志着在教育部统筹下，鲁班工坊建设正式推向全国。

在持续推进鲁班工坊建设的同时，建设团队不断总结经验、积累成果，为鲁班工坊的可持续发展夯实了基础。

五、塑造起中国职业教育国际化发展知名品牌

作为职业教育“走出去”的重要创新举措，鲁班工坊通过多种形式进行

宣传推广，向社会各界介绍鲁班工坊的建设成果及主要经验，提升了鲁班工坊的社会认知度和国际影响力。

得益于泰国鲁班工坊良好的社会影响，泰国政府授予吕景泉教授和天津渤海职业技术学院芮福宏教授“诗琳通公主纪念奖章”，授予鲁班工坊泰国合作院校大城技术学院“国王奖”。

印度尼西亚鲁班工坊受到印度尼西亚总统佐科·维多多总统的关注并得到高度评价。

此外，2017 年 5 月，在天津轻工职业技术学院、天津中德应用技术大学举行的“‘一带一路’现代职业教育‘鲁班工坊’建设纪实”展览（以下简称“鲁班工坊”建设纪实展），以当时鲁班工坊的建设成果为主线，以 6 个篇章，生动翔实地展现了天津作为国家现代职业教育改革创新示范区在探索职业教育国际化新路径方面取得的扎实有效的成果。展览举办的一周时间里，共接待了各级各类部门领导、民主党派人士、兄弟院校师生、社会团体等参观人员达万人，参观人员反响强烈。中外各大媒体也争相对鲁班工坊进行报道，国内外报纸、电视、期刊、网络等主流媒体对鲁班工坊报道 150 余次。

2018 年 5 月，我国第一个以鲁班工坊为主题的特色展馆“鲁班工坊建设·体验馆”正式落成开馆。“鲁班工坊建设·体验馆”融合中国和各鲁班工坊所在国家的文化特色，将古老的“班墨文化”与现代信息技术相结合，多形式集中展现了鲁班工坊的建设历程和成效，让参观者真实感受新时代的匠气、匠心、匠技。“鲁班工坊建设·体验馆”整体面积 560 平方米，分为正门、主厅与序厅 3 部分，其中主厅 420 平方米，序厅 140 平方米。通过文字、图片、实物、视频等多种形式，将鲁班工坊一路走来的点点滴滴，细致生动地展现在世人面前。

2018 年 5 月 6 日，中央政治局委员、国务院副总理孙春兰参观场馆，并对鲁班工坊建设给予高度评价，认为通过鲁班工坊这一载体将中国的职业技术传播到国外、服务国家“一带一路”倡议，值得充分肯定。2019 年，“鲁班工坊建设·体验馆”进行了二期改造提升，新建成的“鲁班工坊建设·体验馆”进一步突出了服务“一带一路”的特色，丰富了鲁班工坊的建设理念、建设内容、建设模式并扩大了国内外影响。

第三章

鲁班工坊的定位和比较研究

第一节　鲁班工坊建设与发展的顶层设计

鲁班工坊顶层设计可以从品牌创设、建设内涵、标识寓意、政策保障四方面进行论述。

一、品牌创设

鲁班是中国2500年前一位杰出的工匠和发明家，是中国劳动人民智慧的象征，体现了精湛高超的技术技能、精益求精的职业素养和不断进取的创新精神，鲁班工坊由此得名。

鲁班工坊是在教育部大力支持与精心指导下，天津市委、市政府贯彻落实习近平总书记重要指示要求、服务“一带一路”倡议、服务合作国家经济社会发展、服务中国企业国际产能合作、服务职业教育国际交流发展、推动优质职业教育“走出去”的重要举措，是职业教育国际化发展的重大创新，也是国家现代职业教育改革创新示范区升级版建设的标志性成果，使中国职业教育国际化办学由“低水平”输入向“高水平”输出跨越、打出“中国品牌”、扩大中国影响力的国际化办学形式。

未来，在教育部统筹指导下，鲁班工坊建设将实施天津鲁班工坊、中国鲁班工坊、世界鲁班工坊项目计划。

二、建设内涵

鲁班工坊遵循共研、共建、共享、共用、共赢的“五共”精神，其内涵包括一品牌、两特征、三模式、四内容、五原则，这也是其精髓所在。

一品牌：鲁班工坊是天津原创并率先推动实施的中外人文交流知名品牌。

两特征：鲁班工坊实施高端技术技能人才的学历教育和服务当地经济社会的技能培训，旨在为合作国家培养适应当地经济社会发展需要的技术技能人才。

三模式：鲁班工坊遵循依托职业院校的国际合作模式、配合企业和产品的校企合作模式、依托国家政府间的战略合作模式。

四内容：鲁班工坊以“EPIP”为教学模式，以教育部组织开发的国际化专业教学标准为基本依据，以全国职业院校技能大赛赛项装备为主要载体，以“师资培训先行”及国际化教学资源建设为必要保障。

五原则：鲁班工坊以平等合作、优质优先、强能重技、产教融合、因地制宜为重要原则。

三、标识寓意

鲁班工坊标识设计采用“天圆地方”的中国传统理念，以圆形和方形为基本图形，用金镶玉的理念设计文字位置。背景采取的是两个图的结合，把阶梯和祥云结合在一起，取材首个境外鲁班工坊的标识，把“天津渤海职业技术学院”和“泰国大城技术学院”用中泰英三种语言环绕在环形里，“鲁班工坊”在传统匾额的方形花框里，字体为汉隶，上方是鲁班工坊的英文，下方是鲁班工坊启动运营时间——2016 年 3 月 8 日。环形和中央方形之间用祥云和书籍图案组合连接，寓意吉祥和学府气质。

图 3-1　首个境外鲁班工坊泰国鲁班工坊 logo

四、政策保障

在鲁班工坊的建设过程中，国家、教育部、天津市政府给予了政策保障，采取更有力措施鼓励有条件的职业院校到海外建立鲁班工坊，分享国家现代职业教育改革创新示范区优质成果。

2013 年 9 月、10 月，习近平总书记提出“一带一路”的倡议，为鲁班工坊提供了政策引领。

2018 年 9 月，习近平主席在中非合作论坛北京峰会上明确提出将在非洲设立 10 个鲁班工坊，向非洲青年提供职业技能培训，鲁班工坊上升为国家战略。

2019 年 4 月 25 日，习近平主席在第二届“一带一路”国际合作高峰论坛期间会见埃及总统塞西，提出中方将在埃及设立鲁班工坊，向埃及青年提供职业技能培训。

此外，2017 年 10 月，中共中央办公厅、国务院办公厅印发《关于加强和改进中外人文交流工作的若干意见》《天津市人民政府关于推进职业院校在海外设立鲁班工坊试点方案》以及天津市在 2018 年出台《关于做大做强做优天津职业教育的八项举措》，大力提升天津职业教育服务“一带一路”建设和国际产能合作能力。2018 年 9 月 22 日，天津市委、市政府成立天津市鲁班工坊推进领导小组，统筹领导，加快推进鲁班工坊建设工作。天津市市教委设立鲁班工坊专项基金支持；对已建成的鲁班工坊定期实施绩效评价，保障整体运行质量。

2019 年，天津市制定了《鲁班工坊研究与推广中心建设方案》，成立天津市鲁班工坊研究与推广工作领导小组，完善鲁班工坊研究与推广中心运行机制。研推中心分设欧洲、亚洲、非洲三个分中心。

未来，天津将采取更有力的措施鼓励有条件的职业院校到海外建立鲁班工坊，输出和分享国家现代职业教育改革创新示范区的优质成果。

第二节 鲁班工坊在中国职业教育国际化进程中的精准定位

中国鲁班工坊始建至今已经过5个年份，鲁班工坊建设模式和初步取得的成效已经得到越来越广泛的认可，已经成为职业教育国际化发展中的国家战略，形成了中外人文交流国际知名品牌。在系统总结和研究的基础上，笔者采取实证研究、案例研究、比较研究和规范研究方法，认为鲁班工坊的现状和未来发展可以在以下方面成为中国职业教育国际化办学的标杆。

一、在促进国际产教融合，助力中国企业走出去方面成为标杆

鲁班工坊促进国际产教融合是指，鲁班工坊是在国内校际、校企合作携手“走出去”下进行的，在合作国联合了当地著名企业和中资企业，建设宗旨和目标坚实地定位在响应“一带一路”倡议，助力国际产能合作。因此，鲁班工坊建设、运行和成效体现了国际化的产教融合，是中国职业院校和企业与合作国职业院校、中资企业和当地企业在技能型人才培养方面的对接，是对我国职业教育国内产教融合的新作为和新跨越，可以成为助力中国企业“走出去”的标杆。

二、在服务一带一路，支持发展中国家职业教育方面成为标杆

教育部、财政部《关于实施中国特色高水平高职学校和专业建设计划的意见》明确指出“探索援助发展中国家职业教育的渠道和模式”是中国职业教育“走出去”的主要任务。鲁班工坊的建设主旨是与合作国职业教育体系融合，输出优质职业教育理念、方法和资源，响应习近平总书记在2018年中非合作论坛讲话中“在非洲设立10个鲁班工坊，向非洲青年提供技能培训”的指示，在提升合作国合作院校职业教育办学水平和质量、以高素质技能型人才促进当地就业水平提升等方面做出成效。从已建成的鲁班工坊运行和已

取得的成效看，可以认为，鲁班工坊为合作国职业教育注入了活力，在人才培养规模和质量方面做出了贡献，普遍受到合作国领导人、专家、职业院校校长、企业和学生的高度赞扬，鲁班工坊在服务“一带一路”方面相对于国内其他国际化办学类型更加做到了系统性、体系性、实用性，成为支持发展中国家职业教育的标杆。

三、在分享 EPIP 教学模式并得到国际认可方面成为标杆

EPIP 是中国职业教育的优秀教学成果，体现了世界上最先进的职业教育的理念与教学模式。鲁班工坊的教学模式是 EPIP，将 EPIP 进行国际化输出，体现了中国特色，体现了中国职业教育办学模式的世界水平，扩大了中国职业教育的国际影响力，成为在国际化办学教学模式方面的标杆。

四、在对接合作国国民教育体系和职业资格框架方面成为标杆

随着鲁班工坊建设的拓展，鲁班工坊已经远不局限于最初设计的技能培训，目前已建成的鲁班工坊大都融入了合作国的国民教育体系或职业资格框架，这在国内职业院校国际化办学方面尚少。实践证明，一国的优质教育资源输出必须与当地职业教育体制、体系和制度吻合，应当融入合作国的教育体系和制度框架，从而使鲁班工坊在当地更加具有规范性和国民认可度，对此鲁班工坊实现了这一目标，成为标杆。

五、在教赛一体、以赛促教，构建与世界技能大赛接轨的大赛项目方面成为标杆

在已建成的鲁班工坊中，境外学生普遍参加了中国各级各类职业技能大赛，有的就在本国参加比赛，从而将中国职业技能大赛的先进理念和成效融入了鲁班工坊的教学过程，也向世界呈现了鲁班工坊学生的技术技能水平，将中国独具特色的“教赛一体、以赛促教”作为常态性的教育教学过程，在不断提高办学水平和教学质量方面成为标杆。

六、在输出整体性优质职教资源方面成为标杆

建设鲁班工坊，中方投入了具有世界水平的先进设备，合作院校输出了国际化教学标准、具有世界先进水平的教学资源库，培训了合作国、合作院校的教师，毫无保留地将中国职业教育几十年的建设成果进行了整体性的输出，从而在全面提升合作院校职业教育办学水平方面起到了整体推动的效果，这在中国职业院校国际化办学方面尚不多见，成为标杆。

七、在形成以我为主、双向交流的国际合作交流机制方面成为标杆

鲁班工坊搭建了与合作国进行双向职业教育交流的平台，扩大了中国职业教育在世界范围内的交流合作通道和影响力。在鲁班工坊国际化交流合作中，中国在“输出”的同时，也在向合作国学习，如英国的职业资格框架体系和 BTEC 教学法，印度的学徒制等均已成为中方院校学习和借鉴的重要方面，这种以我为主、双向交流的国际合作模式已经成为范式，并得到双方的认可，多数已建成的鲁班工坊均有定期召开“论坛”和研讨会的计划，这种被常态化的职业教育国际合作机制成为标杆。

第三节　已建成的鲁班工坊建设模式比较

作为天津原创并率先推动实施的中外人文交流知名品牌、职业教育国际化发展的重大创新，鲁班工坊已经成为中国最具影响力的职业教育国际化项目。截至 2021 年 7 月，天津已经在境外 19 个国家建立了 20 个鲁班工坊（其中埃及是 1 国 2 坊），其中亚洲 5 个、欧洲 3 个、非洲 12 个。依托不同的参建主体，面对不同的合作国家，鲁班工坊项目在建设过程中既遵循着一定的共性原则，同时也根据不同合作国家的职业教育特点及技术技能人才需求而呈现出独有的特色模式。

一、鲁班工坊建设的共性特征

作为一个品牌项目，鲁班工坊项目在建设过程中都遵循着其基本的建设原则和建设流程，在建设内容中也包含着鲁班工坊项目的必选动作，如包含一些核心要素等。这些共性特征不仅规范了鲁班工坊建设的基本形式，同时也保证了鲁班工坊的建设质量。

（一）项目定位

鲁班工坊项目在其建立之初，所坚持的定位就将鲁班工坊打造成为中国职业教育的教学模式、专业标准、技术装备、教学方案及与世界分享的实体化。其核心目标，就是培养适应合作国经济社会发展急需的高素质技术技能人才，为“一带一路”倡议服务、为国际产能合作服务、为构建人类命运共同体服务。围绕这一项目定位，鲁班工坊开展了积极的尝试与探索。从项目的规划、调研、建设到运行管理，每个鲁班工坊都始终坚持以高素质技术技能人才培养为出发点和立足点，始终坚持服务合作国家技术技能人才培养需求、服务区域经济发展、服务国际产能合作，全方位、实质性地凸显中国职业教育国际合作项目的特色，提升中国职业教育的国际影响力。

从几个典型国家鲁班工坊的建设情况可以看出，无论合作国是发达国家还是发展中国家，无论合作院校是本科院校、职业院校还是教育机构，鲁班工坊的建设和发展都始终围绕着人才培养和经济发展服务。作为首个境外鲁班工坊，泰国鲁班工坊自建成以来持续深化国际产教融合协同育人，通过职业培训、学历教育等多种形式，面向泰国开展留学生学历教育，同时面向泰国当地企业员工提供技能培训工作，全面提升技术技能人才培养质量，为当地中资企业培养了急需的技术技能服务人才。英国鲁班工坊不仅制定和开发了适合英国本土实际情况的国际化专业教学标准、课程标准和教学资源库，更是不断充实和完善了实训基地的建设，中英两国设有 3 个教学实训基地，拥有设备 12 套，实习工位 42 个，充分满足了英国鲁班工坊的教学和培训需求。印度鲁班工坊依照印度职业教育特点和在印中资企业对人才的实际需求，挑选了既能够促进当地产业发展，又是中方顶尖优质专业的 4 个制造类专业作为印度鲁班工坊的国际化专业，面向印度高中毕业生、高职和本科院校在校生及企业员工开展学历教育与技能培训。特别是通过订单班培养形式，与在印中资企业签订订单班培养协议，以需求为导向开展定制式人才培养，构建了产教融合、校企共育的人才培养新模式，鲁班工坊的技术技能人才培养的质量和认可度得到进一步提升。作为非洲首家鲁班工坊，吉布提鲁班工坊自主研发的国际化专业教学标准和配套的教材及教学资源，引入中国先进技术装备并开展项目教学，满足了吉布提职业教育人才培养的需求。工坊开设的铁道交通运营管理、铁道工程技术两个国际化专业已通过吉布提国民教育与职业培训部的认证批准，标志着吉布提开启了高等职业教育层次，在完善吉布提职业教育体系方面发挥了重大作用。

（二）建设原则

鲁班工坊在建设过程中坚持五项基本原则，即平等合作、优质优先、强能重技、产教融合、因地制宜，秉承着这五项基本原则，每个鲁班工坊项目都在坚持之初就为项目后续的运营和发展打下了坚定的基础。

1. 平等合作原则

受到政治、经济、文化以及宗教信仰等诸多因素的影响，在国际合作办学项目中也存在诸多潜在的风险，因此需要合作双方在开展合作之前建立良好的相互认同和信任关系。由于鲁班工坊项目是教育合作项目，而教育从一个侧面反映了各个国家在政治、经济、文化等方面的发展水平，因此，作为以院校为主要合作主体的鲁班工坊，其合作开展的基本前提是对中国社会经济发展取得的成绩的认同，对中国产业发展和科技创新的认同，对中国优秀传统文化与人类命运共同体思想的认同，对中国职业教育教学理念、标准、模式、设备及资源的认同，特别是对中国职业教育促进中国社会经济发展的效用的认同。基于以上前提，双方互相尊重、平等合作，才能够为鲁班工坊项目的建设运行提供支撑与基础保障。已建成的 18 个鲁班工坊，都是基于平等合作原则，在建设前期进行周密详细的调研和评估，基于合作双方共同意愿共同遴选合作院校，商讨合作方式，进行专业设计、课程和资源开发以及教学研究等活动，使鲁班工坊项目真正落地生根。

2. 优质优先原则

适应鲁班工坊项目的合作需求，提供优质的国际化教学资源和实用的先进技术装备，是保证鲁班工坊建设质量、确立鲁班工坊品牌地位的重要影响因素。优质优先原则重点体现在鲁班工坊建设过程中涉及的校企合作项目、国际化专业、双语教学资源、师资培训队伍及实训教学装备。中方在鲁班工坊建设过程中，优先选择国际合作基础扎实的校企合作项目，选择国际化水平高且为合作方有需求的优势专业和双语教学资源，选择专业知识过硬、具有国际视野的优秀教师开展项目培训，选择技术先进且实际应用于生产中的高水平、高性能实训技术装备，以保证鲁班工坊的质量和品质。目前已建成的18个鲁班工坊，均按照优质优先原则开展实训室建设、国际化教学和课程标准制定、国际化双语教学资源开发、工坊师资培训等，如泰国鲁班工坊就是充分考察了泰国当地对于铁路建设的需求，于三期建设期间设立了“鲁班工坊铁院中心”，增设了高速铁道信号自动控制技术和铁道交通运营管理两个实训区；印度鲁班工坊也是在对印度中资企业需求的实地调研、与印度合作院校进行反复沟通的基础上，确定建设数控设备应用与维护、光伏发电技术、机械设计与制造（3D制作）和工业机器人技术四个国际化专业，而这四个国际化专业都是中方院校的优势顶尖专业。

3. 强能重技

鲁班工坊是职业教育合作办学项目，具有鲜明的职业教育特征。其专注于“技术技能人才培养”，重视技术应用、技术训练，这也是鲁班工坊不同于其他职业教育国际合作项目的特点。在遴选技术装备方面，重点考察设备的实用性、先进性及与行业发展的适配性，确保其在实训教学培训中充分发挥技能提升的作用。在课程开发方面，注重服务合作方（院校和企业）的技术技能基础实践课程、核心技术技能专项课程、技术技能综合应用课程的开发与实施。在教学组织方面，特别强调技术性、实践性、创新性的教学模式运用。此外，鲁班工坊还通过国际性技术技能竞赛强化技术技能人才培养的效果，通过竞赛平台，开展合作双方之间的技术技能切磋。目前已建成的18个鲁班工坊，其建筑实体均为实训形式，部分鲁班工坊如英国、吉布提等还设有坊外实训基地，技术技能的教学与培训是所有鲁班工坊的主要功能；课程和资源设置方面也是充分强化技能的重要性，实训课程的比例超过课程主体的60%，如印度鲁班工坊制作的虚拟仿真特色教学资源，助力印度鲁班工坊学员的日常实训教学。在竞赛平台的搭建和使用方面，泰国鲁班工坊开发了丰富的国际赛项资源，举办了多个高水平国际赛事，充分提高了中国职业教育的国际影响力，得到中泰两国政府的高度认可。印度鲁班工坊组织参赛队伍，参加全国职业院校技能大赛高职组赛项的竞技，并取得了优异的成绩。

4. 产教融合

鲁班工坊的建设，一个重要的建设目的就是服务国际产能合作，这也始终贯穿于鲁班工坊技术技能人才培养的全过程。通过发挥国内外，特别是当地区域行业、企业的重要作用，促进技术技能人才培养和产业需求相结合，培养合作国家产业发展、企业生产、职业岗位需要的技术技能人才，实现产业、行业、企业、职业和专业的“五业联动”，发挥政、行、企、校、研“五方携手”的合力机制，为增加合作国家的产业竞争力提供服务，不断推动鲁班工坊国际化产教融合、全球化校企合作的实施。已有的18个鲁班工坊，都与中外企业开展了不同程度的校企合作，协同育人。如印度鲁班工坊的订单班培养模式，通过与5家印度中资企业签订订单培养协议，定制化培养企业急需的技术技能人才。巴基斯坦鲁班工坊成立产教协同育人联盟，由包括世界知名的民族企业巴基斯坦海尔—鲁巴经济区在内的“中巴经济走廊”上11家大型中资和巴资企业组成，产教协同育人联盟成员通过参与巴基斯坦鲁班工坊国际化专业的建设，为巴基斯坦鲁班工坊学员提供实习实训岗位和就业岗位等方式，推进产教协同育人，提升巴基斯坦鲁班工坊的人才培养质量。

5. 因地制宜

因地制宜原则是统合鲁班工坊建设过程中共性特征与个性化特征的关键性原则。由于鲁班工坊合作国家在政治、经济、社会、文化、教育等多个方面存在着发展程度的差异，特别是在职业教育和技术技能人才培养方面，其重视程度、发展水平等都不尽相同，真正让鲁班工坊在合作国家落地生根，为当地的经济发展和技术技能人才培养提供实质性的服务，就要在统一的规范、标准框架下，结合当地实际，充分考虑合作方需求，建设国别特点鲜明、适应当地职业教育发展水平、满足当地技术技能人才培养要求的鲁班工坊。当前，已建成的18个鲁班工坊覆盖了亚欧非3个大洲、17个国家和地区，涉及12个专业大类、42个专业，在这些鲁班工坊当中，有像英国鲁班工坊、葡萄牙鲁班工坊这样本身拥有成熟的职业教育环境的鲁班工坊，也有像吉布提鲁班工坊这样为当地职业教育体系填补空白的鲁班工坊。因此，坚持因地制宜原则，在坚持标准化建设的前提下，充分考量合作国家的实际情况，提供特色化的高质量服务，是鲁班工坊扩大建设规模、提升自身内生动力的关键。

（三）核心要素

坚持标准化建设，是鲁班工坊保证质量、打造品牌的关键。在鲁班工坊建设过程中，中方院校通过不断的探索和实践，形成了项目场地、技术装备、师资培训、专业标准、教学资源开发五项内容的“五到位”标准，即每个鲁班工坊都要以“五到位”作为工坊建设完成的标志，然后方可揭牌启运。

1. 项目场地

项目场地建设是所有鲁班工坊项目建设和发展的基础性要素，也是每个鲁班工坊能够在后续的运营和发展中得以顺利推进的关键，因此是项目建设中的重要一环。目前，已建成的18个鲁班工坊项目，其项目场地都以实训室和实训基地为主要形式。项目场地是鲁班工坊项目的实体建设内容之一，各鲁班工坊需要依据自身国际化专业的教学要求，建设坊内实训室和坊外实训基地。泰国鲁班工坊作为拥有最多国际化专业的鲁班工坊，开设了6个专业实训室；英国鲁班工坊为强化鲁班工坊实训教学效果，建设了坊外实训基地——鲁班工坊旗舰餐厅（鲁班工坊利物浦中心）；柬埔寨鲁班工坊作为面积最大的鲁班工坊，建有机械加工技术、机电一体化技术、通信技术3个实训中心，占地6814平方米，共计18个实训室；吉布提鲁班工坊依托4个国际化专业，开设了铁道运营沙盘教学区、机车模拟驾驶教学区、铁道模型展示区等9个坊内实训教学区，以及1个坊外实训基地——亚吉铁路那噶得车站。

2. 技术装备

技术装备是保障鲁班工坊教育教学质量和人才培养水平的硬件基础。鲁班工坊项目设备的来源之一是全国职业院校技能大赛（国赛）赛项装备，由于国赛赛项设计与研发充分考虑了产业设计与社会需求，精准对接了企业标准和岗位要求，代表着中国职业教育的先进水平，因此国赛装备能够很好地整合教育教学和技术技能培训的需求，其通用性、适用性和引领性充分贴合了鲁班工坊项目的建设要求。如泰国鲁班工坊、印度鲁班工坊的嵌入式竞赛工程创新实训设备（电脑鼠）。除了国赛赛项装备，中方院校与合作企业联合研发的装备也是鲁班工坊技术设备的重要组成部分。如泰国鲁班工坊、印度鲁班工坊的新能源汽车，就是由天津圣纳科技有限公司与鲁班工坊参加院校联合研制；葡萄牙鲁班工坊的部分技术装备则来自国内合作企业亚龙智能装备集团股份有限公司；吉布提鲁班工坊的 HXD1C 机车模拟驾驶器等高铁类的实训设备，则是来自天津骥腾科技有限公司；南非鲁班工坊的 NB-IoT 全栈实验实训箱、光固化快速成型机等实训设备则来自华为技术有限公司和陕西恒通智能机器有限公司。

3. 师资培训

在鲁班工坊建设中，充分使用合作国家资源，利用与整合合作国家的“本土化”资源要素，是保障鲁班工坊可持续发展的关键。在教育教学的实施和管理方面，所有鲁班工坊都遵循着“两依靠”的原则，即依靠合作国本土化院校、依靠合作国本土化教师。在每个鲁班工坊项目建设之初，中方合作院校都需要对国外合作单位的教学团队、管理团队进行系统化、进阶式培养培训，包括教学理念、教学模式、技术应用等，使其具备实际操作装备的能力，能够掌握专业技术技能及其综合应用能力。鲁班工坊统一采用“EPIP 师资研修新项目”进行师资培训，每一个鲁班工坊基于这一培训项目，结合自身国际化专业教学要求，有针对性地增加师资培训的内容。目前，所有已建成的鲁班工坊都完成了前期师资培训任务，在后期运营发展阶段，还将会根据专业建设的不断完善、技术装备的不断升级及合作国家师资人员的变更或扩充而安排定期培训。

4. 专业标准

鲁班工坊项目以学历教育和技术技能培训为主要内容，制定国际化专业标准是项目建设的关键环节。鲁班工坊项目的国际化专业标准以职业能力标准对接国际为基础，以满足跨国企业技术技能人才要求为目标，以体现国际职业教育发展方向、具有中国本土特色化的 EPIP 教学模式为核心，以教学条件的国际化水平建设为保障，以产教融合、校企合作为依托，以国际权威职业资格（技能等级）为引领，围绕合作国家技术技能人才培养需求，是鲁班工坊项目技术技能人才培养的基础，也为人才培养质量提供标准。目前，已建成的 18 个鲁班工坊共涉及 12 个专业大类、42 个专业，每个专业都要一套独立的国际化教学标准，这些专业标准也成为鲁班工坊与世界分享中国职业教育经验最亮眼的成果。其中，泰国鲁班工坊、英国鲁班工坊和吉布提鲁班工坊的国际化专业教学标准均获得了合作国家的认可并纳入其职业教育体系。

5. 教学资源

国际化教学是鲁班工坊开展学历教育和技术技能培训的重要载体，是合作国家师资团队开展教育教学与技术技能培训的重要依据。鲁班工坊的教学资源形式丰富，包括国际化双语教材、实训手册及数字化教学资源等。如英国鲁班工坊开发了 850 小时，含热菜制作、盘饰及冷菜制作、面点制作、津派面塑、中餐饮食礼仪文化等 5 个模块的英国教育标准的职业教育学习资源库；印度鲁班工坊开发了虚拟仿真资源，并充分利用新能源国家级教学资源库在线资源开展教学与培训。这些都为鲁班工坊的教学与培训提供了多样化的手段。特别是在当前全球疫情背景下，数字化、信息化教学资源的有效运用，打破了时间和空间的局限，保证了鲁班工坊日常教学和培训的开展。

二、鲁班工坊建设个性化特征比较与分析

作为中国职业教育的国际化品牌项目，鲁班工坊在建设过程中都遵循着其基本的建设原则和建设流程，在建设内容中也包含着鲁班工坊项目的必选动作。然而，不同国家在经济发展水平、职业教育系统成熟度以及对技术技能人才培养需求方面都存在着显著差异，这也就决定了在遵循共同原则和方式的基础上，每个鲁班工坊在具体建设的过程中采用的方式和呈现的形式千差万别，即使是同样开展校企合作、产教融合，在企业的规模、主体的作用、合作的形式及融合的程度等方面，每个鲁班工坊都各具特色与侧重点。因此，从建设基础、建设模式及运营侧重点等方面对鲁班工坊建设的个性化特征进行比较分析，能够为后续鲁班工坊的建设与发展提供可参考、可借鉴的经验。

（一）合作基础的比较分析

截至 2021 年 9 月，天津在境外 17 个国家和地区建成了 18 个鲁班工坊，有 40 多所中外院校和机构、30 多家中资企业参与项目建设。无论是合作国家的国情、中方院校的专业优势，抑或是合作企业的需求，每个鲁班工坊都不尽相同。

1. 经济发展水平不同

鲁班工坊合作国家共有 17 个，其中亚洲 5 个、欧洲 2 个、非洲 10 个。每

个国家在经济、政治、文化、教育、科技、产业发展等方面的发展程度也都不相同，而这些因素都深刻影响着鲁班工坊项目的建设。以2019年全球GDP为指标进行发展分析，鲁班工坊项目合作的17个国家，在GDP总量上存在巨大差异，具体如表3-1所示。由表3-1内数据可知，17个合作国家中，GDP在万亿元以上的国家数量为3个，分别是英国、印度和印度尼西亚；GDP在1000亿以上的国家数量为6个，分别是泰国、巴基斯坦、葡萄牙、南非、尼日利亚和埃及；而剩余8个国家的GDP均在1000亿元以下，其中吉布提2019年GDP仅为33.25亿元。

经济发展水平方面的巨大差异，导致鲁班工坊项目合作国家在合作过程中能够提供的资金、场地等基础性资源也千差万别。因此，在开展项目合作过程中，中方合作院校或机构必须对合作对象进行国别分析，充分考察其基础条件，并制定个性化的建设方案，在资金投入、设备投入和人员投入方面实现最优。如印度鲁班工坊在建设过程中，其实训室技术设备的购置是采用印度合作院校采购与中方合作院校准捐赠相结合的形式；而在建设吉布提鲁班工坊等非洲鲁班工坊的过程中，实训室技术设备的购置则多是采取准捐赠形式，在建设过程中投入的资金也相较于其他欧亚国家更多。

2. 产业结构及技术技能人才需求不同

一个国家的经济发展水平能从一个层面反映出其产业结构的基本布局，而产业结构的布局特点则影响着其技术技能人才的需求。通过对17个鲁班工坊合作国家的产业结构布局进行分析可以发现，英国、葡萄牙等欧洲发达国家，其工业化水平和科技发展水平较高，因此在技术技能人才需求方面，更倾向于新技术、新工艺领域内高水平、高质量技术技能型人才的培养；泰国、印度、印度尼西亚等国家，拥有自己的优势产业和重点发展的新兴产业，这些国家在技术技能人才需求方面，更注重某个产业领域专项技术技能人才的培养；而吉布提等一些非洲国家，其本身经济发展水平和工业水平仍较低，需要大量本土技术技能人才提高国家工业化、现代化发展水平，特别是一些基础工业和制造业，技术技能人才的数量和适配性成为他们开展技术技能人才培养的重点。作为以培养技术技能人才为主要目的的国际化合作办学项目，鲁班工坊在开展合作之初就充分对标了合作国国家的产业结构特征和技术技能人才需求，通过调研和境外实地考察，了解当前合作国家的产业发展动态和

表 3-1　已建成鲁班工坊合作国家 2019 年国内生产总值一览表

序号	国名	GDP（美元）	鲁班工坊揭牌时间	序号	国名	GDP（美元）	鲁班工坊揭牌时间
1	泰国	0. 544 万亿元	2016	10	南非	0. 351 万亿元	2019
2	英国	2. 83 万亿元	2017	11	马里	0. 017 万亿元	2019
3	印度	2. 87 万亿元	2017	12	尼日利亚	0. 448 万亿元	2020
4	印尼	1. 11 万亿元	2017	13	埃及	0. 303 万亿元	2020
5	巴基斯坦	0. 278 万亿元	2018	14	科特迪瓦	0. 058 万亿元	2020
6	柬埔寨	0. 027 万亿元	2018	15	乌干达	0. 035 万亿元	2020
7	葡萄牙	0. 239 万亿元	2018	16	马达加斯加	0. 014 万亿元	2020
8	吉布提	0. 003 万亿元	2019	17	埃塞俄比亚	0. 095 万亿元	2021
9	肯尼亚	0. 095 万亿元	2019	—	—	—	—

注：数据来源为世界银行官网

技术技能人才培养情况，真正做到为当地经济和产业发展提供急需的技术技能人才，让技术技能人才在推动国家经济发展中发挥作用。

3. 教育发展水平不同

作为一个重要的影响因素，经济发展水平对一个国家的教育发展质量和成熟度有着直接的影响，而教育发展的质量和成熟度则决定着开展教育国际化合作的形式和内容。目前，已完成鲁班工坊项目建设的 17 个国家中，按照教育发展水平，特别是职业教育的发展水平，大致可以分为三类：第一类是职业教育发展水平较高，拥有完整的职业教育体系的国家，如英国、葡萄牙等，这些国家职业教育发展起步较早，而且已经形成了一套相对成熟的职业教育体系，因此拥有较为扎实的合作基础，但由于其自身的体系已经相对成熟，如何寻求合作上的突破则是开展国际化职业教育合作办学的关键。第二类是教育发展水平处于中等，拥有职业教育类别，但职业教育体系化建设仍需不断完善的国家，如泰国、印度、印度尼西亚等，这些国家的职业教育已经形成了一定的规模和基础，但在某些方面存在着不足和短板，因此在国际化办学方面有很多合作的机会。第三类是还有一些国家由于经济发展还处于较低水平，职业教育未能得到充分的发展，职业教育的专业类别存在很多空白，特别是一些基础建设和制造业，既缺少相应的设备、也缺少匹配的教学资源，其中典型的代表国家就是吉布提。与这类国家开展国际化办学合作，其合作涉及的维度和内容也更为广泛。

（二）建设模式比较分析

基于合作基础的不同，鲁班工坊项目在开展建设的过程中，也基于国与国之间的不同之处，形成了三种不同的建设模式。即校际合作建设模式、校企合作建设模式和政府合作建设模式。校际合作建设模式以天津院校对外国际合作办学、合作交流为基础，选择海外合作院校，共同建设鲁班工坊，典型项目为泰国鲁班工坊；校企合作建设模式即与承揽海外工程的企业或在国外办厂、收购的企业合作，在国外的适宜院校或机构，共同建设鲁班工坊，典型项目为印度鲁班工坊；政府合作建设模式，即结合国家外交和地方政府间合作的战略规则，融入对外人文交流机制，共同建设鲁班工坊，典型项目为基于澜湄合作项目的柬埔寨鲁班工坊。随着鲁班工坊项目建设规模的逐步扩大，越来越多的院校和单位参与到鲁班工坊的建设当中，鲁班工坊建设模式的内涵也越来越丰富，呈现出了越来越多的个性化特点。

1. 项目建设参与主体不同

基于三种建设模式，鲁班工坊的中外双方参与主体大致可以归为三类，即院校（或教育机构）、企业及政府机构。根据不同的建设需求，将这些主体进行相互结合，形成了不同建设主体的组合方式。以泰国鲁班工坊为代表的校际合作建设模式，其建设主体主要为中泰双方的三所院校，虽然也有合作企业参与其中，但其发挥的作用和参与的深度都无法和校企合作模式中的企业相比。以印度鲁班工坊为代表的校企合作模式，其建设主体除了中印双方院校之外，还有印度中资企业，工坊与企业开展深度的人才培养和专业建设合作，包括订单式人才培养和日常企业园员工培训；除了独立企业之外，一些鲁班工坊还与境外的中资经济园区进行合作，如巴基斯坦鲁班工坊的合作企业主体之一——巴基斯坦海尔—鲁巴经济区等，合作企业的形式也日益丰富。以柬埔寨鲁班工坊为代表的政府合作建设模式，其建设主体主要包括两国政府机构及双方院校。而随着非洲鲁班工坊建设的逐步推进，政、校、企合作建设模式逐渐形成，这一模式得到了升级，典型案例为吉布提鲁班工坊。此外，参建院校的类型也越来越丰富，从原有的单一中职高院校慢慢拓展到应用技术大学、普通本科院校等。建设主体的多元化为鲁班工坊后期的运营管理提出了新挑战，如何有效发挥这些主体在鲁班工坊运营管理中的作用，是鲁班工坊是否能够实现可持续发展的关键。

2. 项目建设基础不同

建设主体的差异性必然使鲁班工坊项目的建设基础存在差异，这些差异来自合作国家的基本国情、合作区域的发展水平、合作院校和合作企业的综合实力等多方面。项目建设基础体现在硬件、软件、师资等多方面，硬件基础包括建设场地及一些基础设施，软件基础包括已有的一些专业建设基础和课程资源等，师资基础包括教师的学历水平、教学能力等。这些差异既来自外方合作院校，也来自中方合作院校。以硬件基础为例，已建成的鲁班工坊项目中，有以独栋建筑作为实训教学空间的鲁班工坊，如泰国鲁班工坊、巴基斯坦鲁班工坊，而更多的鲁班工坊则是以单独规划的独立空间作为实训教学区。每个鲁班工坊的建筑面积也因不同建设院校条件的不同而存在差异，目前占地面积最大的鲁班工坊为柬埔寨鲁班工坊，为6814平方米；占地面积最小的鲁班工坊为肯尼亚鲁班工坊，一期建设面积为500平方米。而在软件基础方面，担负着国际化专业开发任务的中方院校已有的综合实力也是鲁班工坊建设基础的关键要素之一，如有的中方参建院校为“双高计划”建设单位，在重点专业群建设方面拥有大量资源和优势，有的中方参建院校为本科院校，其专业建设团队的国际化程度较高，这些都在不同程度上影响着国际化专业的建设质量。

（三）项目功能侧重分析

自2016年3月8日，首个境外鲁班工坊——泰国鲁班工坊在泰国大城技术学院揭牌启运，鲁班工坊项目已经有近5年的建设期，其间也取得了丰硕的成果。但基于各个项目本身的合作基础及实际需求不同，每个鲁班工坊的服务功能侧重点及最终呈现的效果也不同。

1. 技术技能人才服务方向不同

鲁班工坊项目主要通过学历教育和技术技能培训两种途径，实现技术技能人才培养的目的。虽然每个鲁班工坊都兼具两种技术技能人才培养模式，但其侧重方向及服务对象都有所不同。一部分鲁班工坊重点开展学历教育，培养项目留学生和本土化技术技能人才，这些毕业生主要服务于合作国家当地企业，服务当地经济。如英国鲁班工坊的中餐烹饪专业，不仅纳入了英国职业教育资格框架，同时也培养了一批本土化的中餐烹饪技术人员；泰国鲁班工坊和巴基斯坦鲁班工坊也形成模块化、分阶段的学历教学课程体系，服务于留学生和当地学生的技术技能培养，使其能够满足当地企业的岗位需求。而一部分鲁班工坊则更侧重于技术技能培训，包括对学生和企业员工的培训，培训内容多是以合作国家当地中资企业的岗位需求为主，完成培训任务的学员主要服务于合作国家的中资企业和重大经济项目建设。如印度鲁班工坊与5家印度中资企业签订订单培养协议，培养企业所需的技术技能人才；吉布提鲁班工坊则主要进行铁道类专业技术技能人才的培养，服务吉布提亚吉铁路建设。

2. 校企合作程度不同

作为服务国际产能合作的重要项目，已建成的鲁班工坊中，大部分项目都与国内或国外中资企业开展了不同程度的合作。一部分鲁班工坊的校企合作主要是技术设备和产品的输出，如英国鲁班工坊携手中国企业向英国输入中餐烹饪的相关产品，如中餐烹饪的器具、工具、设备，带动中国企业及产品走出国门；一部分鲁班工坊的校企合作主要是国际化专业教学标准和课程标准、双语教学资源的开发及实训教学岗位的提供等，如巴基斯坦鲁班工坊产教协同育人联盟成员企业，积极参与巴基斯坦鲁班工坊国际化专业的建设，在优化专业标准和课程标准方面提供建议性方案，同时为巴基斯坦鲁班工坊学员提供实习实训岗位和就业岗位，提升巴基斯坦鲁班工坊的人才培养质量；此外，还有一部分鲁班工坊的校企合作是贯穿于鲁班工坊建设的各个环节当中，实现了全方位的深度合作，如吉布提鲁班工坊的合作企业从项目建设初期开始，企业就参与到了吉布提鲁班工坊的各个环节当中，包括技术设备购置、国际化专业建设、国际化教学资源开发、实训室建设、师资培训及项目招生等，真正实现了校企合作全过程、全方位协同育人。

第四章

鲁班工坊组建和运行

第一节　鲁班工坊的组建模式

鲁班工坊的任务主要是服务“一带一路”，服务国际产能合作和中国企业走出去，培养高素质的国际化技术技能人才，同时，分享中国职业教育成果和中国特色职教办学模式。鲁班工坊的组建模式主要有三种：一是依托职业院校校际国际合作创办鲁班工坊，采用此种模式的主要有泰国鲁班工坊、印度尼西亚鲁班工坊等；二是配合中国企业和产品“走出去”战略创设鲁班工坊，采用此种模式的主要有印度鲁班工坊、乌干达鲁班工坊等；三是依托政府间的战略合作创建鲁班工坊，采用此种模式的主要有柬埔寨鲁班工坊、巴基斯坦鲁班工坊、吉布提鲁班工坊等。

一、依托职业院校校际国际合作创办鲁班工坊

职业院校在对外国际合作办学、合作交流的基础上，在海外遴选优质合作院校创建鲁班工坊。泰国鲁班工坊即采用依托职业院校校际国际合作创办鲁班工坊的模式，在天津渤海职业技术学院与泰国大城技术学院国际合作办学、合作交流的基础上，进一步深化国家交流合作，共同创建鲁班工坊。在建设过程中，探索出一条融合多所院校优质国际专业共同建设鲁班工坊的创

新路，形成了“一坊两中心”建设模式。所谓“一坊两中心”模式，是指依托泰国鲁班工坊，内部设立渤海中心和铁院中心。通过构建“一坊两中心”的模式，泰国鲁班工坊通过职业培训、学历教育等多种方式，在泰国开展职业教育和技术技能培养培训，服务国际企业产能合作，服务区域经济发展，充分展现了中国职业教育的优越性。

事例一：作为天津在海外设立的首个鲁班工坊，泰国鲁班工坊由天津渤海职业技术学院、天津铁道职业技术学院和泰国大城技术学院先后分三期合作建设，占地总面积 2000 平方米。泰国鲁班工坊共建有 6 个国际化专业，包括机电一体化技术、物联网技术、数控技术、新能源汽车技术、高速铁道信号自动控制、铁道交通运营管理。以国际化专业为基础，泰国鲁班工坊开发了适用于鲁班工坊教学培训的国际化专业标准和教学资源，其中机电一体化专业已于 2017 年 8 月通过了泰国职业教育委员会（VEC）审评，纳入泰国学历教育体系。泰国鲁班工坊主要建设成效如下：一是学历教育留学生规模不断增加。学院留学生数量和规模迅速增加，共招收留学生 167 人，其中毕业 21 人。二是技术技能培训成效显著，目前已累计交流培训学生 4000 余人，教师 456 人。三是鲁班工坊师资培训先行。泰国鲁班工坊采取了中国教师直接到鲁班工坊任教和泰国教师来国内集中培训的两种方式，先后选派 30 余人到泰国开展师资培训，培训泰国教师 30 余人。铁院中心建立后开展了首批 10 名教师的培训工作。泰国鲁班工坊为泰国及东盟国家职业院校培训教师 456 人。四是中泰师生人文交流不断加大。鲁班工坊建成以来，先后组织了 150 余名师生到泰国开展技术交流和学访，先后接收 4 批共 150 余名泰国短期培训师生来天津学习，铁道职业技术学院接收了 20 名泰国短期培训学生来天津学习。还举办了“天津渤海周”“泰国大城周”活动。

二、配合中国企业和产品“走出去”战略创设鲁班工坊

随着“一带一路”建设的深入推进、国际产能合作的需求越来越大，越来越多的中国企业走出国门，到国外投资办厂。由于语言、文化障碍，这些中资企业对掌握先进的技术技能、了解中国文化、掌握国际技术标准等的技

术技能人才存在很大的缺口，这就产生了企业希望中国职业教育伴随企业走出去，以及对企业在人才培养方面提供支撑的需求。职业院校与海外中资企业合作，在境外创建鲁班工坊，培养当地技术技能人才，即通过鲁班工坊建设服务并满足中资企业人才需求。

事例二：中国和印度是全球最大的两个新兴经济体。金奈是印度泰米尔纳德邦的首府，地处印度东南沿海，是南印度交通枢纽、印度第四大商业城市和最大的人工港，还是印度南部最大的贸易中心。目前，泰米尔纳德邦正探索新的工业发展模式，从产业集群到工业园区、特别经济区，最终实现包括工业走廊在内的大综合开发区。近几年随着中印经贸合作快速发展，越来越多的中国企业在印度投资建厂，印度本土企业也在快速升级，迫切需要大量的高素质技术技能型人才，印度鲁班工坊建设之初，也是基于企业在印度培养技术技能人才需求。

结合印度、泰米尔纳德邦以及金奈的经济发展现状，天津市教委携手天津轻工职业技术学院、天津机电职业技术学院在印度鲁班工坊建设前期，认真开展调研，分析印度产业结构情况、金奈经济发展概况以及人才需求现状，同时也充分结合各自学校的优势专业和资源，最终确定了在金奈理工学院建设印度鲁班工坊，开设数控设备应用与维护、光伏发电技术与应用、机械设计与制造、工业机器人技术四个专业。在印度鲁班工坊揭牌当天，印度鲁班工坊与中国中天科技印度有限公司等五家大型在印度中资企业签订了订单培养协议，通过与企业的合作，印度鲁班工坊既缓解了印度当地青年的就业问题，又解决了当地中资企业用人的燃眉之急，真正实现了职业教育服务国际产能。

三、依托政府间的战略合作创建鲁班工坊

鲁班工坊作为国家中外人文交流国际知名品牌，依托政府间的战略合作和政策创建鲁班工坊。2018 年 9 月 3 日，习近平主席在中非合作论坛北京峰会开幕式上提出，中国将在非洲设立 10 个鲁班工坊，向非洲青年提供职业技能培训，服务国家“一带一路”周边国家经济发展，为共建人类命运共同体

贡献中国力量和中国智慧。为贯彻落实习近平总书记关于职业教育的重要指示精神，依据“国家现代化职业教育创新改革示范区”建设协议，在教育部的指导下，天津市政府、市教委带领广大职业院校积极探索优质职业教育走出去，服务国家“一带一路”建设，配合国际产能合作，创建鲁班工坊项目，以推动中国职业教育的国际化发展。天津铁道职业技术学院及时提高政治站位，积极参与天津市教委组织的鲁班工坊建设，开设了非洲第一家鲁班工坊，即“吉布提鲁班工坊”，开展职业教育与培训，提供职业教育中国方案及职业教育非洲策略。

事例三：在中国教育部的指导下，由天津市人民政府、吉布提教育部、天津铁道职业技术学院、天津市第一商业学校、吉布提工商学校、中国土木工程集团有限公司合作，于 2019 年 3 月 28 日，完成了非洲第一家鲁班工坊——“吉布提鲁班工坊”的建设。吉布提鲁班工坊占地 1000 平方米。围绕服务亚吉铁路建设与运维开设了铁道运营管理、铁道工程技术两个专业；围绕服务吉布提国家工业园区开设了商贸、物流两个专业。建有铁道类和商科类 7 个室内教学实训区、2 个室外实训区；坊外建有亚吉铁路那噶得车站实训基地。形成了校内与校外、室内与室外，学校与企业、职教与社会相结合的技术技能人才培养格局。与其他鲁班工坊相比，吉布提鲁班工坊具有自己的特色，它是两国政府、企业与学校之间高度协商与深度合作的结果，吉布提鲁班工坊是一种典型的“政政企校校”创建模式。吉布提鲁班工坊是依托政府间的战略合作，充分发挥其作为人才交流机制的重要作用，配合中国企业和产品“走出去”战略，并依托职业院校校际的国际合作而创办的。吉布提鲁班工坊与承揽海外大型工程的企业（中国土木工程集团有限公司坦赞分公司）合作，选择在吉布提工商学校创建鲁班工坊，致力于培养本土化的技术技能人才，满足国（境）外企业发展的需要。

吉布提鲁班工坊作为非洲第一家鲁班工坊，其创建得到了吉布提国家政府的高度重视。吉布提总统盖莱在吉布提鲁班工坊启动仪式上的致辞中提到，鲁班工坊将为中吉两国带来双赢，未来的吉布提青年非常幸福。鲁班工坊将对吉布提青年进行铁道类、商贸类专业技术技能人才培养，解决吉布提青年的就业问题，鲁班工坊是中国送给吉布提最好的礼物。它填补了吉布提多项空白，即提升了吉布提高等职业教育的新层次，填补了吉布提没有铁道类专业的空白，填补了吉布提没有商科专业实训基地的空白，实现了工坊建成前即得到当地国家专业认证的新突破，开发了国际化人才培养方案、专业教材和教学资源，完成了首批招生并已开展了师资培训。

第二节　鲁班工坊的运行机制

鲁班工坊作为中国职业教育国际合作品牌项目从创建到如今规模发展已经整整经历了5年多的时间，我们在建设过程中不断地探索，总结了建设鲁班工坊的标准化模式，使得鲁班工坊建设有据可依，使得中国鲁班工坊品牌得到固化和提升，能够在海外亚非欧多国以统一标准化模式呈现，分享中国职业教育成果。鲁班工坊的第一个五年可以算作鲁班工坊的创始期，笔者认为接下来的五年，应该是鲁班工坊的重要发展期。鲁班工坊创始期，成功地打开了中国职业教育以崭新的形象“走出去”的大门，从天津始创鲁班工坊品牌，到鲁班工坊成为国家战略，再到各国家及地方级文件对建设鲁班工坊提出要求，预计接下来的五年里，鲁班工坊将大规模建设，这就需要鲁班工坊建设更加规范化，统一标准，统筹发展，保证鲁班工坊的运行质量和可持续发展。在鲁班工坊第一个五年的创始期中，鲁班工坊建设主要集中在摸索怎么建，怎样使鲁班工坊在合作国家落地，怎样发挥鲁班工坊的功能上；在鲁班工坊第二个五年的发展期中，更主要的是探索总结如何激发鲁班工坊的内生动力、规范化管理及质量评估，以保证鲁班工坊的可持续发展及国际声誉。

一、鲁班工坊的运行支撑

鲁班工坊的可持续发展运行，需要一系列机构设置、机制的协调配合才能够实现，目前鲁班工坊已经探索出实践建设运行所必须的机构与机制。鲁班工坊是以“国家现代职业教育改革创新示范区”的建设成果作为总体支撑，以平等合作、优质优先、强能重技、产教融合、因地制宜为重要原则，以“EPIP”为教学模式，以教育部主导开发的国际化专业教学标准为基本依据，以全国职业院校技能大赛赛项装备为主要载体，以师资培训现行及教材教学资源为必要保障，在境外创建实施学历教育和技术培训的合作机构。

事例一：非洲鲁班工坊研究与推广中心。2018 年 9 月 3 日，在中非合作论坛北京峰会上，习近平主席提出“在非洲设立 10 个鲁班工坊，向非洲青年提供职业技能培训”。2019 年 3 月，为落实中非合作论坛行动计划和建设任务，天津铁道职业技术学院、天津市第一商业学校联合中土集团，在吉布提采取“政政企校校”模式，高质量建设了非洲第一个鲁班工坊。2019 年 5 月 10 日，非洲鲁班工坊研究与推广中心（简称“研推中心”）成立，研推中心旨在搭建中非职教交流与合作平台，汇聚中非职教研究力量，构建中非职教研究学术共同体，共享职教发展成果。研究中心专注研究非洲项目，开展非洲国家经济社会发展对职业教育需求研究，开展中国涉非企业本土化技术技能人才培养研究，开展基于非洲的鲁班工坊建设模式研究，开展 EPIP 教学模式在非洲职业教育中的应用研究，开展鲁班工坊内涵提升策略的研究。研推中心总服务平台设在天津铁道职业技术学院和天津市教育科学研究院。

二、鲁班工坊协调管理机制

为了保证鲁班工坊工作顺利运行，促进鲁班工坊长效、稳定发展，每个鲁班工坊结合建设实际情况制定具体的鲁班工坊长效管理机制及教师沟通机制，保证鲁班工坊正常运行并发挥预期功能，以及鲁班工坊长效机制也要随着时间、条件的变化而不断丰富、发展和完善。鲁班工坊管理协调机制应包括两个方面：完善组织架构，制定运行管理制度。

第一，完善组织架构，建立鲁班工坊中外协调沟通机构，建立鲁班工坊外方和中方管理机构，明确各方人员构成及职责。

首先，成立鲁班工坊中外协调沟通机构，即鲁班工坊协调管理小组，由我国驻外使馆教育处、中国地方教育主管部门、中方学校鲁班工坊建设主管校领导、外方院校主管鲁班工坊建设校领导或鲁班工坊董事会主席组成。鲁班工坊协调管理小组职责：对鲁班工坊建设过程中的重大事项进行协商决策，审定并签署鲁班工坊相关协议，审定鲁班工坊年度工作计划及年度总结，负责鲁班工坊的整体管理与统筹工作。管理协调小组下设联络组，联络组成员由中方学校国际交流处负责人、外方学校鲁班工坊执行主管组成。联络组职责：负责日常沟通联系工作，负责组织各项会议，负责组织编写鲁班工坊年度计划、学期计划、学期总结、年度总结文件等。鲁班工坊联络组在协调管理小组的领导下开展具体工作。

其次，建立中方鲁班工坊管理机构，成立鲁班工坊工作领导小组，由学院校党政一把手亲自负责，学校相关部门由党办、人事处、国际交流处、科研处（职业教育研究中心）、财务处、国资处、二级学院等相关部门负责人组成，主要职责：定期研究鲁班工坊工作，制定有关规划，督导工作落实，在人员选派、项目实施、专业建设、资源配置、管理考核等方面为鲁班工坊发展提供有力支撑和保障。领导小组下设鲁班工坊办公室，设在国际交流处，主要职责：具体负责协调落实鲁班工坊有关工作部署、做好各鲁班工坊的日常管理与统筹，相关信息与数据的汇总上报、鲁班工坊网站和鲁班工坊宣传，负责对外工作的衔接、校内跨部门沟通协调、拓宽鲁班工坊发展渠道等工作，国际合作与交流处指定专人负责有关工作的沟通协调。

最后，建立外方鲁班工坊管理机构，外方主管鲁班工坊院级领导担任主席，职责为组织制定鲁班工坊整体运行规划，管理协调外方政府及相关单位事宜；下设执行经理，职责为负责鲁班工坊具体运行安排、方案及培训计划制定；每个专业指定负责人，职责为负责实训室使用安排、与中方教师共同制定实训室管理制度，并监督教师及学生执行、制定每个专业培训计划、与中方教师共同制定鲁班工坊教学管理制度、管理教师培训、编制专业培训总结及成效。

第二，鲁班工坊要实现长效发展其运行管理制度也是必不可少的部分。

首先，鲁班工坊实施季度例会、学期报告及年度报告制度：每个鲁班工坊正式运行后，鲁班工坊将于每季度召开例会，会议采用线上会议，中埃双高共同拟定例会需讨论议题，由联络小组讨论拟定会议议程，中方负责会议筹备。鲁班工坊中方管理机构及外方管理机构全体成员应参加鲁班工坊的季度例会，就鲁班工坊的运行情况、具体工作和部署进行沟通协调。

其次，外方鲁班工坊管理机构主席应当每年学期伊始提交本学期的运行计划，并在学期末提交工作报告，就鲁班工坊运行情况、教师、学生和企业员工培训人数、校企合作情况、设备情况、科研开展情况进行报告。

再次，中外双方每年 11 月 30 日之前共同完成年度报告，其中外方管理机构就鲁班工坊年度培训教学情况、与企业合作情况、学生培训后成效、社会影响等方面做出总结，中方就与外方共同开展工作情况、鲁班工坊相关工作完成情况、科研及社会影响等方面做出总结，双方相互通报，并形成最终的鲁班工坊年度报告，报告应当图文并茂。

最后，为了全面推进埃及鲁班工坊的运行，合理利用鲁班工坊软硬件资源，提高人才培养质量，中埃双方应建立专业教师沟通机制。

拟解决的问题：

①对设备使用过程中遇到的问题进行讨论，找出解决方案；

②对设备的日常保养和维护给出合理建议；

③对工坊培养对象的培训方案进行定期的商讨和调整以适应不同培训对象的需求；

④对国际化教学标准进行探讨，以埃及鲁班工坊为例进行深入的实践，形成中外合作课题。

人员构成：每个专业指定一名中方负责人和一名外方负责人。

沟通的媒介和频率：鲁班工坊正式运行后，运行初期将每两周召开例会，运行稳定后每季度召开例会。会议形式采用线上会议，中埃双方专业教师团队应当按时参会。中方定好线上会议时间后提前告知埃方。每个专业设定会议行动计划。

三、鲁班工坊建设质量监控评估体系

为了全面推进鲁班工坊标准化建设，实现鲁班工坊高质量和可持续发展，鲁班工坊建立及运行应接受定期评估，以规范项目运行和提升鲁班工坊整体质量。鲁班工坊质量监控评估应积极围绕鲁班工坊的发展定位与核心要素设定评价指标体系。评估内容重点监控鲁班工坊是否遵循场地建设、实训装备、师资培训、专业标准、教学资源“五到位”要求进行建设，以及运行是否与项目宗旨保持一致，制度是否健全，项目是否收到预期成效等。依据这些鲁班工坊的基本建设要求、管理及运行是否标准化，成效是否显著等，对鲁班工坊是否达到合格标准进行评估，在此基础上，我们可以根据鲁班工坊达到的延伸功能、社会效益等对鲁班工坊进行定级评优。基本可以按照五星级划分，基本达标可以为三星级；能有一定延伸功能，产生较好社会效益的为四星级；具有较多延伸功能，到达显著社会效益的为五星级。而对于未能基本达标的，可以视情况的严重程度定为二星级、一星级，这两个层级的项目，需要定期整改，整个合格后提高星级，未能按时整改的将会被取消项目资格。质量评估体系主要包括三个评价维度，即基本情况、增值情况和贬值情况。基本情况包括 3 个一级指标和 20 个二级指标，从建设发展、运营管理、建设成效三个方面评估，总分值为 100 分；增值情况主要围绕拓展与延伸服务情况进行评价，包括 10 个二级指标，总分值 50 分；贬值情况主要围绕负面清单进行评价，包括重大负面问题及一般性负面问题，总分值为-80 分，如果出现重大负面问题，该鲁班工坊将被一票否决，该建设学校也不能再重新申报鲁班工坊项目。综合整体情况，鲁班工坊评价分值：80 分为合格，80~100 分为三星级，100~120 分为四星级，120~150 分为五星级。而 60~80 分为二星级，应当在规定时间内进行整改，如果整改评估合格后晋升为三星级；整改后仍不合格的应一次性评价为一星级，并将取消鲁班工坊建设资格。具体评级体系见表 4-1。

表 4-1 鲁班工坊建设质量监控评估指标体系（基础项）

一级指标	二级指标	主要监测点	基本要求	佐证材料
建设发展	目标定位（5分）	援助合作国职业教育、支持国际产能合作	项目建设符合鲁班工坊的建设目标，功能定位正确，符合合作国国情，具有持续发展潜力。伴随中资企业“走出去”，助力中资企业发展	①合作国国别报告 ②项目申报书 ③项目总结报告
	服务当地（5分）	服务合作国产业发展和企业需求以及青年就业，并不断提升就业质量，服务并提高当地职业教育发展水平	培养目标与服务面向对应，专业设置与合作国产业需求匹配，合作专业应是国内院校的优质专业，同时也是合作国职业教育紧缺专业，技能培养规格应与服务面向的岗位对应并有利于学生的发展	
	服务企业（5分）	服务中资企业	培养当地中资企业急需技能人才，支持中国企业走出去	企业评价
	基本设施（5分）	实训场所建设面积、设备设施情况	每个项目实训场所不少于200平方米，提供的设施设备满足服务面向和技术技能培养要求且在合作国具有先进性	合作院校提供相应材料
	预期达成（5分）	实施计划和预期目标、主要成效	实施计划和预期目标及主要成效的达成率超过90%	中外院校共同认可的相应材料
	政策支持（5分）	国家政策、地方政策	合作国政府或地方政府对鲁班工坊建设具有积极的政策支持	合作院校提供相应材料

续表

一级指标	二级指标	主要监测点	基本要求	佐证材料
运营管理	管理体制（5分）	治理结构、组织机构	项目具有科学的治理结构，组织健全、权责对等，设有专门的管理和服务机构及专职人员	中外院校共同认可的相应材料
	管理制度（5分）	计划、控制、执行、监督制度	项目实施具有明确的计划安排，计划执行能够做到可控制、可监测，相应的管理制度健全	①项目年度工作计划和总结 ②项目评价梳理 ③项目实施进度
	设施运维（5分）	设备利用率、完好率，设备维护及相应的条件	设备利用率初期应达到60%后逐渐提升，完好率应始终不低于90%，合作院校具有设备维护的人员和相应零配件供给	①设备利用情况报告书 ②设备零部件购置清单
	教师队伍（5分）	专任教师、企业兼职教师	按照培训规模，合作院校专任教师的师生比不高于1：8，专任教师接受我国院校培训的人数比例大于80%，教学时数不低于80学时，专任教师应具有本国本科以上学历，企业兼职教师应具有相应资质并在技术技能某一方面具有专长	①外方专任教师培训证明 ②外方企业兼职教师相应资质证明

续表

一级指标	二级指标	主要监测点	基本要求	佐证材料
运营管理	教学模式（5分）	教学方法、教学过程、考核过程	教师教学方法应采用行动导向、项目驱动的方法，教学过程应体现工学结合和工学交替的学徒制，实践教学课时比例占总课时50%以上，学生考核重点是根据企业实际需要的动手能力考核	①项目教学评价和督导报告 ②学生考核内容、方式和成绩方面的材料
	管理机构（5分）	教学教务管理、学生管理、实训设施设备管理、招生与就业管理	教学教务管理为1~2人，同时设置专门的实训设施设备管理与维护人员和学生招生与就业管理1~2人	合作院校提供组织机构和人员配置相关材料
	教学资源（5分）	教材、教学标准、课程标准、网络信息化资源	针对办学需要，中方院校应前期负责提供双语的教材、教学标准和课程标准，后期根据需要进行合作开发和完善，根据需要和使用条件提供或合作开发网络信息化教学资源	中外院校共同认可并符合预期目标的教学标准、课程标准和教材等资源
建设成效	教学（培训）规模（5分）	教学培训数量、社会培训数量	教学培训数量应与计划数量一致，逐步符合当地产业发展和企业需求，社会培训数量前期应达到教学计划数量的30%，后根据需要逐渐增加	外方院校提供的教学与培训材料

续表

一级指标	二级指标	主要监测点	基本要求	佐证材料
建设成效	学生评价（5分）	理论课程教学评价、实训教学评价	理论和实训课程学生评价的优良率应在85%以上，其中优秀率应大于50%	学生考核与录用单位评价材料
	学生就业（5分）	学生就业率	项目内学生就业率应大于90%	外方院校（就业单位）提供的相关材料
	用人单位评价（5分）	素质评价、技能评价	企业对项目内学生的素质评价优良率应大于80%，技能评价率应大于90%	外方企业或中资企业提供的相关材料
	国际交流（5分）	双边交流、多边交流	每年开展中外合作院校校际交流互访1~2次，每两年举办区域性双边国际交流或论坛1~2次	中外双方共同认可的相关材料（会议议程和纪要等）
	校企合作（5分）	当地合作企业、当地中资企业	项目应有不少于3个的当地紧密型合作企业，不少于2个的当地中资企业（工业园可为1~2个）	校企合作协议
	社会影响（5分）	媒体报道、社会认可度	自项目启动后，中外主流媒体报道平均每年不少于2次	媒体报道和相关赞誉的说明

表 4-2 鲁班工坊建设质量监控评估指标体系（加分、减分项）

一级指标	二级指标	主要监测点	基本要求	佐证材料
拓展与延伸服务	项目受益人数（5分）	受益人数、获取相应资格证书及等级	每年受益学生/社会学习者数量超过计划数的30%，获取合作国国内中级以上职业资格等级证书80%以上，获取国际中级以上职业资格等级证书25%以上	①项目教学与培训报告 ②职业资格证书样本及说明
	项目增设数量（5分）	合作国项目延伸与拓展	在与合作国合作的基础上，继续增加1个以上周边合作国家或机构，同时进行了专业等方面的延伸和拓展合作	①周边合作国家的国别报告 ②专业延伸和拓展的说明
	中资企业受益（5分）	相关中资企业“走出去”情况，在中资企业利用项目进行国际产能合作情况	依托项目的辐射力和影响力，使国内企业“走出去”，在合作国录用经过项目培训的本土员工占比15%以上	受益的中资企业提供相关证明材料
	学生成才效应（5分）	学生就业或工作情况及成绩和社会效应	经过项目培训的学生就业后做出了突出成绩，得到了国内行业企业认可，具有一定影响力和美誉度	①学生个人对项目教学与培训的评价 ②外方企业或中资企业对学生的评价材料

续表

一级指标	二级指标	主要监测点	基本要求	佐证材料
拓展与延伸服务	学生就业质量（5分）	学生就业率和薪酬	项目内学生就业率大于90%，薪金待遇高于就业区域平均薪水20%以上	合作院校提供相应证明材料
	融入合作国教育体系（5分）	项目融入合作国国民教育体系和职业资格等级框架，项目教学资源采纳与推广情况	项目纳入合作国国民教育体系或职业资格等级框架，教学标准和课程标准等被广泛采纳和推广	①合作国国民教育体系或职业资格等级框架 ②教学和课程标准被广泛采纳和推广的证明
	社会影响（5分）	国内、国际影响	中外主流媒体报道3次以上，举办区域性双边国家交流2次以上	媒体报道、国家领导人到访和多边国家交流的相关证明（照片、报道）
	持续发展（5分）	政策支持、合作生态	合作国具有持续、有利的政策，社会经济与产业持续发展，政治生态稳定良好	合作国对项目持续性支持的政策及说明
	人文交流（5分）	开展中外职教论坛，建立中外职教联盟	定期召开中外职教论坛及研讨会等，促进两国职业教育及人文交流；成立中外职教联盟，拓展鲁班工坊辐射范围	论坛及联盟材料与社会反响

续表

一级指标	二级指标	主要监测点	基本要求	佐证材料
拓展与延伸服务	多边交流（5分）	参与或组织多边职业教育交流，成立多国职教联盟等	召开区域或多国职教论坛，成立多国职教联盟等	论坛及联盟材料与社会反响
负面清单	重大问题（-50分）	严重损害项目声誉	项目内师生在合作国或国际上通过行为、媒体、报纸等各种形式做出有损中国形象和项目声誉的事件，并造成恶劣影响	造成不良事件的说明和相关证据
	一般问题（-30分）	管理混乱、项目运行不善	管理制度不健全，管理人员失职、渎职，管理能力较差，导致项目提供设备损坏率高，项目管理及运行混乱，办学质量不高	检查、督导与评价报告
		教学质量较差	项目内学生和社会学习者反馈较差，达不到当地企业用人需求，用人企业满意度低于50%	①学习者学习情况及效果调查报告 ②用人单位满意度调查报告
		学生就业率和就业质量严重偏离预期	项目内学生就业率低于50%，低薪水和从事不稳定职业人群占总数50%以上	项目教学与培训针对就业的调查报告

说明：在项目实施期间，出现了中国与合作国的国际关系变化或出现了中外合作双方不能控制的影响因素，对合作项目的实施产生了较大影响，请单独出具报告（说明）。

第三节 鲁班工坊建设的制度与保障体系

鲁班工坊作为一种创新型职业教育国际化服务项目，在其组建运营过程中要有制度的支撑与保障，经过几年的探索实践，鲁班工坊建设已经形成了一套较为完整的制度和保障体系。鲁班工坊建设制度与保障体系的形成能够为鲁班工坊的可持续发展以及在国内同类院校中进行推广示范起到至关重要的作用。

一、制度保障

2016 年 7 月，教育部印发《推进共建“一带一路”教育行动》（教外〔2016〕46 号），文件指出教育为国家富强、民族繁荣、人民幸福之本，在共建“一带一路”教育行动中具有基础性和先导性作用。教育交流为沿线各国的民心相通架设桥梁，人才培养为沿线各国的政策沟通、设施联通、贸易畅通、资金融通提供支撑。

2017 年 12 月，中共中央办公厅、国务院办公厅印发《关于加强和改进中外人文交流工作的若干意见》（〔2017〕59 号），文件指出要丰富和拓展人文交流的内涵和领域，将鲁班工坊打造成对外人文交流的国际知名品牌。

2018 年 3 月，天津市人民政府印发《关于推进我市职业院校在海外设立“鲁班工坊”试点方案的通知》（津政办函〔2018〕16 号），文件指出积极鼓励有条件的职业院校，配合中国产业“走出去”战略，协同相关行业企业，充分发挥专业建设和国际合作优势，到 2020 年，在海外试点建设 10 个鲁班工坊。

2018 年 9 月，天津市委、市政府出台《关于做大做强做优天津职业教育的八项举措》（津党厅〔2018〕71 号），文件指出鼓励和支持企业参与鲁班工坊建设，加强项目规划和建设布局，拓展合作领域和实施范围，将鲁班工坊打造成国际知名品牌，大力提升职业教育服务“一带一路”建设和国际产能合作的能力。

为高质量推进鲁班工坊国家战略，贯彻落实《关于做大做强做优天津职业教育的八项举措》，规范和加强鲁班工坊项目建设、资金支持与管理。2019 年 12 月，天津市委教育工委、市教委、市财政局制定颁布了《天津职业教育“鲁班工坊”建设项目和资金管理办法》。

事例一：鲁班工坊研究与推广中心。2018 年 1 月，在教育部支持下，建立了以首个鲁班工坊建设单位——天津渤海职业技术学院为总服务平台，多支点支撑，国际国内联动，专家学者和项目单位参与的政策研究、标准研制、资源开发、指导评价的联盟机构——鲁班工坊研究与推广中心，该机构旨在对鲁班工坊建设流程与规范、标准与模式，运行机制与质量保障、监控评价与宣传推广等进行系统研究，持续优化。

鲁班工坊研究与推广中心分别在泰国设立了中泰 EPIP 教学研究中心、天津职业院校学生海外（泰国）实践拓展基地；在印度设立了中印 EPIP 教学研究中心和天津职业院校师生海外（印度）实践拓展基地；在印度尼西亚设立了职业教育研究中心；在葡萄牙、吉布提等国家相继建立了 EPIP 应用中心、研究机构或推广中心。中国天津渤海职业技术学院、泰国大城技术学院、葡萄牙塞图巴尔理工学院的“EPIP 体验中心”和“EPIP 教学研究中心”已经成为中外 EPIP 教学研究的集散地。

二、保障体系

在鲁班工坊建设过程中，教育部给予精心指导，天津市政府加大政策保障，天津市成立了鲁班工坊建设研究小组，职业院校分工合作，校企协同有效推进鲁班工坊快速发展。

在教育部指导下，2018 年 1 月 10 日，天津市成立了鲁班工坊研究与推广中心。天津市设立鲁班工坊专项资金，支持其进行鲁班工坊需求与交流、规范与标准、模式与评价、考核与退出、宣传与推广等研究；对已建成的鲁班工坊进行绩效评价，保障整体运行质量。

2018 年 12 月 20 日，作为中印高级别人文交流机制会议的配套活动，天津市和中国驻印度大使馆共同举办首届“中国印度职业教育合作论坛”。

2019 年，天津市制定了《鲁班工坊研究与推广中心建设方案》，成立天津市鲁班工坊研究与推广工作领导小组，完善鲁班工坊研究与推广中心运行机制。

2020 年 11 月，教育部在津召开全国鲁班工坊建设联盟成立大会。教育部国际司、外交部非洲司、商务部对外投资和经济合作司、国家国际发展合作署地区二司司领导出席会议。联盟发起成员单位共 72 家，包括 60 所学校、8 家企业和 4 所研究机构，标志着在教育部统筹下，鲁班工坊建设正式推向全国。

未来，在各级组织部门的领导下，鲁班工坊还将继续强化政府间合作，依靠外方合作院校，携手企业多元推进鲁班工坊可持续发展，培养可服务中资企业的当地本土化高素质技术技能人才。

第五章

鲁班工坊建设的标准化模式构建

第一节　鲁班工坊标准化模式的内涵及构建原则和依据

模式一般指事物的标准样式，是主体行为的一般方式，包括科学实验模式、经济发展模式、企业盈利模式等，是理论和实践之间的中介环节，具有一般性、简单性、重复性、结构性、稳定性、可操作性的特征。模式在实际运用中必须结合具体情况，实现一般性和特殊性的衔接并根据实际情况的变化随时调整要素与结构才有可操作性。

标准化是指为在一定的范围内获得最佳秩序，对实际的或潜在的问题制定共同的和重复使用的规则的活动。标准化作为动词其含义为建立标准的行动过程。标准化作为形容词其含义为某一事物具有符合相关标准和规定的特性。

鲁班工坊标准化模式是指由一系列标准组成的有关鲁班工坊建设的规范化、制度化的方式、程序与规定。鲁班工坊标准化模式建立在对现有鲁班工坊模式的总结与凝练的基础之上，同时遵循鲁班工坊发展的内在逻辑，从专业教学标准、教学模式、教学资源、专业教学设备、师资培训、制度规范等方面制定出具体的、可操作的标准，为鲁班工坊的遴选、建设与发展提供可参照的依据。

一、必要性分析

随着鲁班工坊项目的快速推进，“一带一路”沿线国家和地区对鲁班工坊建设的需求不断增加，截至2020年上半年，国内建成和在建的鲁班工坊已达到33家。有关资料和数据可以说明：一方面，鲁班工坊建设已从初始期向快速发展期转变；另一方面，各院校鲁班工坊建设在背景、规模、建设流程、设备投入、师资培养、合作单位和专业以及政府支持等方面差异很大，对鲁班工坊的基础理论支撑以及概念、内涵、范围等方面的认识各异，各地方专门关于鲁班工坊建设在操作层面的政策规定也较少。这种现象的存在，将影响鲁班工坊建设的质量，影响中国职业教育“走出去”和国际化办学的进程，当前，在鲁班工坊建设与发展实践中，所面临的亟待梳理、澄清、固化和解决的问题共五个：

一是缺乏针对合作国进行翔实的国别研究，尤其缺乏针对产业环境和职业教育办学现状系统化、专门化、权威性的梳理和研究。

二是缺乏国家层面对鲁班工坊建设的整体规划和科学布局以及在实施层面的政策导向和规定。

三是缺乏相应的理论研究，使有关概念、假设、依据、内涵表述不准确、不统一，建设模式各异、程序不规范。

四是缺乏构建鲁班工坊标准化的建设模式、管理模式和运行模式。

五是对已建成的鲁班工坊还没有在国家层面建立起运营和成效的监测评价体系。

近年来，在国内高职院校强力推动国际化办学的大背景下，众多院校先后在当地政府和教育主管部门的支持下，大力开展包括鲁班工坊在内的国际化办学尝试，说明了以鲁班工坊为代表的中国优质职业教育资源海外输出形式已经被认可，但以上问题若不能尽快在理论层面提升、在政策层面完善、在操作层面规范，将会使鲁班工坊建设质量和成效受到影响。

二、基本原则

(一)以班墨文化为底蕴的教育理念

中国有五千多年的灿烂文化，正是这些优秀的文化使中华文明源远流长。近些年我国一方面突出工匠精神的培育，另一方面大力倡导弘扬优秀传统文化，在职业教育领域应充分挖掘“班墨文化”的时代价值。传承班墨文化的主旨是“以墨子的爱心做人，以鲁班的创新做事”。班墨文化蕴含兼爱包容、敢于创新、勇于实践的思想，蕴含科学精神、技术精神和博爱精神。墨子兼爱包容、崇尚科学、以人为本、兼通工匠技巧。鲁班积极进取、钻研技术、精益求精、善于创新、专攻匠艺。班墨二人，一个善于实践，一个善于总结。他们同在墨家集团，志同道合，互为补充。墨子靠思想学说传世，鲁班靠技术发明传承。班墨二人智慧关系的特质，是技术家和哲学家的结盟，是当代经验和理论、技术和哲学的结合。圣人留言，大匠留物，班墨不分，互补传承。因此，要在充分挖掘“班墨文化”内涵的基础上，提炼中国职业教育理念，使鲁班工坊不仅传授技术技能，也成为中外人文交流的一个重要平台。

(二)以项目为载体的课程模式

从2004年开始，我国学习德国理实一体化的课程模式和行动导向的教学模式，虽然现在仍在不断学习，但15年的学习历程，我们取得了一些成功的经验，当然也存在一些问题，总结正反两面的东西，形成一套有效的方案，无疑对指导发展中国家开展职业教育具有重要的现实意义。其中，项目教学可能是一个适合多种条件的一种有效的课程模式或教学方法。项目课程或项目教学中的项目可大可小，在传统学科课程体系下，可以实施，项目内容深浅也可以根据实施项目的条件而确立，在教学管理方面不需要做大的变革，具有较强的普适性。当然这仅仅是为了举例，旨在举一反三。总之，结合我国学习国外职业教育的有益经验，根据“一带一路”沿线国家的实际情况，找到适合当地条件的职业教育模式，通过鲁班工坊的示范，有效地推动当地职业教育的改革，并最终使鲁班工坊能有效融入当地职业教育。

(三)以EPIP为重点的教学模式

EPIP是现代产业转型视野下，探索出的一种教育界与产业界互动，以实际工程项目为导引，以实践应用为导向，以创新能力培养为目标，以项目实践为统领的应用型、技术技能型人才培养新途径。EPIP 模式遵循了工程的规律，用工程方法培养学生，是“做中学”在经济社会新常态下具化的教学模式。EPIP 以鲁班工坊为课程教学平台，通过三层次递进的工程实践创新项目课程体系，构建从“学徒工人”到“技术员”再到“现场工程师”的“专业化”成长路径，适应产业对应用型、技术技能型人才的要求。事实上，我国在近些年职业教育改革实践中产生了一批类似 EPIP 的教学模式，需要在相关理论指导下，进一步加强实践、提炼和总结，形成一批能适合多种条件的教学模式，用于鲁班工坊的教学。

（四）以产教融合为核心的合作模式

产教融合是我国职业教育深化改革的核心内容，是伴随着我国经济社会发展而逐渐形成的，当前新的科技革命和产业变革正在崛起，世界产业结构正在进行新一轮调整，我国劳动密集型产业正在向国外转移，相应的“一带一路”沿线发展中国家正在抓住这一有利时机调整自己的产业结构，需要发展职业教育配合企业转型升级。为此，我国要系统地总结我国产教融合、校企合作培养模式的经验，归纳总结出适应多种条件的具体实现形式，为发展中国家提供中国方案和中国经验，促进发展中国家职业教育与产业的有机融合，推动人才培养模式的变革。

第二节　鲁班工坊建设标准体系构建

结合天津市已经建成的鲁班工坊实际，本课题组研究设计了鲁班工坊建设标准体系，包括输入国合作院校的遴选标准、合作专业的确定标准、实训场地的建设标准、教学装备建设标准、外方教师培训标准、国际化教学资源的建设标准、中外校企合作标准一共 7 个一级指标、22 个二级指标，具体见表 5-1。

表 5-1　鲁班工坊建设标准体系表

序号	一级指标	二级指标	指标说明
1	国外院校遴选	合作院校资质	纳入本国国民教育体系的院校或由国家层面认定的教育培训机构
		所在地区发展环境	所在国家政治人文外部环境情况
		合作院校办学水平	合作院校在当地的声誉与影响力
		基础设施情况	能够为项目建设提供合适的独立空间以及配套设施
2	合作共建专业	合作专业筛选	外方合作机构根据当地经济和产业发展需要提出需求，国内承办院校该专业应达到一流水平
		专业教学空间	满足教学功能和展示功能
		专业教学基础设施	基础实验实训条件、教学相关基本用具以及水、电配套条件等
		专业教师水平	拥有具备相关专业基础知识或者相关教学工作经验的教师
		相关产业适配性	符合中资企业、当地企业的人才需求与技术合作需求
3	实训场地建设	实训场地面积	工科类专业实训基地建设场地不少于500平方米； 文科类专业实训基地建设场地不少于300平方米
		标识与装饰设计	场地建设使用统一的标识与装饰要求
		区域空间布置	教学区与实训区空间分割符合教学模式要求

续表

序号	一级指标	二级指标	指标说明
4	教学装备技术	教学装备产地	中国自主知识产权
		装备技术水平	国家级职业技能竞赛指定设备；代表行业企业先进水平
		装备应用功能	满足专业实验、实训及综合实训教学要求
5	外方教师培训	中国与本土培训	来华系统培训时长为五周，150 个学时；本土继续教育培训一周
		来华培训内容	中国先进职教模式；实训教学；行业企业参观学习；专业教学资源合作研发；中国文化体验等
6	教学资源建设	专业教学标准	开发中外相互融合专业教学标准
		核心课程标准	合作开发的专业核心课程标准、实训课程教学标准
		专业教材开发	理实一体化、模块化的双语专业教材；能适用于学历教育与培训
7	国际校企合作	校企共建	与海外中资企业共建
		企业参建	国内企业参与建设；国外本土企业参与建设

根据鲁班工坊建设标准体系表中所列的一级指标与二级指标，可做以下解读。

一、国外院校遴选标准

鲁班工坊的建设过程是中国职业院校与海外（输入国）职业院校紧密合作共建的过程，在海外选择具备合作条件的职业院校是鲁班工坊建设项目顺利实施的首要任务。遴选海外合作院校的标准应当考虑以下三个因素。

一是应当充分考虑合作院校所处的地缘背景，在合作国政治稳定、社会安定的前提下，合作院校所在区域的政治和生态及人文环境应当是优越的，适合鲁班工坊的建设与发展。

二是合作院校应具有非常强烈和积极的合作、共建愿望，院校各级行政主管认同鲁班工坊的建设理念与核心内涵，当地政府对于鲁班工坊建设抱有极大的热情和支持。

三是合作院校在场地、办学规模和办学条件方面具有明显优势，能够为项目建设提供合适的独立空间以及配套设施。

因此，国外院校遴选标准应是合作院校资质需为纳入本国国民教育体系的院校或由国家层面认定的教育培训机构。该院校或机构应当在所在国国内具有较高的办学声誉和影响，在其国内同类院校中名列前茅。

天津轻工职业技术学院在埃及建设的鲁班工坊，合作伙伴之一为埃及艾因·夏姆斯大学（简称“艾大”），艾大是在埃及普通高校中排名前三的名校，具体实施项目的该校工程学院是艾大的特色学院。选择该校是经过认真遴选后从埃及三所大学中选取的，得到了埃及高等教育部的大力支持。

印度鲁班工坊位居印度金奈市，是南印度东岸泰米尔纳德邦的首府，是印度第四大商业城市和最大的人工港。印度金奈理工学院是金奈的应用型本科院校，办学定位立足于服务当地产业发展。建设印度鲁班工坊，金奈理工学院在校内提供建筑面积 1200 平方米的场地，分割成四个合适的独立空间及配套设施，可容纳 80 人同时进行教学活动。

在埃及，天津轻工职业技术学院与天津交通职业学院合作建设了两个鲁班工坊。其一是与艾因·夏姆斯大学合作建设的，艾因·夏姆斯大学是纳入本国国民教育体系的院校，位居埃及首都开罗，在全国综合排名第三。埃及艾因·夏姆斯大学鲁班工坊共建设数控设备应用与维护实训、新能源应用技术实训、汽车运用与维修技术实训三个教学基地（汽车运用与维修技术实训基地由天津交通职业学院负责），总面积在 1200 平方米以上。其二是与埃及维修技术高等技术学校合作建设的，埃及维修技术高等技术学校位于埃及开罗，是一所五年制的高级学校，埃及维修技术高等技术学校在校内提供独立建筑两层共 576 平方米的场地。

葡萄牙是同中国在教育、语言、人文等领域交流合作最为密切的欧洲国家之一，塞图巴尔地理位置优越，是连接葡萄牙与整个欧洲的桥梁，塞图巴尔理工学院是一所公立院校，就业率居全国第二位，葡萄牙鲁班工坊选址于塞图巴尔理工学院主校区图书馆一楼，占地650平方米，葡方总共投入20万欧元。首期开设工业机器人技术和电气自动化技术两个专业。

二、合作专业的确定标准

鲁班工坊的建设过程是两国职业院校优势专业共建的过程，选择双方的合作专业是鲁班工坊能够持续发展的重点。

首先，合作专业是由外方院校根据当地国家经济产业发展需求提出的，另外，国内匹配合作院校的专业需能代表我国院校顶尖一流水平。

其次，合作的外方院校能够为合作专业的建设提供充足的空间以及相关的各种展示功能，以满足建设专业教学活动所需的教学空间。

再次，合作的外方院校应具备基本的专业教学基础设施，满足建设专业所需要的基础实验实训条件、教学相关基本用具以及水、电配套条件等。

最后，外方院校有相应的专业教师，教师应具备相关专业基础知识或者相关教学工作经验。

因此，合作专业的确定标准应是外方院校根据自身需要确定，合作专业应达到我国同类院校顶尖一流水平；同时合作专业应符合当地中资企业国际产能合作需要，支持当地就业水平的提升。

印度鲁班工坊合作建设包括六个相对独立的实训区，能够为合作专业的建设提供充足的空间，教学设备世界一流，教学区体现工学结合要求，实施精细化管理，具备展示功能。鲁班工坊为在印中国企业、中天科技印度有限公司培养急需的数控设备应用与维护专业的一线人才，中方合作企业参与鲁班工坊的建设和教学过程。印度鲁班工坊所开设的光伏发电技术与应用、数控设备应用与维护、工业机器人和机械设计三维建模四个国际化专业是根据国际能源署（IEA）发布的报告开设的，是印度重点发展的主导产业，如印度在新能源产业发展中，预计未来三年印度累计装机容量将位列全球第六，并引领全球光伏市场；汽车产业和应用工业机器人也将是印度未来人力资源需求量最大的产业。同时以上专业也满足了当地中资企业急需。天津已建成并运行三年以上的鲁班工坊设置专业情况见表5-2。

表 5-2　天津已建成三年以上的鲁班工坊设置专业情况表

鲁班工坊	开设专业
泰国鲁班工坊	机电一体化技术、物联网技术、数控技术、新能源汽车技术、（高铁）动车组检修技术、（高铁）铁道信号自动控制
英国鲁班工坊	中餐烹饪艺术
印度鲁班工坊	光伏发电技术与应用、数控设备应用与维护、工业机器人技术、机械设计与制造（3D 制作）
印度尼西亚鲁班工坊	汽车运用与维修、电子技术应用
巴基斯坦鲁班工坊	电气自动化技术、机电一体化技术
吉布提鲁班工坊	铁道工程技术、铁道交通运营与管理

埃及艾因·夏姆斯大学鲁班工坊和埃及维修技术高等技术学校鲁班工坊，双方合作专业包括新能源专业、数控加工技术等专业，艾因·夏姆斯大学与埃及维修技术高等技术学校提供的1200平方米的实训空间能满足专业设备布置要求，其教学设备世界一流，为中非泰达、中国技术进出口公司等多个在埃中资企业和当地企业服务。

葡萄牙汽车、机电、模具、制药和可再生能源等产业发展较快，2011 年葡萄牙境内汽车产量同比增长 21.1%，葡萄牙鲁班工坊开设工业机器人技术和电气自动化技术两个专业，满足了塞图巴尔当地急需的人才需求，还面向葡萄牙在岗人员开展技术技能培训。

三、实训场地的建设标准

鲁班工坊聚焦培养学生的综合职业能力，综合实训场地的建设是整个项目的重中之重。一方面，鲁班工坊的实训教学是最为关键的，结合目前的建设成果规定：工科类专业实训基地建设场地不少于 500 平方米；文科类专业实训基地建设场地不少于 300 平方米。另一方面，鲁班工坊建设应有统一的标识与场地装饰，具体的场地建设使用统一的标识与装饰要求。

因此，实训场地的建设标准应是鲁班工坊实训教学区域的面积应不少于 300~500 平方米；空间布置应当体现“理实一体化”的教学要求，遵循 EPIP

教学模式的基本原理，设计布置教学区与实训区，其空间分割符合教学模式要求，且能够容纳一定规模学生同时进行实训教学，并根据建设目标预留有相应的发展空间。

埃及艾因·夏姆斯大学实训室满足了“理实一体化”的教学需求，既有实训区又有授课讨论区，鲁班工坊实训室场地的建设使用了鲁班的标准标识和装饰，每套设备需要 AC380V 和 AC220V 电源，以及设备的最大功率、最大电流等电参数要提前提出要求；另外，如有网上交互资源平台需考虑教学大屏幕的电源及网络要求、学生工位的设计、计算机预留的网络及电源布线等。

埃及艾因·夏姆斯大学的新能源实训教学区采用一体化教学设计，实训室中配有新能源实训风电装调实训平台，平台基于海外新能源产业需求，结合天津轻工职业技术学院国际化专业优质资源，设计确定。该平台由模拟光源跟踪装置、模拟风能装置、模拟能源控制系统、能源转换存储控制系统、并网逆变控制系统和能源监控管理系统 6 部分组成，本实训平台自带计算机，工业控制系统及桌椅、装配工具及调试软件，要求实训室的电、气、照明、通风等符合专业教学要求。

葡萄牙鲁班工坊占地 650 平方米，体现了“理实一体化”的教学要求，遵循 EPIP 教学模式的基本原理，设计布置教学区与实训区，其空间分割符合教学模式要求，拥有现代电气控制系统、自动化生产线安装与调试装备、工业机器人与智能视觉系统、药品灌装生产线等 16 台套装备。

四、教学装备技术标准

教学装备是鲁班工坊教育教学的载体，是否代表中国知识产权、是否拥有先进的技术标准、功能应用范围是否合适是评价工作的核心点。一方面，鲁班工坊输出的设备与技术必须拥有中国自主知识产权；另一方面，装备技术水平需达到如下标准之一：国家级职业技能竞赛指定设备；代表行业企业先进水平，教学装备的技术水平应是代表我国新时期技术发展前沿、与国际先进水平相对接的。

因此，教学装备技术标准应是鲁班工坊教学装备应代表国内相关产品和技术的最高水平，能够满足相关专业的实验、实训及综合实训的教学要求。

在印度鲁班工坊建设中实训设备价值达到489.7万元，埃及两个鲁班工坊一期实训设备价值达到1320.18万元，主要关键性设备包括嵌入式竞赛、工程创新实训设备、新能源风光互补、工业机器人、数控加工及装调实训设备等，高水平、高标准的设施设备达到了世界一流水平，且为中国职业院校技能大赛指定装备，为学生进行相关专业校内实训创造了优越条件。

埃及艾因·夏姆斯大学新能源实训室设备是2013—2014年全国机械职业教育教学指导委员会举办的教师职业技能大赛“风光互补发电系统安装与调试”赛项的比赛设备，同时还是2015—2019年全国高等院校工程应用技术教师大赛选用的工程实训比赛设备，是中国自主知识产权设备并能代表中国行业企业先进水平。

葡萄牙鲁班工坊针对葡方院校提出的要求，以欧洲标准进行设计，并结合职业院校教学规律进行开发与制造，紧密衔接世界技能大赛标准，校企共同开发的现代电气控制系统、自动化生产线安装与调试装备、工业机器人与智能视觉系统、药品灌装生产线四类教学设备均达到欧洲共同市场安全标志（CE）和关于限制在电子电器设备中使用某些有害成分的指令（RoHS）国际化认证标准，主要用于培养学生在高端装备制造行业的精湛操作技能，各实训单元之间又可任意组合实现整条装配线的组装、调试、运维等功能。每一个单元都是独立的教学设备，组合在一起就是一套完整的生产线。教学时，可以在单元上实现专项练习，也可以在整套的“生产线”上进行项目制设计与教学。

五、外方教师培训标准

高标准的师资培养培训是鲁班工坊建设的基础性工作，是项目启动之前需要完成的一项重点任务。师资培训应达到必须的课时。在鲁班工坊正式揭牌启运前外方院校专业教师应来华参加至少5周的集中培训，总课时数不少于150个学时，专业教师回国后还要继续完成相关的培训，教学时长为1周。

因此，外方教师培训标准应是外方教师应具有本科以上学历并具有一定的企业经历，来华培训内容必须包括中国先进职教模式、实训教学、行业企业参观学习、专业教学资源合作研发、中国文化体验5个教学模块，相关内容结合具体专业由中方院校负责设计。

在建设埃及鲁班工坊过程中，2019年6月7日至7月10日，中方两校对艾因·夏姆斯大学6位专业教师进行了为期5周的鲁班工坊EPIP师资培训，共涉及新能源技术专业、数控设备应用与维护专业、汽车运用与维修技术专业。2019年9月3日至10月2日，中方两校对埃及开罗高级维修学校2名教师又进行了为期5周的鲁班工坊EPIP师资培训，培训专业分别为数控加工技术和汽车维修技术，同时开发了相关专业的国际化专业标准、课程标准及双语教材。

印度鲁班工坊印方教师数控设备应用与维护专业在天津的培训时长为期5周，以EPIP模式开展教学，围绕鲁班工坊实训设备开展数控机床装调培训，开展数控机床装调与检测培训，完成数控系统安装调试、数控机床精度检测、数控机床故障诊断与维修等项目教学；安排学员到天汽模、天津绿点等大型机械制造企业参观学习；安排学员到天津古文化街参观天后宫等中国文化遗产建筑，了解“泥人张”等中国传统文化艺术。

葡萄牙鲁班工坊以“EPIP”为教学模式，以国际化专业教学标准为基本依据，以全国职业院校技能大赛赛项装备为重要载体开展师资培训。学校采取多样化手段，为葡萄牙鲁班工坊进行师资培训。国内现场培训1次，3人次，为期8天，培训方案由校企共同制定和实施，将理论学习、实践实训与企业实地考察相结合，为葡萄牙鲁班工坊的顺利运行储备高水平师资及人才。为了保证师资培训的效果，加快鲁班工坊的建设进度，增加教学受益群体，在国外鲁班工坊现场培训1次，为期20天，校企共12人参与了此次培训，培训外方负责教师和学生达25人。双方共同促进教师及学生交流。每年互派2至3名教师，进行为期4周的学访活动，并共同研发教学资源；计划在申请到奖学金的前提下，每年互派5至8名学生，为期4至8周，安排在校学习与企业实习。同时中葡双方通过鲁班工坊空中课堂形式，不定期进行视频通话，对设备、课程、教学、培训等相关内容进行沟通。

六、教学资源的建设标准

鲁班工坊教学资源的开发建设标准是保证鲁班工坊教学顺利进行的重要

保障，鲁班工坊教学资源建设标准包括专业教学标准、核心课程标准、专业教材开发。一方面，专业教学标准是由中外双方以中方院校专业原有教学标准为依据，结合外方合作院校的实际，合作开发出具有国际水平且符合当地职业教育实际、满足产业需求的专业教学标准；另一方面，核心课程标准是由中外双方专业教师根据合作专业的核心专业课程、实训教学的要求合作开发的课程标准，包含专业核心课程标准与实训课程教学标准。鲁班工坊教学资源包括专业教学资源库、视频资源和教材等。

因此，教学资源的建设标准应是教材开发是以核心课程的标准为依据，针对鲁班工坊学历教育与职业培训的实际需求，开发出理实一体化、模块化的双语专业教材，要求每个项目至少研究开发出一种能够满足于学历教育与培训的综合实训类双语教材。

印度鲁班工坊与印度参训教师一起完善了《数控设备应用与维护专业国际化标准》，结合印度来访教师的交流讨论形成专业核心课《数控机床装调与检测》课程标准、《数控机床装调与检测》模块化的双语专业教材。

埃及鲁班工坊与埃及艾因·夏姆斯大学教师一起完善了《数控设备应用与维护专业国际化标准》，结合埃及来访教师的交流讨论形成专业核心课《数控机床安装与调试》课程标准、《数控机床安装与调试》模块化的双语专业教材。并与埃及开罗高级维修技术学校教师一起完善了《数控加工技术专业国际化标准》，结合埃及来访教师的交流讨论形成专业核心课《数控加工技术》课程标准、《数控加工技术》模块化的双语专业教材。

葡萄牙鲁班工坊与葡方专家共同开发出工业机器人技术专业、电气自动化技术专业国际化人才培养方案。根据合作的专业，由天津机电职业技术学院制定了《工业机器人技术专业国际化人才培养方案》与《电气自动化技术专业国际化人才培养方案》两套国际教学标准，配合使用的装备和课程，针对性地开发编写了5套中英双语教材《工程实践创新项目教程》《机电一体化设备安装与调试》《自动化生产线安装与调试》《工业机器人与智能视觉系统应用》及《电气控制系统安装与调试》。同时借助现代信息技术，在葡萄牙的鲁班工坊内设立空中课堂、视频微课，实现课堂跨区域与葡萄牙的鲁班工坊课堂教学同步，保证葡萄牙鲁班工坊的高标准人才培养质量。

七、国际校企合作共建标准

通过校企合作，资源共建、共享、共用，推动中资企业国际产能合作与支持当地职业教育是鲁班工坊建设的主要任务，鲁班工坊国际校企合作可以分为校企共建与企业参建两种方式：校企共建是指在鲁班工坊建设伊始就由中资企业直接参与；企业参建是指在鲁班工坊建成之后，由中资企业或者合作国家本土企业加入共同开拓发展的建设模式。

因此，国际校企合作共建标准应是合作企业可以是合作国的中资企业，也可以是合作国企业，国际校企合作共建标准应体现在中外双方院校与企业合作制定项目建设方案、确定合作专业，提供校外实训场地，接受毕业学生就业和统筹推进项目建设进程。

印度鲁班工坊建成后，两国院校在政府支持下，在印度举办了中印职业教育合作论坛，天津轻工职业技术学院等四所中方院校和印度金奈理工学院针对印度鲁班工坊建设举办了专题论坛并汇报展示了印度鲁班工坊建设经验和成效。

葡萄牙鲁班工坊自运营以来，塞图巴尔当地航空、造船、汽车等 20 余家企业已参观葡萄牙鲁班工坊，企业代表纷纷表示希望加强与学校的合作，接收葡萄牙鲁班工坊培养的毕业生。目前合作企业包括塞图巴尔半岛工业协会、伟世通等行业协会与国际知名企业。

第六章

鲁班工坊持续建设与发展

第一节　问题与挑战

一、鲁班工坊外方合作国家经济及教育发展水平制约

目前建成鲁班工坊的国家大部分为“一带一路”沿线发展中国家，国家经济水平相对落后。合作国经济社会发展水平较低会导致政府在教育，特别是在职业技术教育方面投入少，这些国家为了维持国家正常运转，其在教育方面投入会更侧重于基础教育。职业技术教育作为基础教育完成后的教育阶段，获得的支持与投入相对较少。而教育作为福利事业，其资金主要依赖于政府投入，因此缺乏持续的资金投入是阻碍大部分发展中国家教育发展的重要因素，许多发展中国家无法构建完善的教育体系，甚至存在教育层次及教育类型的短缺，推动职业技术教育发展更是不太可能。这也给鲁班工坊的持续发展带来难题。

经济社会发展水平低的另一方面表现是国家产业结构特征。多数发展中国家都以农业作为其国家主要支柱型产业，工业基础薄弱、各类产业的生产力及生产技术水平很低，这样一方面对高等技术人才需求少，另一方面，缺乏现代化企业能够与学校形成职业教育产教融合育人模式，使得鲁班工坊的中国模式在外方发展缺少适宜的土壤，或者在短期内会出现水土不服。

鲁班工坊合作的大部分国家基础教育水平较低。鲁班工坊作为职业教育的国际合作项目，其外方合作院校一般分为中等和高等职业教育，在从事职业教育相关学习之前，受教育者需要具备一定的基础文化水平，这也是保证职业教育能够发挥作用的关键。分析鲁班工坊大部分合作国家整体发展情况可知，大部分国家的基础教育落后，如非洲大部分国家，还长期依赖于西方发达国家的援助。一些西方发达国家对其进行教育援助，包括投入资金、办学模式和教师培养等，帮助非洲国家发展教育，但这些援助效果有限。例如，合作国中非洲整体人口呈现年轻化的趋势，大约50%以上人口年龄会低于19岁，其中人口年龄低于35岁的也超过65%，这些数据说明，这些国家在青年教育与培训方面拥有很大需求。非洲基础教育失学问题依然严重。联合国教科文组织数据库数据显示，非洲基础教育适龄儿童失学人数为37.35万人（2017年数据），而世界基础教育适龄儿童失学人数为63.67万人，非洲适龄儿童失学人数占到世界总人数的58.7%，这意味着世界上多于一半的基础教育失学适龄儿童来自非洲。而且随着年龄增长，基础教育学生学去比率呈逐步增加，男女学生入学比例也严重失衡。这使得非洲许多青年继续接受更高层教育时出现知识空白或短板，极大地降低了鲁班工坊合作项目的效果。例如，吉布提鲁班工坊建设过程中，发现学生数学能力差，较同学习阶段的中国学生相差很大，这对职业教育阶段学习造成了很大影响。

鲁班工坊合作外方国家中还有一些国家存在着教学体系及教学思维对西方依赖严重。仍以鲁班工坊建设数目最多的非洲为例，非洲许多国家教育系统在西方国家逐步深入其教育体系和教学思维渗透下产生了严重的依赖性。虽然西方发达国家把先进的教学模式、经验和教学方法输入非洲，有助于解决非洲教育发展过程中的问题，提升非洲教育水平；但在服务个体人员发展和经济社会发展方面，非洲教育目前已存在很大的不适用性，如何破除长久以来非洲对西方教育思维的依赖，已成为鲁班工坊项目建设过程中的一个重要挑战。具有中国特色的职业教育经验必然会与西方教育思维、模式和教育方法，存在一定的冲突与分歧，这样一来，如何通过项目真正服务合作国，让合作国充分认识到中国职业教育更加适合发展中国家，获得服务国家的认可，并最终进入其国民教育体系当中，是鲁班工坊在合作国落地生根的关键。

在鲁班工坊建设运行过程中，外方薄弱的基础设施建设也是制约项目持续发展的问题之一。合作国中有很多国家的院校和教育机构在教学、研究等方面都具有一定的合作基础，但其在硬件设施的配置和更新上仍比较落后。特别是在互联网设施的建设方面，有线网络设施的数据传输速度较低，缺少无线网络覆盖等问题，就当前信息化程度较高的中国职业教育而言，是一个巨大的挑战。一方面，缺少网络的支持，很多设备无法使用，一些鲁班工坊合作专业包含在线教学的相关设备，没有互联网，这些设备无法发挥作用；另一方面，在全球新冠肺炎疫情背景下，人员往来受阻，项目的建设及运行管理都需要依靠在线方式，没有便捷高效的互联网基础设施的支持，很多项目难以有效开展。此外，一些教学基础设施，包括多媒体教学设备等一些高水平的教学器材的匮乏，也会影响项目配套的一些国际化教学资源的使用，从而降低了项目整体实施的效果。

二、文化差异带来的挑战

教育与文化二者之间存在内在的、必然的联系，教育的发展过程本质上就是传承文化、选择文化与创新文化的过程。职业教育虽着眼于技术，但归根结底也是一个教育类型，因此在开展国际合作过程中仍会面临着文化认同及文化多样性的冲击，这是必然存在的问题。例如，在建设鲁班工坊的国家中，以印度为例，印度文明极具个性和特色，对南亚、东南亚、中国、日本、朝鲜，乃至欧洲都产生了很大的影响，对世界文明做出了不可磨灭的贡献。印度还是一个多人种、多民族、多语言的国家。另外就是建有鲁班工坊数目最多的非洲，作为世界古人类和古文明的发源地之一，非洲公元前4000年便有最早的文字记载，非洲北部的埃及更是世界文明发源地之一。在宗教信仰方面，非洲大陆信仰的宗教有三种，即传统宗教、伊斯兰教和基督教，外来宗教与传统宗教相互融合，形成了具有非洲大陆特色的宗教文化。其中埃及将伊斯兰教奉为国教。宗教信仰对国家的政治、经济、社会、文化、教育等各个方面都有着深刻而广泛的影响，与日常生活、风俗习惯等社会活动紧密联系在一起。因此，在鲁班工坊建设过程中，中方职业院校要充分了解对方合作国的文化习俗。

很多情况下，合作过程中语言文字的多元化会带来交流障碍，民族文化与宗教信仰也会带来理念分歧，这些都可能成为制约鲁班工坊合作项目顺利进展的关键因素。鲁班工坊合作外方国家，有一部分在长期的殖民历史中已经被英语和法语占据了语言和文化的主导地位，并且大多数国家都有自己本民族的土著语言。因此，在项目实施的过程中，中方教师在师资培训及专业指导上存在着很多困难。让中方教师掌握合作国所需的语言去开展教学并不现实，中方教师对当地教师进行培训时，由于语言障碍，外方师资的质量是否能够得到保证，知识在以“P2P”方式进行传递的过程中是否会出现内容和理解程度上的衰减，仍然无法得到有效控制。

三、鲁班工坊产教融合机制有待健全

鲁班工坊建设两国政府、院校、企业之间的联动合作发挥着极为关键的作用。但总体上看，以国际产教融合为核心的机制和平台还没有完全建立起来，影响着合作的深度与可持续性。当前鲁班工坊建设过程中主要还是以院校为主，企业、行业、协会等职业教育重要主体的积极性不高，尚未真正参与到职业教育国际合作中。一方面，由于目前缺乏较为成熟的产教融合校企合作的机制，境外办学的职业教育机构与企业联接沟通渠道还不畅通，加之文化、语言的差异，校企合作人才培养模式因此受到局限，校企合作规模及长效性难以提升；另一方面，在“一带一路”倡议下，越来越多的中国企业“走出去”，随着企业属地化管理的需求增加，不少中资企业招收本土员工，并对员工开展相应的职业技能培训。在外中资企业招聘本土员工往往会以资格证书作为入门条件，由于两国技术标准不同，员工技能掌握与岗位要求差异较大，企业会对本土员工开展技术技能培训。但企业对员工进行的技术技能培训往往针对比较具体的工作岗位或者是短期用工需求，培训内容技术技能涵盖范围较狭窄，不利于企业员工的持续稳定，更不利于企业获得具有高素质技术技能的优质本土员工。此外，从对相关合作对象国的调研数据显示，职业教育毕业生的就业问题，显现在学习内容和就业领域缺乏一致性，从学校到工作的过渡时间较长，通常毕业生毕业后 2~7 年才能找到第一份工作。鲁班工坊的共建任务是协助其发展职业教育，将优质的实习实训设备和资源输出到合作国，不断提升实习实训条件，从而更好地缩短从学生到企业的距离，协助提升教学和科研水平。鲁班工坊建设需要深化产教融合，探索“学习+生产”的双重路径，鲁班工坊项目对接产业领域，促进产教深度融合，是重要的切入点之一。当前鲁班工坊项目需进一步加强与中资企业以及当地国产业企业之间的联系，根据调研情况了解到鲁班工坊与中资企业的联系，还是以中方院校为主动方，还需进一步调动外方合作院校和企业的积极性，使其两方共同发挥主动性作用。

四、鲁班工坊持续发展内生动力不足

鲁班工坊项目要实现可持续发展，就必须形成自身发展的内生动力。但就目前而言，鲁班工坊项目还大多依赖于中方在资金、人力方面的支持，没有形成能够推动自身实现循环可持续发展的内生动力。大部分鲁班工坊以援助形式建成，其主要目的是帮助合作国改革和发展职业教育，服务当地经济发展，项目实施过程中在资金的投入和项目的推动方面，中方处于主导地位，而外方合作伙伴略显被动，一旦中方在支持资金或是人员方面出现缺口，如何使项目保持持续发展是一个很大的问题。

此外，鲁班工坊建设的核心在于技术技能的教学和培训。即便如此，学习的过程也离不开语言和文字的传播，也不可能完全与文化交流剥离，如何以适应合作国教与学的习惯，有效开展职业技术的教育合作，同时要保持中国职业教育的特色，使中国职业教育方案得到对方的认可，是鲁班工坊项目实施过程中要解决的问题。同时，鲁班工坊的重要功能之一，是服务国际产能合作，服务“走出去”企业，如何在鲁班工坊实施过程中，培养出中资企业需要的技术人才，将中国企业文化如何更好地融入鲁班工坊教学之中，更进一步培养学生具备一定的汉语能力也是项目逐渐需要加入的内容。因此，鲁班工坊如何在保持中国职业教育特色的前提下实现职业教育的本土化过程，使其能够在非洲落地生根并实现持续性发展，仍是需要项目的设计者和实施者不断提升和改进的关键问题。“授人以鱼不如授人以渔”，建立鲁班工坊运行发展的内循环动力机制，推动项目的本土化建设，才能实现鲁班工坊的健康发展。

五、鲁班工坊职教标准与合作国有效对接存在困难

在鲁班工坊建设过程中，既要充分了解合作国的国情、行业发展水平、

职业教育发展水平、体系标准和对人才培养的需求等多方面的现状，又要结合我国职业教育的专业特色、课程体系、教材开发、证书标准体系，有针对性地将我国职教标准与合作对象国进行有效对接。从目前来看，尽管近年来以鲁班工坊的建设为引领，相关标准也在逐渐建立，但与合作国教育体系特别是职教体系有效对接方面仍存在着很大不足。此外，如何将我国的特色职业教育专业和课程在兼顾培养目标的同时与合作对象国的社会和文化相结合，进行适当的本土改造与融入，也需要未来的行动予以解答。

六、鲁班工坊建设质量保障体系有待完善

审视当前的鲁班工坊建设项目，在投入上虽然取得了一定的成效，但是在产出上却没有建立完善的绩效考核、能力考核体系。这样培养出来的学生在职业技能上缺少衡量的标准，综合素养是否达标缺少监督机制。归根结底，鲁班工坊项目想要高质量可持续地发展需要建立一个完善的项目评价体系、人才培养考核体系和人才就业追踪体系，以促进鲁班工坊项目达到初衷，培养出真正符合企业需要的合格的技术技能人才。

七、国际政治对合作环境造成挑战

对于国际合作项目来说，其顺利推进的一个重要的外部影响因素，就是稳定的国际环境，职业教育合作也是如此。所有经济、文化、教育及科技方面的交流与合作都是建立在良好的国际关系基础之上的，一旦合作国家之间在外交层面产生矛盾和冲突，都会直接导致合作项目的停滞，甚至是中断。良好的邦交是合作的基础，安全稳定的国际公共环境也是职业教育合作开展的重要保障。当前，国际形势的复杂性，一些国家政局的不稳定，以及全球新冠肺炎疫情的持续蔓延，都对国际教育交流与合作带来了挑战，鲁班工坊更是受到了极大的影响。鲁班工坊的建设和实施，都离不开设备的操作，这确实有别于一些教育领域的其他形式的国际合作，例如，科研合作、语言培训、文化交流等。职业教育的合作核心还在于技术的培训与学习，不经过面对面地开展，项目很难进行，效果也无法保证。合作国政局不稳，也使得合作的外方院校无法顺利开展项目建设，因此影响鲁班工坊的建设推进进度。

同样，如果合作国与我国关系不稳定，更会影响项目的持续推进。这些不可抗因素，对鲁班工坊的持续建设提出了巨大的挑战。

第二节 鲁班工坊持续建设与发展路径

一、加强顶层规划，提供制度保障

积极发挥政府的职能，从国家的层面推动以鲁班工坊为平台的中国职业教育国际化进程，夯实职业教育服务“一带一路”建设的基础，制定出台全国鲁班工坊建设的方案与制度，提升职业教育服务与“一带一路”建设能力，加强国家的顶层设计。第一，要统一建设标准。从国家层面出台鲁班工坊建设运行标准，依据鲁班工坊建设的基本规律，继续加强实践与研究并行，结合项目建设的国际性、多元素、多参与方等，构建鲁班工坊建设的总体目标、人才培养目标、课程目标及服务功能之间的和谐关系。第二，要进一步整合中国优质的职业教育资源和建设成果，建构完善的国际化育人体系和有效运行模式，搭建科学的组织架构，形成高效协同运作机制，提升鲁班工坊自身内涵式发展动力。同时，优化鲁班工坊的国内外建设规划布局。搭建平台，加强国内各职业院校协调统一及与外方的沟通与交流，优化鲁班工坊全球布局，保证鲁班工坊的可持续发展。

从国家层面，统筹完善政策保障体制机制。鲁班工坊建设属于中国职业教育“走出去”境外办学，2015 年国务院取消了高等学校境外办学实施专科教育或非学历高等教育审批的教育行政审批事项，国家对高等学校境外办学活动已由行政审批的直接管理转向政策指导的间接管理。2019 年，《高等学校境外办学指南（试行）（2019 年版）》正式发布，对高等学校境外办学提供实操层面的技术指导，但这只是一个指导性文件，并不是法律和制度。职业教育境外办学缺乏上位法，对项目进行管理与保障。另外，单从教育领域来看，鲁班工坊建设相关政策已经比较健全，但“走出去”办学不只是教育问题，还与外交、商贸、文化等领域存在融合交叉，运行过程中存在着多头推进问题，缺乏明确的全国性和跨部门协调、监管和推进机制，资源筹措和投入分散，难以形成影响和实现效益最大化。为此，需要建立多部门协调机制，加强顶层设计和布局规划。一是协调政府、院校、行业企业、社会组织寻找共同发力点，合理调配资源，形成良性发展的局面。二是加大统筹力度，完善政策和法律支持。在西方发达国家，政府是促进教育国际化发展的重要推手。借鉴美、英、法等国经验，由国家出台相关政策法规和制定专项计划支持职业教育“走出去”发展。三是多渠道增加经费投入。采取政府、企业和社会分担机制，可借鉴德国《联邦职业教育法》，明确参与职业教育的企业承担为职业教育提供资金的责任。设立专项发展基金，吸引多元资金参与，助推职业教育“走出去”发展。

构建合理的鲁班工坊评价体系。为提升鲁班工坊的吸引力，需要不断提升建设院校的境界和全球的视野，通过项目和国际化专业间的比较优势，保证项目的生命力，打造全球核心竞争力。鲁班工坊办学能否得到学生、雇主和社会的认可对鲁班工坊的可持续发展至关重要，建立健全保障体系是关键因素。建立多元的评价体系，形成以评价为“抓手”的引导、激励、促进机制，综合采用过程性、发展性及诊断性评价方式，建立科学多元评价体系。政、校、行、企多方依据各自的职责和需求，构建完善的质量监督体系。例如，组织中外合作国教育主管部门管理者、学校管理者及教学质量监控部门教师、各行业协会专家、企业代表等，专门组成办学质量监管机构，定期评估，注重过程性、发展性及诊断性，以保障办学体系和人才培养质量的可持续发展和优质发展，及时发现问题，进行调整。

二、鲁班工坊融入合作国的国民教育体系

鲁班工坊在海外的持续发展离不开外方合作国家的政府政策支持。启动鲁班工坊建设时，项目组需要充分调研合作国政府对发展职业教育的相关政策支持，鲁班工坊建设顺应合作国政策及发展需求，这有利于鲁班工坊的持续发展。例如，在建设埃及鲁班工坊之前，建设单位充分查询埃及职业教育发展政策。塞西政府主导下出台的《埃及“2030 愿景”》，这是埃及一项国

家中长期发展规划，从经济、社会和环境三个方面展开阐释，其中对教育发展提出了三个重要的战略目标，分别是提高教育质量、开展全民教育和提高教育竞争力。职业教育和培训具体目标：实施紧跟世界标准的质量和认证体系，使学习者和培训者掌握就业市场所需要的技能；发展教师和培训师全面可持续的职业规划；不断改进学习和培训的课程和计划；发展完善的职业教育（职业、技术和培训）组织机构体系以适应发展规划和就业市场的需求。这说明埃及政府非常重视职业教育发展，有改革的意愿和需求。这样鲁班工坊作为国际合作项目，能够顺利被合作国接受。埃及还具体出台技术教育 2.0 改革方案，即 TE 2.0，这是埃及教育部制定的埃及职业技术教育发展具体规划性文件，文件从宏观、中观、微观三个层面对埃及技术教育改革发展做出规划，并对国际合作伙伴提出合作诉求。TE2.0 愿景明确提出，埃及职业技术教育转型将与中国鲁班工坊、德国、美国等全球伙伴合作。在优先发展的地区和省份设立“卓越基地”，起到推进行业和地区发展的灯塔作用。TE2.0 愿景中埃及政府表达了对国家职业技术教育彻底转型的决心，可以看出埃及职业技术教育改革的需求非常明确且迫切。合作国家的政府政策支持是鲁班工坊可持续发展的首要且必要条件。

鲁班工坊建设是否可以进入合作国国民体系也是鲁班工坊在一个国家能否长期发展的重要条件。如果合作国将鲁班工坊开设专业纳入其招生计划，进入了对方国家的教育体系或职业资格框架体系，那就意味着鲁班工坊在合作国落地生根，具有了持续发展的自生力。例如，英国鲁班工坊的中餐烹饪专业经英国职业教育资格证书颁发机构 Qualifi 核准颁证。2018 年 4 月，成功开发了英国鲁班工坊中餐烹饪艺术（鲁班）3 级学历证书，并正式在英格兰国家普通和职业学历框架上架，该学历也同时获得了欧盟和美国共计三千余家大学和学院认可，具备在欧盟及美国教育推广资格。这样在英国建立的鲁班工坊培养出的学生受欧盟及美国教育体系的认可，具有培养国际化技能人才的基础和资格。埃及教育部在 2021 年中国驻埃及大使馆和埃及教育部联席会议上表示，埃及高级开罗学校鲁班工坊将于 2022 年正式招生，这也意味着埃及高级开罗学校鲁班工坊的相关专业将被纳入埃及教育体系之中。

鲁班工坊建设过程中职业院校要以学生为教学的中心，以技能发展为根本，以能够胜任工作为检验教学的标准。鲁班工坊想要在合作国家长期持续发展，并被合作国家纳入国民教育体系之中，也应关注国际认可度，建立和开发专业国际认证和“国内职业技能证书+国外职业技能证书”的职业教育互联互通模式，将院校的课程和职业认定标准与国际标准对接。同时，将我国的特色专业和课程在兼顾培养目标的同时与当地的社会和文化相结合，进行本土化教育。结合我国职业教育的专业特色、课程体系、教材开发、证书标准体系与当地职业教育发展的情况，有针对性地将我国职教标准与当地职业教育进行有效对接。

项目实施过程中，要积极推进两国院校建立学历和资格证书互认，专业、课程和职业标准互通，使中国职业教育具备立足国际化舞台的实力和良好的声誉，遴选优质的职业院校和海外企业进行合作，为合作国当地及“走出去”企业培养真正急需的专业技能人才，服务当地经济发展及国际产能合作。注重教育质量，在教学设计、课程设置、教材开发、教学方式、师资培训等方面提供全方位的质量保障。特别是新冠肺炎疫情时期，借助现代信息技术，逐步实现同步教学，确保人才培养质量的稳步提升。在埃及鲁班工坊的建设过程中，中埃双方合作便依据《埃及“2030 愿景”》中提出的普遍采用国际标准，着力提高教育质量。天津的职业院校在鲁班工坊的建设过程中，率先注重专业教学标准、课程标准、双语教材的高标准建设实施，确保中埃双方乃至于国际通行标准的实行。天津作为鲁班工坊建设的发源地，有着丰富的承办国际技能大赛经验，可以很好地形成以赛促学、以赛促教的教学常态，有助于当地的职业院校完善国际化人才培养标准。

在鲁班工坊建设过程中，外方政府的政策支持是重要条件，鲁班工坊建设初期，建设院校应充分了解鲁班工坊建设方案的提供者中方的职业院校，应不断提高办学质量与国际接轨，要积极寻求资格证书的认证，提高我国教育的社会认可度，只有使鲁班工坊建设专业进入外方合作国国民教育体系之中，并落地生根，才能保证鲁班工坊的持续发展和生命力。

三、健全保障机制，提高办学水平

完善保障机制，保障鲁班工坊建设质量。第一，要建立本土师资培养体系，打造高素质教师队伍。首先，充分利用合作国现有和潜在的职业教师资源，通过教师培训，有效缓解当地职业教师数量不足的问题；其次，定期派教师赴合作国短期指导，提升中方教师语言能力和进行当地化知识学习培训，缓解跨文化教学中的水土不服；最后，还要提升企业参与度，让海外中资企业的管理人员或工程师成为鲁班工坊的客座教授，定期到鲁班工坊指导教学或参与授课，例如，印度鲁班工坊聘请了两位在印度中资企业管理人员，作为鲁班工坊客座教授，他们在人才培养质量和工坊教学质量方面还起到监管作用，在鲁班工坊这种基本由外方为主体运行的情况下，海外中资企业派兼职教师的形式，起到至关重要的作用。第二，建设鲁班工坊中方职业院校加强参与开发国际通用专业标准和课程体系，推出具有国际影响的高质量专业标准、课程标准、教学资源。充分发挥我国职业教育资源优势，以技术、服务、标准及理念输出为统领，推进职业教育技术设备、专业标准、双语教材、课程体系、教学项目、教学管理标准、教学方案、评估认证体系以及职业教育整体解决方案的输出。第三，建设鲁班工坊职业院校积极响应合作国人才培养的需求，有针对性进行课程改革。一方面，职业院校需要发挥自身的职业教育功能，开发体现能力本位和行动导向的新课程，以鲁班工坊合作院校为核心，根据国际化发展需求改造现有课程，发挥自身专业优势，培养具有比较优势的专业技能人才，从而带动合作国教育课程体系的建设、改革与提升；另一方面，职业院校要制定符合合作国职业教育发展的专业课程体系，以合作国产业发展的规划和优先发展产业需求为导向，建立与当地合作建设相吻合的专业和课程，满足中非双方企业的用人需求。在设置专业的过程中，应结合经济发展趋势和技术需求，例如，在拥有自贸区地区，院校可设立国际物流与管理专业群，如国际贸易专业、物流专业、外贸金融专业等；在以制造业为主的城市，院校可设置工程专业群，如机械专业、电气专业、机电专业等。

四、密切产教融合校企合作，分享中国职业教育特色模式

职业教育应积极寻求与“走出去”企业的深度融合，探索产教融合的新模式，实现校企“携手同行”，一起“走出去”，共同培养国际化技术技能型人才，让“一带一路”沿线国家的国民真正通过中国职业教育受益，体验到

中国职业教育的价值。

其一，创新国际化产教融合模式。一是拓宽国际化产教融合途径，创建多种产教融合发展联盟。积极寻求与中国“走出去”企业、国内企业和国外企业间的深度合作，构建产教融合发展联盟，服务企业海外拓展、推广中国产品技术、建立互培互聘制度，开辟校企合作新途径和新空间。二是创新国际化校企融合方式，构建混合所有制的产业合作学院。通过独资、合资、合作等方式使企业参与职业教育国际化项目的建设，共建国际化产教融合共同体。三是夯实国际化校企合作基础，积极发挥企业的主体作用。将企业需求、文化、技术、标准等融入职业教育国际化项目建设的各个环节，校企协同，共同制定国际化人才培养方案，设置国际化专业课程，建设国际化立体教学资源，推动“1+X”证书的国际化，拓宽国际化教学模式，建构完善的评价体系，建立完善的国际化治理体系，提高鲁班工坊运营和维护的实效。共建共享校内外实习实训基地，充分发挥企业资金、技术、信息等方面的资源优势，积极推动以企业为主体的创新科技成果的转化。

其二，对接企业、行业需求，开发新标准。与“走出去”企业深度合作，共建专业标准、教学标准，协同育人。结合“一带一路”沿线国家和“走出去”企业的发展需求，扩大国际化专业开发，将国际上先进的技术标准、服务标准和工艺流程等与职业教育专业标准相结合，建设国际化专业教学标准；与企业深度合作，共同开展技术研发、设备研发，为企业技术的更迭提供动力，为企业培养和培训具有国际视野、较高素质的技术技能型人才，提升中国企业的国际竞争力，使国际合作项目成为中国企业在海外发展的可靠智库资源。

其三，嵌入优质专业资源，满足需求彰显价值。围绕“一带一路”重大项目建设，与合作国家的教育机构合作，加强“政、校、企、研”的多方融合，设置适合合作国家经济发展需求的专业，促使中国优质专业供给能极大满足落地国家专业建设需要，争取更多的中国职业教育国际化专业能纳入合作国家的国民教育体系中，能恰好嵌入合作院校的专业结构中。此外，积极扶持当地具有民族特色的传统专业建设。通过多渠道融资，升级改造当地民族传统工艺专业，共同制定专业技能标准和专业教学标准，提升教师的专业素养，提升学生的就业创业能力，促进当地经济包容性发展。如此，才能让

“一带一路”沿线国家的国民切实体验到中国职业教育的价值，提高中国职业教育在国际职业教育领域的占有率，从而实现中国职业教育服务“一带一路”建设的价值承诺。

五、依托中资企业和科研机构，建立产学研一体化联合体

从国家层面已经成立鲁班工坊建设联盟，2020 年 11 月，鲁班工坊建设联盟在天津成立，全国 72 家职业院校成为联盟成员单位，其主要职责为负责鲁班工坊项目立项审批和质量监管等。联盟也为全国职业院校搭建了一个交流平台。在成立全国鲁班工坊建设联盟之前，天津市层面还成立了鲁班工坊研究与推广中心，2018 年 1 月，鲁班工坊研究与推广中心正式成立，之后分别成立了亚洲分中心、非洲分中心、欧洲分中心。研究与推广中心主要负责开展鲁班工坊相关理论与政策、建设标准、教学模式、质量监控与评估、资源开发等方面的研究，负责组织编写和发布鲁班工坊建设与发展年度报告等，负责用研究成果指导院校建设。天津市还建设了“鲁班工坊建设 · 体验馆”，2018 年 5 月，“鲁班工坊建设 · 体验馆”在天津轻工职业技术学院正式落成开馆。“鲁班工坊建设 · 体验馆”通过文字、图片、实物、视频等多种形式，来全面展现鲁班工坊的建设历程和成效。2018 年 5 月 6 日，中央政治局委员、国务院副总理孙春兰参观场馆，并对鲁班工坊建设给予高度评价。开馆以来体验馆累计接待各界人员参观 3 万余人，成为鲁班工坊建设宣传推广阵地。教育部与天津市部市共建《关于深化产教城融合打造新时代职业教育创新发展标杆的意见》中列出重要建设内容之一为建设非洲职业教育研究中心，2021 年非洲职业教育研究中心揭牌成立。非洲职业教育研究中心依托已经建设的非洲鲁班工坊和中非职业教育合作项目，打造中非职业教育国际合作和产教融合大平台；在职业教育全球治理下，构建中非职业教育共同体，深入开展非洲国别研究和职业教育研究；支持并服务非洲国家的职业教育发展和技术技能人才培养；服务国家新发展格局，使中国职业教育“走进非洲”成为服务中非全面战略合作的重要部分，提出新时代中国职业教育与非洲国家合作的经验和建议。非洲职业教育研究中心也将充分发挥鲁班工坊建设研究功能，成为中非职业教育合作及国际产能合作智库，并通过研究促进鲁班工

坊优质可持续的发展。

我国目前以鲁班工坊建设为重要抓手，大力推进职业教育国际化，打造中国职教品牌，以期将中国职业教育推向世界舞台，提高我们职业教育在世界上的话语权，增强国家软实力，服务国家经济发展及外交发展。为此，我们要聚合力量，将学校、企业和研究机构聚合到一起，搭建大平台，使教育与企业共同“走出去”，共同发展。通过构建企校研一体化平台，为提高鲁班工坊项目建设的政策制定、项目筹建、能效提升提供支持，使项目建设更加科学化和与国家“一带一路”建设需求更加契合。因此，政府需要对于这类机构给予政策和资金的支持，鼓励企业、学校和研究机构积极参与，形成智库，为鲁班工坊地不断壮大制定系统性的规划，形成专业研究的“政策库、产业库、职业教育数据库”。政府相关部门可联合职业院校、企业、科研机构，开展多方面调研，深入研究合作国的经济、法律、宗教、风俗、历史等，促进政府有针对性地制定项目发展的政策，指导鲁班工坊国际合作品牌做大做强，在世界上广为接受，长久发展。

六、进一步扩展人文交流与合作

鲁班工坊主体功能为支持合作国职业教育发展，培养当地技术技能型人才，除此之外，还有两个重要功能，其一，服务国际产能合作，服务“走出去”企业；其二，服务人文交流与合作。鲁班工坊在建设过程中，离不开中外方学校领导、管理人员、教师及学生的广泛交流与合作，在这过程中，中外方合作伙伴会形成民间层面的两国友谊，这无疑促进了两国民心相通。同时，在鲁班工坊建设过程中，职业教育也在伴随两国外交活动，开展不同层次的双边会议、研讨会等，扩大交流范围，以职业教育合作为桥梁，架起多领域的合作。

事例一：印度鲁班工坊建设过程中，依托印度鲁班工坊，中国驻印度大使馆及国内政府部门共主办三届中国—印度职业教育合作论坛/研讨会。其中，2018 年 12 月 20 日至 21 日，为落实中印两国领导人武汉会晤共识，深化双边人文交流合作；由两国外长牵头的中印高级别人文交流机制首次会议于印度新德里召开。同期由中国驻印度大使馆和天津市教育委员会主办了中印职业教育合作论坛作为中印高级别人文交流机制配套活动，论坛由天津轻工职业技术学院、天津机电职业技术学院和印度金奈理工学院承办。论坛以印度鲁班工坊建设为主线，中印鲁班工坊建设校领导分享了项目建设情况，印度金奈理工学院的学生讲述了在鲁班工坊的学习经历和到中国参加技能大赛的感受，通过鲁班工坊的建设让更多的印度学生学到先进的知识，掌握实用的技能，该学生以“我爱中国”作为汇报的结束语，充分体现了中印人文交流的成果，论坛受到了各方广泛关注和高度评价。2019 年 5 月 11 日，第二届中国—印度职业教育合作论坛在天津召开。会议就深化印度鲁班工坊建设、印度鲁班工坊的可持续发展、如何更好地利用鲁班工坊服务在印中资企业以及中印教育、文化交流和成立中印职教联盟相关事宜进行了充分的研讨。2021 年 12 月 26 日，第三届中国—印度职业教育合作研讨会（线上）召开。为积极落实习近平主席在金砖国家领导人第十三次会晤提出“建立金砖国家职业教育联盟，举办职业技能大赛，为五国职业院校和企业搭建交流合作平台”的倡议，推动双多边职业教育务实合作。12 月 26 日，在印度鲁班工坊启运四周年之际，中国教育国际交流协会与中国驻印度大使馆共同主办了 2021 中国—印度职业教育合作研讨会。会议由天津轻工职业技术学院、天津机电职业技术学院承办，在天津市设立线下会场。会议围绕“技能·就业·发展”主题，凝聚政、校、行、企合力，为中印职教发展献计献策。双方结合中印两国职业教育发展的实际，全力推进职业教育领域的交流与合作，以期实现共研、共享、共用、共赢目标。中印双方共 33 家单位近 150 人参加了会议。三届中印职业教育合作论坛/研讨会的举办，对搭建中印人文交流平台、促进民心相通起到了很大的推动作用。

事例二：泰国鲁班工坊建设过程中，中泰师生人文交流不断加大。鲁班工坊建成以来，中方院校天津渤海职业学院先后组织了 150 余名师生到泰国开展技术交流和学访，先后接收 4 批共 150 余名泰国短期培训师生来天津学习，铁道职业技术学院接收了 20 名泰国短期培训学生来天津学习。双方还共同举办了“天津渤海周”“泰国大城周”活动。

事例三：埃及鲁班工坊在建设初期调研阶段就召开了两次中国—埃及职业教育合作研讨会，埃及艾因·夏姆斯大学代表团和埃及教育与技术教育部代表团分别访华，中埃双方就鲁班工坊项目进行深入研讨交流，由此，加深了中埃双方的了解，促进了相互友好关系，达成合作共识。依托鲁班工坊，以职业教育合作为平台，拓宽交流领域，埃及鲁班工坊还在云端举行了“埃及鲁班工坊产教融合工作会——暨中资企业赴埃及投资推介会”，不仅服务了国际产能合作，也促进了中埃教育界和企业界的交流。

以鲁班工坊为平台，加强中外人文交流，促进民心相通，为服务我国外交政策起到积极作用。发挥好这一作用，鲁班工坊在合作国也必将更加受欢迎，例如，2018 年中国—印度鲁班工坊职业教育合作论坛成功举办后，印度新德里很多院校纷纷表示他们也希望建设鲁班工坊项目，使得鲁班工坊在印度得到广泛认可和好评，提升了鲁班工坊品牌的知名度和认可度，这必将推动鲁班工坊的持续发展。

第七章

鲁班工坊个案研究

案例一：基于“一坊两中心”的泰国鲁班工坊建设模式的研究

一、项目背景和建设

（一）背景

泰国，是东南亚“一带一路”沿线的重要节点国家，连接着东盟6亿多人口的市场，区位优势得天独厚，是东盟的物流、贸易和金融中心，也是东盟与中国的天然桥梁。泰国现在已经被全球公认为是一个新兴的经济体和一个新型的工业化国家，随着中泰两国在“一带一路”倡议下的深入合作，双边贸易额持续升温，中国已经成为泰国最大的贸易伙伴，也是最大的进口来源地和最大的出口市场。

据泰国大城工业联盟总裁叟穆王介绍，泰国提出的未来十大重点发展产业中有六个都是中国鼓励产能输出的行业，泰国11个经济特区摩拳擦掌，争建工业唐人街。曾经80%的进口材料来源于日本，但如今60%来自中国。

农业、旅游业及相关服务业是支撑泰国经济的主要产业，但随着泰国工业化进程的加快以及一系列税收优惠政策的出台，制造业成为当地发展最快的产业，并成为当地第一大支柱产业。以泰国大城府为例，短短几年时间就建立起 4000 多座现代化工厂，主要是汽车制造和电子信息产业。

大城府位于泰国中部，由于汽车产业聚集程度高，又被称为“东南亚的汽车工厂”，在“一带一路”倡议的推动下，如今已有一百多家中资企业在这里投资设厂，建立起了工业唐人街。泰国大城工业联盟总裁叟穆王表示，中国有很多高技术企业，特别是天津市，无论是技术实力，还是企业规模都非常棒，泰国有很好的资源支撑和市场潜力，希望能借助“一带一路”倡议让双方有更多的合作。

中资企业精益电子落户大城工业园，深挖东南亚市场，短短几年时间，企业销售额就超过了 20 亿泰铢，员工数量达到了 1800 人，但在继续发展中，却始终受制于高素质技能人才的短缺。随着中泰经贸持续升温，中国制造、中国技术和中国标准成为越来越多泰国企业的选择，而这就意味着当地新培养出的职业技能工人，必须跟得上企业装备的更新速度，虽然泰国也大力发展职业教育，全国有 800 多所职业技术学校，近 200 万名学生，但依然无法满足企业需求。

据泰国教育部职业教育委员会秘书长阿卡尼·克朗介绍，泰国的学校都在努力改善教学条件，比如从中国引入数控机床、电子元器件等设备，但当地老师很难在短时间内，对中国装备做到精通，也就很难为企业培养出足量的合格职业技能人才。大城府省长布拉雍提出，大城府现在是泰国工业发展最快的地区，迫切需要把天津市领先的职业教育经验复制到这里，培养出一大批高素质职业技能型人才，这对于吸引中国和其他国家的企业投资发展是非常有力的支持。

（二）建设过程

泰国大城是一座有着深厚内涵和经典文化的古都城市。它曾经作为泰国历史上最长久的阿瑜陀耶王朝的首都，有着辉煌的历史，是泰国古文明的重要发源地。泰国大城技术学院始建于 1938 年，坐落于大城府中心地区，是一所办学历史悠久的公办职业教育学院，是泰国工业类专业优秀学院，是泰国职业教育联合会长单位，1997 年被授予国王奖。

2018 年 1 月，泰国鲁班工坊完成二期建设，建成泰国鲁班工坊渤海中心，新增物联网技术、数控机床、新能源汽车技术 3 个国际专业。

2018 年 7 月，泰国鲁班工坊完成三期建设。天津铁道职业技术学院在泰国鲁班工坊建设了铁院中心。泰国鲁班工坊形成了“一坊两中心”。

（三）建设模式

依托职业院校校际国际合作创办鲁班工坊，在职业院校对外国际合作办学、合作交流的基础上，在海外遴选优质合作院校共同创建鲁班工坊。在建设过程中，探索出一条融合多所院校优质国际专业共同建设鲁班工坊的创新路，形成“一坊两中心”的建设模式。

二、工坊体制和运行

（一）工坊的领导体制和管理体制

采用双方共同管理的模式，中方天津渤海职业技术学院和天津铁道职业技术学院两所学校负责教育教学标准、项目运行质量监控管理等工作，泰方大城技术学院负责招生、日常的教育教学管理等工作。

（二）工坊的运行

泰国鲁班工坊由天津渤海职业技术学院、天津铁道职业技术学院与泰国大城技术学院合作共建学历教育，采取“0.5+2+0.5”的模式，实施中国与泰国分段教学，入学和毕业前各半年在泰国学习，2 年在中国学习，毕业生同时获得天津渤海职业技术学院和泰国大城技术学院的毕业证书。

（三）工坊的教师队伍

泰国鲁班工坊的师资队伍是以泰国大城技术学院的专业教师为主导的。天津职业院校负责对海外合作单位的教师团队进行培训，以便更好地发挥鲁班工坊在合作国培养本土技术技能人才的作用。目前已培训师资 60 人。

项目建设前期，接受天津职业院校的专门培养培训。培训内容包括对海外合作单位的教学团队、管理团队进行系统化、阶梯式培养培训，使其掌握职教新理念、教学新模式、技术新应用，具备实际操作装备能力，能够培养学生掌握专业技术技能综合应用，培训企业员工掌握岗位技术技能实践应用。培训时间原则上不少于 3 个月。

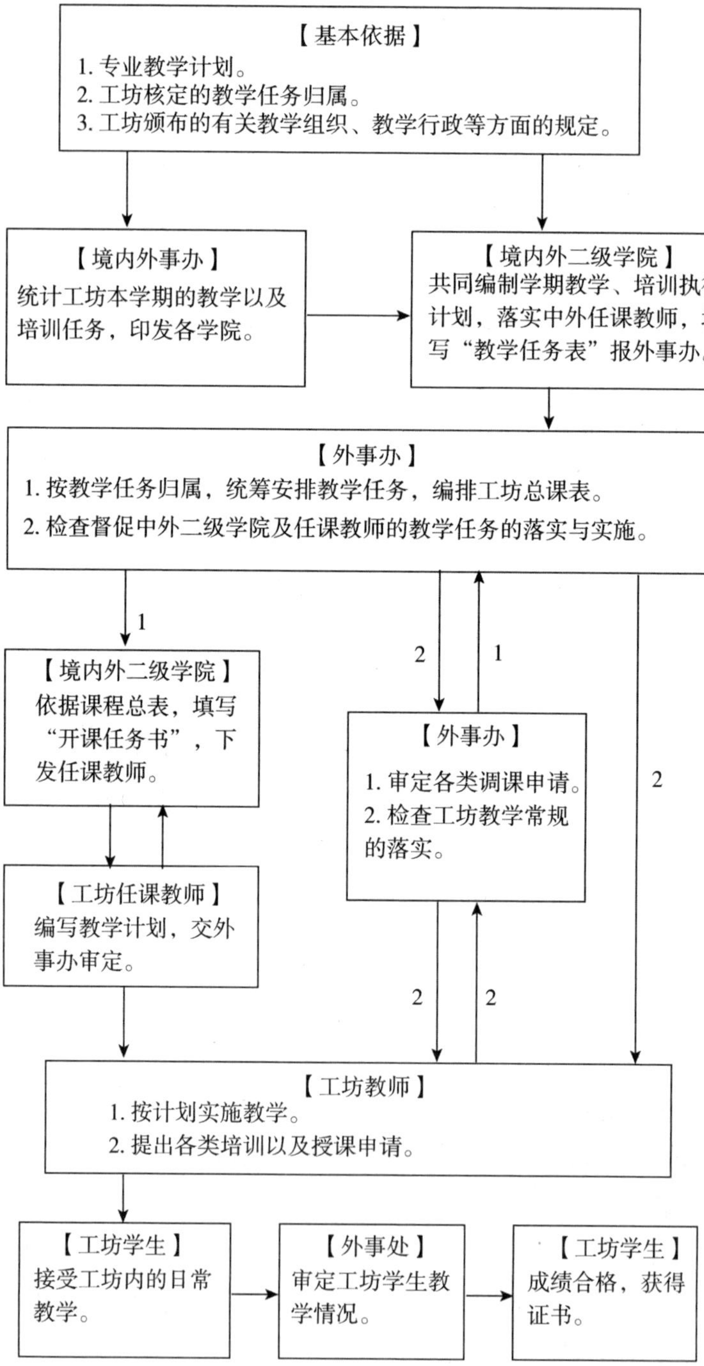
【基本依据】
1. 专业教学计划。
2. 工坊核定的教学任务归属。
3. 工坊颁布的有关教学组织、教学行政等方面的规定。
【境内外事办】
统计工坊本学期的教学以及培训任务，印发各学院。
【境内外二级学院】
共同编制学期教学、培训执行计划，落实中外任课教师，填写“教学任务表”报外事办。
【外事办】
1. 按教学任务归属，统筹安排教学任务，编排工坊总课表。
2. 检查督促中外二级学院及任课教师的教学任务的落实与实施。
1
2
1
2
【境内外二级学院】
依据课程总表，填写“开课任务书”，下发任课教师。
【外事办】
1. 审定各类调课申请。
2. 检查工坊教学常规的落实。
【工坊任课教师】
编写教学计划，交外事办审定。
2
2
【工坊教师】
1. 按计划实施教学。
2. 提出各类培训以及授课申请。
【工坊学生】
接受工坊内的日常教学。
【外事处】
审定工坊学生教学情况。
【工坊学生】
成绩合格，获得证书。

图 7-1

项目实施过程中，中方院校每年选派教师到泰方进行培训，培训内容主要是对其教师团队的教育理念、技术水平进行提升。培训时间原则上不少于2周。

（四）实训及其设施设备管理

工坊需要拥有独立的场地，使用中国大赛装备、EPIP体验装备以及专业教学装备。

一是中国大赛装备均为行业内普遍使用、技术先进的设备；已举办过且反映良好的赛项；设备原则上经过了3年甚至更长时间的检验。

二是EPIP体验装备，已经成为第八届、第九届东盟技能大赛正式指定赛项设备，是世界技能大赛指定设备。

三是专业教学装备，符合专业需求的教学装备，以满足基本教育教学活动需求为原则，相关设施设备应优先采购国内产品。

鲁班工坊的教学形式主要以实训为主，实训课时的比例占到90%以上，目前的教学培训项目有自动化生产线的安装与调试、数控加工与编程技术、新能源汽车技术、物联网技术、电脑鼠走迷宫、机电工程创新实训6个实训大项目，每个实训项目根据教学的目标分为低、中、高三个级别，每个级别对应的学时为80学时。

三、主要成效和特点

（一）主要成效

一是学历教育留学生规模不断增加。学院留学生数量和规模迅速增加，共招收留学生162人，其中毕业生21人。这些学生来自泰国鲁班工坊。毕业后，泰国学生可从事机电设备（数控设备、自动生产线等）的安装调试、操作运行、维护维修、技术改造等生产一线工作，将成为熟悉中国技术、中国标准和中国产品的海外本土化技术技能型人才。目前，第一批留学生已经毕业，全部被玲珑轮胎泰国有限公司录用。

二是技术技能培训成效显著。泰国鲁班工坊除为泰国师生学习训练外，还对东盟国家职业院校师生开放，目前已累计交流培训学生4000余人次。

三是鲁班工坊师资培训先行。鲁班工坊带给海外职业院校的不仅有先进的专业教学标准、教学装备，而且还有先进的教育理念、教育模式。充分发挥了鲁班工坊在当地的作用，关键是对其原有师资水平的提升。泰国鲁班工坊主要采取中国教师直接到鲁班工坊培训教师和泰国教师来国内集中培训两种方式，完成鲁班工坊指导教师的培训工作。我们学院先后选派 30 余人到泰国开展师资培训，培训泰国教师 30 余人。铁院中心建立后开展了首批 10 名教师的培训工作。泰国鲁班工坊为泰国及东盟国家职业院校培训教师 456 人。

四是中泰师生人文交流不断加深。鲁班工坊建成以来，我们先后组织了 150 余名师生到泰国开展技术交流和学访，先后接收 4 批共 150 余名泰国短期培训师生来天津学习，铁道职业技术学院接收了 20 名泰国短期培训学生来天津学习。还举办了“天津渤海周”“泰国大城周”活动。

五是积极推广 EPIP 教学模式。牵头成立工程实践创新项目国际教育联盟。目前联盟聘任新加坡、英国、美国、德国、法国、芬兰、波兰、泰国、柬埔寨、巴基斯坦、葡萄牙等国家的 60 多名国际专家和 20 余名中国专家为工程实践创新项目教育联盟成员。还在天津渤海职业技术学院建立中泰职业教育研究中心，在泰国建立 EPIP 教育研究中心共同推进两国职业教育的交流与发展。

六是承办国际技能大赛。连续四年举办 IEEE 电脑鼠走迷宫国际邀请赛暨世界 APEC 电脑鼠大赛中国选拔赛。先后吸引英国伯明翰城市大学、新加坡义安理工学院、泰国大城技术学院、蒙古鲁班工坊代表队以及中国南开大学、天津大学、天津工业大学、北京交通大学、南开滨海学院、中德应用技术大学、河北工业大学、河南安阳工学院、天津渤海职业技术学院、台湾龙华科技大学等多所国内外高校参加。

（二）特点

1. 泰国鲁班工坊是职业教育服务“一带一路”倡议的重大举措

工坊建筑面积为 2000 平方米，开设机电一体化技术、物联网技术、数控技术、新能源汽车技术、高速铁道信号自动控制、铁道交通运营管理 6 个国际专业，其中机电一体化专业于 2017 年 8 月通过泰国职业教育委员会（VEC）审批，成为泰国教育行政部门认可的学历教学标准。其余的 5 个专业于 2020 年 2 月通过泰国职业教育委员会审批。自此，泰国鲁班工坊的 6 个国际专业均通过认证，成为泰国教育行政主管部门认可的学历教学标准，纳入泰国国民教育体系。泰国鲁班工坊除为泰国师生学习训练外，还对东盟国家职业院校师生开放，目前已累计交流培训学生4000余人次、教师456人次。

2. 泰国鲁班工坊是中国职教走向国际并得到国际认可的新举措

马来西亚和印度尼西亚学生到鲁班工坊学习，回国参加国家自动化生产线技能大赛获得一等奖。泰国学生在鲁班工坊学习后，2016年获得第11届东盟技能大赛“工业自动化系统”竞赛奖牌；2018年获得第27届泰国国家劳动技能大赛工业自动化专业赛项金牌冠军奖，获得泰国第二届国际职业院校学生创新项目大赛优秀奖，获得第二届国际职业学生创新项目大会创新奖1项、创业奖1项、三等奖2项；2019年泰国鲁班工坊留学生参加泰国首届“职业教育宝石王杯”大赛并荣获金牌冠军诗琳通公主宝石王杯。

时任天津市教委副主任吕景泉教授和天津渤海职业技术学院被泰国授予“诗琳通公主纪念奖章”，大城技术学院荣获“国王奖”。天津渤海职业技术学院荣获2016年、2018年职业教育国际影响力50强、2018年亚太地区50强，该教学项目还荣获国家教学成果一等奖。鲁班工坊得到了中外各大媒体的广泛关注。

3. 泰国鲁班工坊是推进国际产教融合的新举措

泰国TTTC公司、泰国大城技术学院来学院参观访问，并对鲁班工坊相关设备的生产企业——新道科技股份有限公司、北京新大陆时代教育科技有限公司、天津骥腾科技有限公司和天津圣纳科技有限公司进行了实地考察和会谈。泰国TTTC公司和四所公司分别签署了中泰合作项目意向书，达成了初步合作意向。

天津渤海职业技术学院与天津敏生科技有限公司、泰国当地兴泰地产合作，为泰国智慧钻石城项目（项目位于泰国Phetchapuri）提供多媒体电子沙盘服务。泰国鲁班工坊将作为中泰企业合作项目的技术驿站，教师与学生将参与到项目中，提供技术支持。

鲁班工坊通过采取职业培训、学历教育等多种方式，在输入地开展职业教育和技术技能培养培训，有力地促进了我国企业的服务和产品输出，提升了中国企业在国际上的竞争力。一方面为中国企业走出去培养了急需的技术技能型人才，另一方面也为中国企业“走出去”搭建平台，目前已经取得了显著成效。例如，天津圣纳科技有限公司研发的新能源汽车成为鲁班工坊输出设备的标准配置，该企业成为泰国大城的新能源汽车改造指定商。东方亨瑞科技发展有限公司承接了空中课堂项目，该公司提供的交互智能平板为国内针对教学场景设计的最先进的互动课件工具，泰国对设备非常认可，并于2016年10月到该公司的工厂进行了实地考察及了解，达成初步合作协议。目前该产品在全球注册了国际品牌MAXHUB，已经进入泰国市场。2017年5月8日，“729”创意文化体验中心也入驻泰国鲁班工坊，成为鲁班工坊的标配设施。“729”体育器材开发公司是一家专业从事乒乓器材生产的国有控股合资企业。早年受国家体委委托研制乒乓用胶粒，1972年9月产品研制成功并投入生产，命名为“729”。其产品一次又一次伴随着中国国家乒乓球队登顶世界冠军宝座的辉煌历程。

四、反思与建议

（一）反思

1. 运行中存在的主要问题

一是鲁班工坊在海外办学不仅承担着职业教育“走出去”，对外分享我国职业教育经验成果，提升企业海外员工素质，服务当地国家技术技能型人才培养与培训的任务；同时也承担着传递中国职业文化、中国职教理念、教学模式的任务。鲁班工坊项目需要政府部门的协同支持，通力合作。

二是鲁班工坊的项目经费主要由被输入国的合作学校、国内外企业和中方学校承担。其中中方学校承担国内教师的海外费用、补贴以及外方师资培训费等，中国相关的国内外企业以最大的优惠方式（或者赠予）为海外合作学校提供教学设备，外方合作学校提供场地以及工坊校舍的建设费用等。作为一种全新的海外办学模式，鲁班工坊的建设面临初期开办设立资金以及后期运营发展资金两个方面的问题。

三是鲁班工坊的建设与发展，需要专门机构专门人员研究管理，目前都是兼职，对鲁班工坊的研究不深入。

四是借助鲁班工坊举办高端论坛的出国审批手续时间过长，邀请国外高端领导的程序复杂。

2. 鲁班工坊标准化建设的重点内容

鲁班工坊作为天津市创设的职业教育品牌，我们认为在其标准化建设中要重点抓以下五个方面内容。

一是国际专业的标准。开发基于国内企业海外项目的产品技术标准和服务标准，以所在国官方语言表达的标准化、项目化的培训课程体系；结合我国职业资格技术标准，开发基于所在国的职业技术技能人才需求的国际培训课程；开发基于天津市职业院校优势专业学历教育教学标准的国际化专业学历教育教学课程标准。

二是教学模式的实施。推广工程实践创新项目教学模式，该模式是以实际工程项目为导引、以实践应用为导向、以创新能力培养为目标、以项目实践为统领的应用型、技术技能型人才培养新途径。

三是大赛装备的配备。在境外拥有独立的场地，使用中国大赛装备、EPIP 体验装备以及专业教学装备。

四是教学资源的配套。建立教学云平台，包括空中课堂、在线学习和网上竞技等。

五是师资团队的培养。打造了一支具有从事国际化专业教学所需的跨文化知识，了解从事专业的知识前沿动态，能够用双语讲授专业知识，具备国际思维和国际视野的“双师、双语、双能”的师资团队。

（二）建议

一是健全政策支撑和保障体系。将开展鲁班工坊建设作为市委、市政府“双一流”建设中建设“世界一流职业教育”评价职业院校国际化水平的重要标度，并作为职业院校提升办学能力建设项目的主要绩效指标；为鲁班工坊建设校每年分配享受政府全额奖学金的留学生名额；扩大职业院校教师对外合作和交流的规模；加强鲁班工坊的理论研究和宣传工作。

二是启动专项支持和长效保障。在职业教育专项经费中增加鲁班工坊专项建设资金，按照每个鲁班工坊，支持输出校提升承担海外合作方师资培训和学生交流的能力；在教育信息化专项经费中设置专项资金，启动“鲁班工坊信息化管理与服务平台”建设；对已建成的鲁班工坊，每三年实施一次绩效评价，评价合格的给予输出校相应奖励。

三是充分发挥鲁班工坊研究与推广中心作用，对鲁班工坊开展系统的政策研究、资源开发、指导评价，对鲁班工坊的需求与流程、规范与标准、模式与机制、质量与评价、宣传与推广等进行系统研究，持续优化建设。

案例二：职业资格制度框架下英国鲁班工坊的建设模式

一、项目背景与建设

（一）背景

“一带一路”倡议为英国鲁班工坊的建设带来了新的机遇，为英国鲁班工坊提供了强有力的政策支撑和智慧支持。天津自从成为我国职业教育改革创新示范区以来，经过持续不断的开发建设，取得了丰硕的职业教育成果。

英国鲁班工坊在“一带一路”倡议的号召下，将天津先进职教经验与世界共享，将校企合作的领域拓展到国外，同“一带一路”沿线国家职业教育院校和企业开展合作，培养、锻炼本土职业技能人才，推动当地经济建设，分享天津职业教育成果。

英国国家职业教育体系分为2级至8级共7个等级，2级为初等学历、3级为中等学历、4级和5级为大专、6级为本科、7级和8级为高等教育硕士、博士。从5级开始，即可与普通教育衔接，给学生提供更多的选择机会，既可以走职业技术道路，也可以走管理、研究道路。

英国学徒制分为3个等级，分别为中级学徒制（IntermediateLevelApprenticeship）、高级学徒制（AdvancedLevel Apprenticeship）和高等学徒制（Higher Apprenticeship）。中级学徒制以达到国家职业资格2级水平（NVQ2级）为目标；高级学徒制以取得国家职业资格3级水平（NVQ3级）为目标；高等学徒制则需要达到国家职业资格4级、5级或基础学位水平。

政府拨款和企业投入是英国学徒制经费的主要来源。政府只对学徒制框架里的必须培训项目给予资助，其他培训项目则需要企业投入。政府给予的经费补助是不等的，会根据人数、行业、年龄、等级而变化。发展快、技能供给重要的行业得到的补助多。在年龄上，16~18 岁学徒可以得到全额补助，19~24 岁可获得 50%，25 岁以上不提供补助，但可以申请特殊项目补助。

英国学徒制不只是职业教育的一种形式，更是一种视野更加宽阔的人才培养模式。英国正在进行的“学位学徒制”将学徒制向高等教育延伸，无论是本科生还是研究生，无论是蓝领还是白领，都可以依照职业教育的规律进行培养。

英国华人人口总数占全英人口总数的 0.7%，75% 的男性华人企业家从事分销、酒店和餐饮行业，29%的华人拥有商业项目，45%的华人拥有大学学历，高于英国平均比例。在英国约有 15000 家中餐馆，全英外卖市场销售额高达 300 亿英镑，78%的英国居民选择过中餐外卖，英国民众对中餐菜系的需求量、中式餐厨具的销售量、中餐调料市场的需求量不断攀升，但是仍有 14%的受访民众认为中餐不健康。同时，在英国约有 100 所烹饪技术学校和培训班，取得烹饪资格的有 25.5 万人。

调查发现，中餐虽然在全世界范围内为人们所喜爱，但是随着海外第一代移民的消逝，正宗的中餐以及中餐饮食文化也面临逐渐消亡。中餐烹饪在英国的发展存在中餐烹调过程无标准性、所需原料食材难以购买、中餐烹饪从业人员奇缺、正式职业学历教育体系中没有中餐烹饪专业、中国食品产业优势资源在英国市场匮乏等问题。因此，如何培养出更多符合海外市场需求的国际化、标准化的中餐烹饪人才，弘扬中国饮食文化；如何配合中国装备“走出去”，带动中国食品和餐饮企业开拓海外市场是我们的重要责任。

目前英国本土餐饮业的增长出现放缓迹象。一些小型连锁企业经营状况不佳，甚至一些资力雄厚的集团也退出了餐饮业。由于美国与英国之间特殊的历史、文化渊源和相同的语言，美国餐饮企业在英国占据了一席之地，并且年轻人、儿童成为消费主力军。随着旅游业的发展和外来移民的增加，中餐企业发展迅速，在为中国游客和华裔居民提供中餐消费的同时，也大大带动了英国本土居民的消费，并以口味丰富、菜品多样而迅速引起了消费者的关注。因为中餐给英国本土居民带来了从未想象到的味觉感受、与英国迥异的进餐环境和超高的性价比，所以迅速抓住了英国本土居民，尤其是其中的年轻群体。

中餐消费在英国越来越广泛，中餐烹饪人才需求量也越来越大，在拉动消费的同时，也提供了大量的工作岗位，但中餐烹饪教学却一直没有实现标准化。中餐烹饪专业的设置不但丰富了英国职业教育的内容，同时也将中餐烹饪教学进行了标准化、规范化。突破了师徒口传心授的中餐人才培养模式，这为英国培养本土的中餐烹饪人才打下了基础。英国的中餐烹饪职业教育，不但有了理论依据，同时也实现了操作的标准化、规范化，为中餐烹饪的教学质量和考核标准提供了依据。因此，英国鲁班工坊在增加就业岗位、缓解人才紧缺现状的同时，还为英国的中餐管理提供了标准和依据。

（二）建设过程

1. 简介

由英国超卓教育顾问公司，联合英国奇切斯特学院集团共同建设。天津市经济贸易学校（天津市烹饪技术学校）、英国奇切斯特学院和超卓教育顾问公司都是管理科学、教学经验丰富的知名教育机构。

天津市经济贸易学校（天津市烹饪技术学校）是一所具有历史积淀的国家级重点院校，同时在天津市人力资源和社会保障局注册为天津市烹饪技术学校。其下设雏鹰职业培训学校、天津市国家技能鉴定六所，是经天津市劳动和社会保障局批准的指定培训单位。学校有近 60 年的办学历史，其中餐烹饪专业是市级骨干专业，该专业教师大多数为国家级烹饪大师或天津市烹饪大师，师资力量雄厚，有一支由高级讲师、高级技师为骨干的“双师型”教师组成的教学团队。学校拥有先进的设施设备，可满足多种教学需求，在烹饪教学方面享有“津门烹饪第一校”的美誉。学校常年举办初、中、高级“中式烹调”“中（西）式面点”“公共营养师”“餐厅服务员”等工种培训，并可考取市劳动社会保障局颁发的技术等级证书。学校的教学管理和学生管理科学严谨，制定了一系列的管理考核办法。毕业生技术过硬，综合素质高，学生实习、就业胜岗率高，很多学生已经成为企业骨干。正是由于科学的管理、过硬的素质，才会被 Qualifi 选中并通过认证，受到英国奇切斯特学院和英国超卓教育顾问公司的信任。

英国奇切斯特学院历史悠久、环境优雅安静、地理位置优越，获英国政府资助，其教育理念现代化、科技化。学院教学质量优良、课程设置科学、管理严谨，其毕业生深受英国、欧盟和美国知名企业欢迎，多次获英国及国际教育大奖，被多家权威媒体报道。

英国超卓教育顾问公司以制定教育解决方案著称，拥有一批英国教育界的知名专家。除开发学历课程和学习内容外，还提供专业培训和国际教育资源融合。可为学生提供更优秀的教育资源，为教育机构搭建相互合作的桥梁。公司成立以来在业界打造了众多成功案例，如南安普顿足球俱乐部管理培训体系的开发，考文垂与华威地区中小企业发展中心的创业培训课程开发，沙特阿拉伯体育部足球俱乐部管理系列培训的设计及授课，厦门工学院附属学校中英班的创建及管理等，都是教育培训界的知名品牌。

正是在英国超卓教育顾问公司的积极支持下，天津经贸学校（烹饪技术学校）和英国奇切斯特学院达成了合作意向，实现了强强联手，共同开发建设了英国鲁班工坊。

2. 确定规模

一坊 100 平方米（英国奇切斯特学院集团克劳利校区），一中心 600 平方米（英国利物浦），开发 2~4 级中餐烹饪教学标准与资源，在英国开展中餐烹饪教育、培训并开办鲁班中餐旗舰餐厅。

2017 年在英国奇切斯特学院集团克劳利校区建设 100 平方米的英国鲁班工坊，2018 年开办英国中餐烹饪艺术（鲁班）3 级学历实验班，共招收 8 名学员。2019 年年底，英国鲁班工坊利物浦中心（鲁班旗舰餐厅）开业运营，该中心占地 600 平方米，从设计理念、布局装潢、餐具摆设、服装装扮等各个方面将中西文化充分交融，在细节上将各自的美展现得淋漓尽致。鲁班餐厅是中西文化融合的合作新模式，采用中国的技术标准，传播中国的饮食文化，同时运用食物的美食哲学将中式菜肴与西方的饮食文化融合，调整菜肴，创造更多的就业岗位，服务当地经济。

3. 英国鲁班工坊的定位

开展中餐烹饪专业与技能培训，培养国际化技能人才，服务当地经济发展；并传播中国饮食文化，带动中国企业及产品走出国门。

英国鲁班工坊在英国本土开展规范性和标准性的中餐烹饪专业与技能培训工作，为当地提供正宗的中餐风味饮食奠定了基础，并服务于当地经济，增加了当地就业岗位，拉动当地经济发展；同时也为培训熟悉当地人文环境、风俗习惯、法律法规的本地中餐烹饪人才创造了良好条件。

英国鲁班工坊不仅向英国输入了中餐烹饪标准，同时也将与鲁班、中国相关的装饰产品等文化载体，如将鲁班锁、鲁班伞等榫卯结构工艺品作为装饰陈列在餐厅，消费者在品尝正宗中国美食的同时也受到中国文化的熏陶，这是对鲁班精神同时也是对中国文化最好的阐释和传承。餐厅厨师们的衣服都是从中国定制的，上面印有中国元素的图案。美食无国界，烹饪传友谊，通过鲁班工坊将中国饮食文化以英国为核心向世界辐射。

英国鲁班工坊中餐烹饪国际化教学标准与资源经英国职业教育资格证书颁发机构 Qualifi 核准颁证，成为首个且唯一被英国国家职业教育承认的开发讲授 2 级至 8 级学历的教育认证中心。2018 年 4 月，成功开发了英国鲁班工坊中餐烹饪艺术（鲁班）3 级学历证书，并正式在英格兰国家普通和职业学历框架上架，该学历同时获得欧盟及美国共三千余家大学和学院认可，具备在欧盟及美国教育推广的资格。这样在英国建立的鲁班工坊培养出的学生受到欧盟及美国教育体系的认可，具有培养国际化技能人才的基础和资格。

中国企业以英国鲁班工坊为载体，向英国输入中餐烹饪相关产品，如中餐烹饪器具、工具、设备，带动中国企业及产品走出国门。

2018 年 11 月，利物浦市政府表示支持当地有实力的企业与天津食品集团合作，共同推进鲁班工坊项目及开展进出口贸易，拉动当地餐饮及旅游经济发展，并将英国鲁班工坊列入利物浦与天津友好城市协议。在英国首相府春节筵席上，天津食品集团的调味料、粉丝、大红方腐乳等食材得到了一致认可和好评。

2019 年 4 月，诺丁汉市政府代表表示大力支持英国鲁班工坊建设，并就英国诺丁汉市与集团产业的合作事宜进行探讨。2019 年 8 月，鲁班餐厅代表访津，与天津利达粮油有限公司的食品研发团队就“利达包”的生产制作、技术培训、口味改良等方面进行研究探讨。

在英国鲁班工坊的辐射影响下，中国—天津企业装备和产品不断“走出去”，现已将利民调料、王朝红酒、电磁灶等产品列入英国鲁班工坊标配，拓展了英国鲁班工坊商业市场，为中餐烹饪学历教育提供支撑。

4. 合作形式：三方合作，专业教育与技能培训

英国鲁班工坊的合作形式是天津市经济贸易学校（天津市烹饪技术学

校)、英国奇切斯特学院和超卓教育顾问公司三方合作，共同展开专业教育与技能培训服务。天津市经济贸易学校（天津市烹饪技术学校）提供建设标准与学习资源给超卓教育顾问公司，超卓将相应的标准转化为符合英国相关规定的形式，编制教学计划，由奇切斯特学院实施。同时经贸学校负责师资力量的培训，并根据需要派专业技术教师前往英国指导教学工作。

5. 由中方提供资金，三方共同建设

英国鲁班工坊的建设资金由中方提供，同时给予硬件建设、技术标准和教学资源上的支持；超卓负责中英双方的对接和教育资源的转化；奇切斯特学院提供建设场地。三方根据相关协议，按照投入比例进行利润分配。

6. 建设流程

考察、确定合作方式、选定工坊及中心地址、进行软硬件建设（实训基地、师资培训、专业标准与资源建设及认证)、招生并开展学历教育与技能培训。

建设初期，三方组成专家组互相进行考察。中方要考察超卓的诚信度、实力、业绩、能力和成功经验，考察其是否有经验、有实力撮合国际教育项目合作；同时考察英方院校的资质等级、师资力量、教学环境和影响力。超卓要考察中英双方的教学资质、教学经验、国内影响力、管理能力和教学资源的开发能力。奇切斯特学院则要考察中方的资质等级、办学实力、管理规范性、师资力量、教学规模。三方相互考察合格后，确定合作方式，如在鲁班工坊建设过程中各方职责及收益分配方案。接下来要选定工坊及中心地址，进行实质性的建设。建设过程中中方负责提供技术标准、学习资源、师资培训及实训基地建设；超卓负责政策对接及资源转化；奇切斯特学院负责提供建设场地。在完成建设工作后，奇切斯特学院和超卓负责招生工作并开展学历教育与技能培训。

7. 师资培训：英方派教师来中国进修学习，而后双方再进行网上交流

英国鲁班工坊中餐烹饪人才的师资培养方式是以培训本土教师为主，中方指导为辅。英方派教师来中国进修学习，然后再由本土教师培训当地学生。这样降低了语言沟通障碍、缩短了培训周期、降低了培训成本，并且避免了一些当地风俗或法律禁忌。英方教师经培训合格后，返回英国开展教学工作。对于教学过程中出现的问题，中英双方再通过网络平台进行交流。

8. 教学标准与资源由中方提供，英方根据其本国情况进行转化，再经

Qualifi 认证

中方设计开发出 850 时长，含热菜制作、盘饰及冷菜制作、面点制作、津派面塑、中餐饮食礼仪文化 5 个模块、60 万字、200 个视频和 21 个动画影片的英国教育标准的职业教育学习资源库。英国超卓教育顾问公司既是教育咨询公司，又是 Qualifi 的教学中心。学校将相应的教育资源委托给超卓，超卓聘请知名教育专家进行审核，并将学校开发的资源按照英国的教学模式、体例、技术标准，重新编写制定。此外，超卓还聘请大量的专业技术人员、业内专家，将我方教学资源的所有菜品案例，采用中国的调料、英国的食材，按照教学标准一一亲自操作，反复验证，达到规定的技术标准后才允许编辑进入教学方案，这不仅体现了严谨的治学态度，也满足了英国的教学要求。超卓将转化好的教学资源提交 Qualifi，经 Qualifi 认证后上架。

9. 培养对象和技能培训

英国鲁班工坊学历教育对象为 16~19 岁英国及欧盟学生。技能培训对象为在岗在职人员。英国政府对技能培训人员不设年龄上限，对 16~19 岁的学生给予补助。

（三）建设模式

由天津市经济贸易学校（天津市第二商业学校、天津市烹饪技术学校）、英国超卓教育顾问公司、英国奇切斯特学院三家紧密合作，将由中方提供的中餐烹饪专业教学标准与资源结合英国职业教育特点与要求，进行转化，形成英国鲁班工坊中餐烹饪艺术学历，经 Qualifi 认证，正式纳入英国职业教育框架体系。并建立实训基地与中心，开展中餐烹饪学历教育和技能培训，培养国际化中高级中餐烹饪专业人才，服务当地经济发展；并传播中国饮食文化，打造高端正宗的中餐品牌，带动中国企业与产品走出国门。

二、工坊体制和运行

（一）工坊的领导体制和管理体制

1. 输入国政府、行业企业和合作院校的关系

英国政府提供政策（16~19 岁学生有资助）和制度（职业资格制度框架），行业企业提供支持（以超卓教育顾问公司、希尔顿酒店管理集团为首的

英国餐饮行业先驱者集团即职业教育集团、英国伦敦城市行业协会），中英双方院校精诚合作。

英国政府有完备的职业资格制度框架，并且职业教育可以和学历教育对接。英国政府对16~19岁的职业教育学生进行经济资助，减轻学生经济压力，帮助其完成学业。

此外，办学机构和行业企业大力合作，得到行业企业的支持，如得到以希尔顿酒店管理集团为首的英国餐饮行业先驱者集团（职业教育集团）承认的"中餐烹饪艺术（鲁班）"课程的标准，其课程在英国不仅可以招收普通职业教育全日制学生，还可以招收学徒制学生。

英国中餐烹饪（鲁班）证书还获得英国伦敦城市行业协会（City & Guilds of London Institute）的认可，英国中餐烹饪（鲁班）的合格毕业生，可以在毕业证书上加盖其公章。英国伦敦城市行业协会历史悠久，是伦敦市政府和16个行业工会于1878年联合组建的不以谋利为目的的职业技能教育慈善组织。英国伦敦城市行业协会是面向全国的职业教育和资格等级考试的发证机构。1900年英国维多利亚女王向英国伦敦城市行业协会颁发诏书，确定了其办学宗旨。英国伦敦城市行业协会为许多世界著名公司提供职业培训和认证服务，其合作伙伴遍布世界各地一百多个国家。得到英国伦敦城市行业协会的认可，英国中餐烹饪专业的学生将在就业、晋升和个人发展方面享有更大的优势。

作为中英对接的超卓教育顾问公司，以制定教育解决方案著称，拥有一批英国教育界的知名专家。除开发学历课程和学习内容外，还提供专业培训和国际教育资源融合。可为学生提供更优秀的教育资源，为教育机构搭建相互合作的桥梁。公司成立以来在业界打造了众多成功案例，是教育培训界的知名品牌。

2. 治理结构：成立联盟，由经贸学校主导、超卓辅助

英国鲁班工坊要在一个固定的模式下运行，目前正在制定并细化顶层设计，中英双方拟建立产教联盟。

英国鲁班工坊的前期建设和后期运营受到天津市教委、天津食品集团、天津市烹饪协会的支持与指导；经贸学校和超卓公司则主要负责运营管理和申请机构的评审监督工作，这样便组成了一个以推动鲁班工坊自主良性运转的产教联盟。

今后凡开办英国鲁班中餐烹饪专业，将由其办学机构发起办学申请，由经贸学校和超卓公司进行审核，根据审核情况决定其是否具有办学资格，并监督其之后的运行管理。

英国鲁班产教联盟将为参与合作的院校提供尽可能的帮助，并与对方共同努力，以使这种国际职业教育合作的新模式不断被完善。

3. 管理体制

中方：成立鲁班工坊教育教学中心，负责鲁班工坊立项、建设和运行等各项工作。

天津市经济贸易学校（天津市烹饪技术学校）成立了鲁班工坊教育教学中心，中心设主任一名，工作人员若干。

其主要职责为负责上级有关鲁班工坊建设、合作及管理等方面的文件起草和任务实施；主持鲁班工坊专业的建设、教学标准与资源的开发、教学活动（师资培训、学生交流等）的安排、各类大赛等；主持与鲁班工坊合作相关院校和机构间的联络、交流、合作等工作，包括外事活动的组织实施和相关手续办理；负责鲁班工坊实训操作间及会议室的日常管理工作；负责鲁班工坊相关文件、档案、资料的收集、整理和归档等工作；负责鲁班工坊的政治宣传工作；完成上级领导及主管部门交办的其他工作任务。

英方：负责教学及教学管理工作。

英国鲁班工坊的教学及教学管理工作具体由英方负责，其中英国超卓教育顾问公司负责教学资源的管理，包括将经贸学校开发的资源按照英国的教学模式、体例、技术标准等重新编写制定，并获得 Qualifi 审核与认证，从而供鲁班工坊学员学习。

英国奇切斯特学院则在 Qualifi 的监督下负责教学工作的具体实施，包括教学运行管理、设施设备管理、实践教学管理、教师管理、学生管理等。在此方面，该学院拥有强大的管理队伍和丰富的管理经验，并拥有一整套行之有效的管理制度，充分保证了鲁班工坊的教学水平与质量。

（二）工坊的运行

1. 英国鲁班工坊采取模块化教学的方式

英国鲁班工坊中餐烹饪艺术（鲁班）3 级学历包括中式热菜制作、盘饰及冷菜制作、中式面点制作、津派面塑、中餐饮食礼仪文化5个模块，学生入学后，既可以选择全部5个模块的学习，又可以选择单一模块的学习。完成全部5个模块的学习任务，并考试合格，可获得英国中餐烹饪艺术（鲁班）3级学历证书，既可选择就业，又可继续深造；通过某一模块的学习并考试合格，也可获得单一模块的结业证书，既可以从事相关工作，又可继续学习其他模块。

2. 英国鲁班工坊学员的考评

鲁班工坊学生在学习的过程中，会受到督导员、实践老师、企业雇主或公司领导的监督。如果完成学时并且监督人员评估合格，认为学生已经达到相应标准，则进入测评阶段。

中英鲁班工坊的考核方式共分为四个步骤：

第一步是客观题测评，其目的是要证明学生的理论基础。学生需要知道自己要做什么，知道怎么做。理论测试不通过就不能进入下一阶段测试。

通过第一步测试后，就进入第二步实操阶段，要求做给评委看。这一过程会分单一技能考核和综合技能考核。单一技能考核会分配给学生一些某一整体任务中的一个步骤让学生完成，看其是否能够达到标准，这些任务是全国统一标准，可以在考评中心的实践基地或者指定的地点完成。此外还要完成综合技能考核，会分配给考生一项完整的任务，一般是由企业的领导制定，在自己实际工作的企业中完成。

通过第二步测试，则进入第三步，专家组进行专业性的讨论，也就是答辩阶段。这一过程会以谈话的形式进行。讨论过程中，企业领导和学生的督导都要参加，讨论学生在操作过程中出现失误的原因、操作是否符合标准。这个步骤的专家指的是学术专家，一般是学院指定的学术导师。此次谈话学生要向专家们证明自己的知识水平已达到相应标准。讨论过程也需要得到学生的认可，这一过程是一个公平公正的过程。专家论证过程不仅是技术的考核，而且是综合能力的考评。这一过程也给了考生向专家解释之前考评专家的疑惑和自己操作失误原因的机会。学生出现失误是有多种原因的，有的是自身原因，但也有的是外部原因或者偶发原因，有些原因并不是学生自己能控制的，有些失误不是学生的问题，这个时候学生便可向专家解释，如果学生解释合理，则会获得重新进行第二次考核的机会。在这一过程中学生和专家处于一个平等的地位，体现出考核的客观性与公平性。

学生学习和考核的过程都要受到第三方机构的监督，这属于外部认证过程，以确保学生达到培训所要求的质量。第三方监督机构会审核导师对学生的指导是否符合 Qualifi 的标准；教学机构、企业雇主是否尽到教育义务；在教授知识技能的时候学生是否受到不公平的待遇；学生是否真正修满学时；考核过程是否科学合理、公平公正。认证中心的审核不是主观的，不是自己认为符合要求或不符合要求，整个审核过程必须提供证据。

第三方机构还会对考核过程进行审核，看考核过程是否科学合理、公平公正。考核完成后，则需要对考核进行公正性检验。人都有一定的主观性，为了保证测评的公平性、公正性、合理性，认证机构会选派监督人员，要求和考生、雇主都没有任何接触，对整个测评过程进行评估。鉴定过程有专门的标准流程，这个流程是由认证中心控制的，学校、雇主都不参与。测评的所有内容都需要提供证据或者记录。

（三）工坊的教师队伍

授课过程以英方教师为主、中方教师为辅。英方教师具有英国认可的教师资质。英方派出教师到中国进行培训，合格后上岗指导学生进行训练。中方会与英方教师在网络平台上进行沟通，解答英方教师的问题。同时中方也会不定期派遣教师到英方进行现场指导。中方教师队伍为“双师型”师资队伍，授课教师均为国家级或市级烹饪大师，具有中高级职称。

（四）实训及其设施设备管理

英国鲁班工坊中餐烹饪艺术专业的实训由英方负责管理，3 级学历的 5 个模块共计 1000 学时，其 80%是在企业实训、20%是在校内学习，实训项目包括中餐热菜、中餐面点、冷菜拼摆与雕刻、津派面塑、餐饮礼仪等，所有模块均以实际操作为主、理论学习为辅。

英国奇切斯特学院是一所公立综合性职业教育学院，一直以来以优秀的教学质量闻名全英，其实训设施设备的管理办法、制度等均比较完善，并设有专人管理，保证了校内外实训的顺利完成。

三、主要成效和特点

（一）主要成效

第一，中餐烹饪专业纳入英国职业教育框架体系之内，该专业获得欧盟及美国三千多家大学和学院的承认。

Qualifi 是获得英格兰考试与标准办公室（Ofqual），爱尔兰课程、考试评估委员会（The CCEA）以及威尔士证书办公室（QiW）授权的资格证书认证颁发机构，是英国众多资格证书颁发机构中少数几家可以提供 2 级至 8 级资格证书的机构。Qualifi 认证的课程可与其合作伙伴大学的本科（6 级）、硕士（7 级）、博士（8 级）课程对接。这些大学承认 Qualifi 作为英格兰考试与标准办公室（Ofqual）授权的学历资格认证颁证中心的合法地位，并遵照学校自身的品质保障流程和合作伙伴遴选条例认定 Qualifi 课程的专业内容严谨有效。由于 Qualifi 的权威性，英国中餐烹饪艺术 3 级学历课程的学分获得美国三千余所大学和学院的承认。另外，英国学历框架与欧洲学历框架互通，英国学历在欧洲得到普遍认可，也为在世界范围内推广标准化的中餐职业技术技能奠定了基础。

目前，该学历的 2 级与 4 级均已获得 Qualifi 认证，并纳入英国职业教育框架体系之内。

第二，将天津食品集团企业及产品、中国烹饪器具带入欧洲。

天津食品集团企业及产品、中国烹饪器具及装饰产品以鲁班工坊为桥梁进入英国，并以英国为点向欧洲扩散。

利物浦市政府大力推进本土企业与天津食品集团进行合作，带动两地贸易发展，天津食品集团具有中国特色的食材受到好评。英国鲁班工坊对当地餐饮及旅游经济的发展具有积极意义。诺丁汉市政府也对英国鲁班工坊建设表现出积极的态度。英国鲁班餐厅与天津利达粮油有限公司达成产品开发意向。此外，利民调料、王朝红酒、电磁灶等产品也列入英国鲁班工坊菜头名单。

第三，开办了中餐烹饪艺术（鲁班）3 级学历教育试验班，共有 8 名学员；培训了 100 多名当地从业人员。

第四，在英国奇切斯特学院克劳利校区（英国伦敦）建立英国鲁班工坊实训基地后，又成立并建设英国鲁班工坊利物浦中心，产教研一体，开办中餐旗舰店。

（二）特点

一是结合并适应英国职业教育的具体情况，开发中餐烹饪专业标准与资源，形成英国中餐烹饪艺术（鲁班）学历；同时打造英国中餐教育培训体系和文化传播平台，为持久发展奠定良好的基础。

二是在输出中餐烹饪专业标准与资源的同时，响应“一带一路”倡议，将历史悠久、辉煌灿烂的中国饮食文化传播到欧美国家。

三是在开办中餐烹饪学历教育、技能培训的同时，开办对外营业的中餐旗舰店，实现社会效益与经济效益的有机结合。

四、反思与建议

（一）反思

一是培养师资是难点。中方教师不可能长期留在国外，必须大力培养当地的师资。

二是持久发展是重点。英国鲁班工坊不是单纯的一所学校对一所学校的传统国际教育合作模式，而是一个英国中餐教育培训体系和文化传播平台。有了这个体系和平台，英国鲁班工坊才能持久地发展。

三是开办国际化专业就要符合国际化的标准和要求，并适应当地的政策、法规。

（二）建议

资金的投入，采取什么方式进行投入使用，固定资产捐赠或是借用需要有具体的政策支撑。

案例三：依托中国企业组建印度鲁班工坊的建设模式

一、项目背景和建设过程

（一）背景

1. 国家概况

印度是世界四大文明古国之一。南亚次大陆最大国家。东北部同中国、尼泊尔、不丹接壤，其与孟加拉国夹在东北国土之间，东部与缅甸为邻，东南部与斯里兰卡隔海相望，西北部与巴基斯坦交界。东临孟加拉湾，西濒阿拉伯海，海岸线长5560千米。人口13.9亿人，居世界第2位。独立后经济有较大发展。农业由严重缺粮到基本自给，工业形成较为完整的体系，自给能力较强。20世纪90年代以来，服务业发展迅速，占国内生产总值比重逐年上升。印度已成为全球软件、金融等服务业重要出口国。根据国际货币基金组织及世界银行数据2020—2021财年印度国内生产总值为2.7万亿美元。印度资源丰富，主要工业包括纺织、食品加工、化工、制药、钢铁、水泥、采矿、石油和机械等。其中汽车、电子产品制造、航空和空间等新兴工业近年来发展迅速。

2. 产业环境分析

印度经济快速发展，已引起世界各国瞩目。基于对印度产业结构与国内经济形势的分析，印度经济想实现持续高速增长也比较困难。因为印度第三产业发展并不是在本国第二产业发展的基础上发展起来的，因此印度要想实现可持续发展必须补齐第一、二产业的短板，形成合理的产业结构。另外，印度第三产业对劳动力吸收有限，尤其是对低素质劳动者的需求较小。对于人口众多的印度来说，占比最高的第三产业对劳动力的吸收不足，会严重影响经济社会的稳定和持续发展。印度产业结构对印度经济的发展是把“双刃剑”，以第三产业为主的经济结构虽能促进印度短期内的较快发展，但是产业结构的不合理使得印度长期可持续发展受到影响。因此，印度要想实现可持续的均衡发展，必须补齐农业发展的短板，促进工业发展，形成合理有效的产业结构。

3. 在印中资企业情况

随着印度不断对外开放，逐步改善内外部环境，越来越多的中资企业来到印度投资。根据中国工商银行 2016 年发布的《中资企业印度生存报告（2016 版）》及对部分在印中资企业调研了解到，中资企业在印度的生存情况不容乐观，多数中资企业并没有实现预期的目标和盈利水平。相关情况如下：

（1）中资企业在印投资方式

根据资料和调研情况，在印中资企业约 431 家，有限责任公司和私人有限公司 326 家，项目部、分公司和联络办公室 105 家。中资企业在印度设立的公司以私人有限公司为主，部分为独资子公司。合资公司以及代表处、项目部办公室和分公司机构较少。

（2）中资企业在印资产规模和经营状况

根据资料和调研情况，在印中资企业资产规模相对较小，主要在 10 万美元至 500 万美元之间。原因有三点：一是由于印度法律和税收体系较为复杂，中资企业到印度投资都较为谨慎，投资规模并不大；二是在印注册中资企业多为贸易公司和为投标项目设立的市场拓展公司，投入规模要求有限；三是即使是制造型企业，由于现阶段印度相关市场规模有限且产品种类匮乏，制造业的机器设备和零配件主要依赖进口，因此本地制造所需投资规模未达到更高的规模。

（3）中资企业在印用工情况

根据资料和调研情况，在印中资企业员工规模基本都在 20 人以内，只有像华为、中兴、三一重工等大型制造型企业员工人数超过 300 人。由于中资企业在印总体投资规模不大，所以企业用工人数总体较少。但是根据调查，有超一半的中资企业表示未来有扩大产业规模、增加用工的意向。

大部分在印中资企业本地化用工程度很高，很多高达 90%以上，主要有两个原因：一是外派中方人员的成本较高，往往是印度本地员工成本的数倍，所以中方外派人员主要以管理层、核心技术人员以及市场开拓人员为主；二是印度本土的低成本产业工人资源丰富。因此，用工本地化可以有效地降低成本支出。

（4）中资企业在印发展所面临的困难

①市场方面：市场信息不透明，市场秩序混乱；基础设施薄弱，投资环境较差；竞争压力较大，商品价格战激烈；市场需求较弱，与预期不符。

②资金运营方面：卢比与人民币汇率波动大，风险较高；外汇管制严，资金进出难；企业融资难，融资成本高；信用环境较差，款项拖欠常见。

③法规政策方面：印度法律体系较为复杂，在处理争议方面难以着手；税务体系复杂，且税种多、税赋成本高，不利于投资；投资政策变化大，投资环境不稳定；印度工作签证申请困难，且手续办理期限长。

④文化方面：当地人时间观念不高，政府行政效率低、隐性成本高；文化背景具有较大差异，思维方式差距大；市场诚信缺乏，很难寻找到可靠的合作伙伴。

4."一带一路"国家发展战略与国际产能合作的需要

随着"一带一路"建设的深入推进、国际产能合作的需求越来越大，越来越多中国企业走出国门，到国外投资办厂。由于语言、文化障碍等原因，这些中资企业对掌握先进的技术技能、了解中国文化、掌握国际技术标准等的技术技能人才存在很大的缺口，这就产生了企业希望中国职业教育伴随企业"走出去"，对企业在人才培养方面提供支撑的需求。应这种需求，中国职业教育探索携手企业与海外教育机构合作，建设一种技术教育与培训机构，用我们中国的教学标准和教学模式，培养能够适应海外中资企业需要的技术技能人才。

5.印度职业教育情况

（1）职业教育体系

印度职业教育体系分为正规职业教育体系和非正规职业教育体系。1~8年级（小学5年加初中前3年）为义务教育阶段，8年级之后为非义务教育阶段。印度职业教育体系主要划分为职业教育、技术教育和职业培训三种类型。其中，职业教育一般狭义的定位于中等教育的职业化分流，其管理隶属于人力资源开发部（MHRD）；技术教育指高等教育层次的工程技术教育，由全印技术委员会（AICTE）管辖；职业培训则是独立于学校系统外的、面向就业的教育类型，隶属于国家技能开发与创业部（MSDE）。见图 7-2。

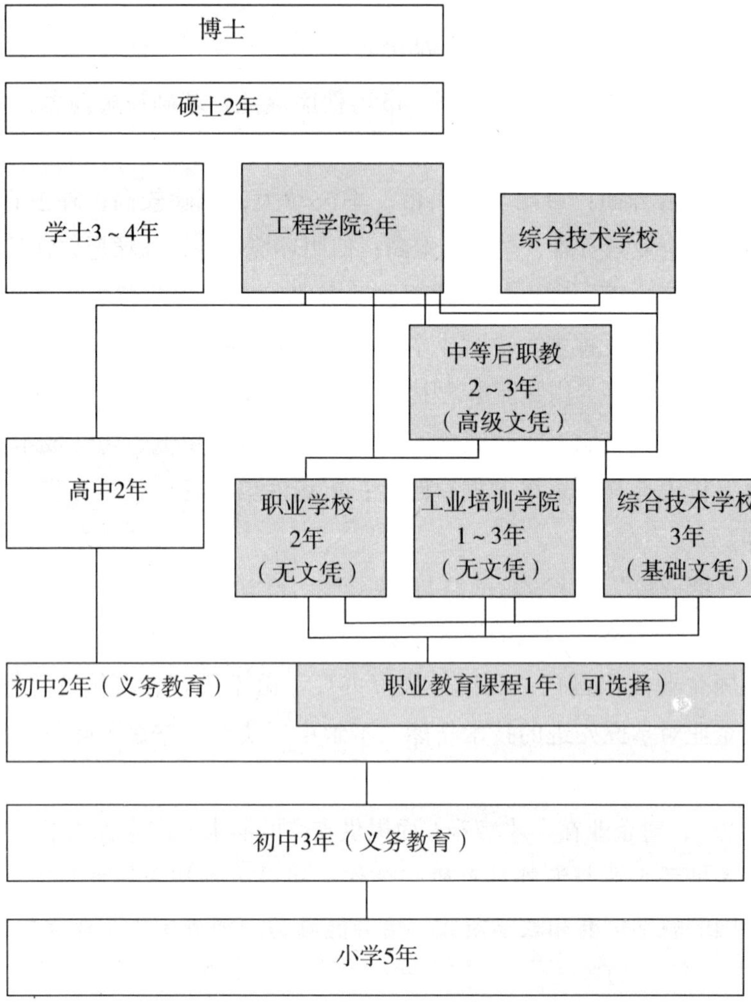

图 7-2　印度国民教育体系

（2）印度职业教育特色

印度职业教育形成了较为完备的法规体系，为职业培训发展提供政策法规保障。构建纵横贯通的职业教育体系框架，设定技能层级与制定国家职业标准、实施先前学习认定、制定学分框架、完善职业教育内部层次衔接、建立学分累积与转换机制、设计职普互通“多样化路径”。更加注重国家教育公平，更加注重推广国家职业教育资格框架。旨在建立一个可以让所有人通过正规或非正规的学习，凭借可信的认证、学分积累等获得技能增长的生态环境，尤其是更加关注妇女、残疾、贫困地区等社会弱势群体的参与，让每个人都平等地享受到接受职业教育的权利，享受到国家教育公平带来的福利。建立校企之间的天然联系与推动市场导向的职教改革。印度通过政府立法，规定了校企双方在职业教育中必须履行的职责和义务，尤其是对企业职责的明确，将企业参与校企合作上升到法律的强制性高度，由此建立了企业参与校企合作的约束机制。印度通过政府立法、政策优惠、价值倡导等措施，逐渐建立了校企之间天然而紧密的联系，企业参与校企合作的主动性非常强，印度职业教育机构也将企业的参与作为人才培养的必要条件并将培养满足企业需求的人才作为目标，努力实现为社会经济发展服务的目的。印度职业教育基本实现了校企全方位合作和产教的深度融合。构建完善的管理体制，通过分权与自治的管理制度设计，最大程度保障职业教育、机构教育与学术自治权，同时保障行业企业的有效参与和第三方监督评价的实现。

（3）印度职业教育存在的问题及挑战

①规模不足，产能有限：考虑到对熟练劳动力的预计需求，现有的基础设施（包括实物和人力）严重不足。虽然有必要在现有机构中创造额外的能力，但同时即使是在小城镇和村庄也有必要建立足够的基础设施。

②意识和心态问题：对于在正规学术体系中没有进步的人来说，学习技能通常被视为最后的手段。这在一定程度上与两种选择之间缺乏整合有关，也与日益增长的参与白领工作的愿望有关，但是技能发展往往与蓝领工作有关，蓝领工作在很大程度上被视为缺乏尊严，收入较低。

③成本问题：印度的技能发展举措在很大程度上仍依赖于政府基金或公私合营企业。由于高资本要求和低投资回报率，技能发展往往被视为一种不可扩展的模式。此外，收费模式也面临挑战，因为未来的学生往往不愿意或无法支付高额的培训费用。

④质量问题：行业要求和教育培训机构传授的技能之间存在严重的不匹配，尤其是需要一些机械操作专业知识的中级技能的场合更是如此。为了解决这个问题，培训质量需要大幅度提高。

⑤流动性问题：在印度，学术教育资格通常比职业培训更受欢迎，因为

前者在工资和工作质量方面更有吸引力。此外，印度普通教育和职业培训之间的流动性有限，因为后者缺乏同等的认可度；由于资格限制，参加职业培训的学生通常无法被迁移到高等教育学院。

6. 输入国对建设鲁班工坊的利益和需求分析

（1）印度鲁班工坊对当地产业的支持

中国和印度是全球最大的两个新兴经济体。近几年随着中印经贸合作快速发展，越来越多的中国企业在印度投资建厂，印度本土企业也在快速升级，迫切需求大量的高素质技术技能型人才。印度鲁班工坊开设的四个专业，不仅能为在印中资企业培养本土技能人才，同时又能为印度企业培养数控设备应用与维护行业、光伏发电技术与应用行业、机械设计与制造行业、工业机器人技术行业所需的技能型人才，为当地产业提供人才支撑，极大地促进了当地产业的发展。

（2）印度鲁班工坊对当地职业教育的支持

印度鲁班工坊的建设，对现存的职业教育体系进行了很好的支持和弥补。第一，是从专业结构上的弥补，印度鲁班工坊开设的四个专业不仅能满足当地经济发展对人才的需求，同时也符合印度提出的制造行业的发展战略；第二，印度鲁班工坊的人才培养定位是高等职业教育，培养的是应用型技能人才，它既不同于学术教育培养的人才，又不完全同于单纯技术培训培养的人才，所以能够满足印度当地经济的发展；第三，印度鲁班工坊能为驻印中资企业培养通晓中国企业文化、掌握中资企业所需技能的本土技术技能型人才，这对印度当地的学校来说，是不容易的。

（3）印度鲁班工坊和当地教育体系的融合

印度鲁班工坊在专业结构、人才培养定位、国际化定位等方面的独特性，使得它与印度的教育体系形成了很好的融合，相互补充、取长补短，如果两国能够按照现在的标准和速度建设下去，印度鲁班工坊必将会与印度的高等教育、技术教育、职业教育等形成完善的教育体系。

（4）印度鲁班工坊促进印度职业教育校企合作开展

印度鲁班工坊是中国职业教育校企合作模式的国际化发展，鲁班工坊在印度发展过程中保持着与在印中资企业的密切联系，与中资企业签订订单培养协议，聘请在印中资企业人员作为鲁班工坊客座教授，参与鲁班工坊人才培养，使鲁班工坊培养的人才更加符合企业需求。同时与中国国内企业也开展了合作创新项目。鲁班工坊校企合作的模式对印度职业教育的改革起到了引领作用，目前，印度当地企业也纷纷与鲁班工坊合作进行技术研发和员工培训等。

（二）建设定位

印度鲁班工坊一直把服务国际产能合作，培养中资企业急需的当地技术技能人才作为自身使命，在揭牌当日就与中国中天科技印度有限公司等 5 家在印大型中资企业签订了订单培养协议，培养中资企业急需人才，真正实现了职业教育服务国际产能合作，服务“走出去”企业。印度鲁班工坊还聘请了两位在印度中资企业领导作为客座教授，参与工坊建设，以提高人才培养质量，使印度鲁班工坊培养的技术技能人才，真正符合当地经济和行业发展需要，符合企业用人标准，为在印中资企业解决用工难问题。

（三）建设概况

天津轻工职业技术学院与天津机电职业技术学院携手国内知名企业，自 2016 年开始在天津市教委的指导下同印度金奈理工学院共建印度鲁班工坊。

印度鲁班工坊建于金奈理工学院校内，建筑面积 1200 平方米，合作专业包括四个：光伏发电技术与应用、数控设备应用与维护、工业机器人技术、机械设计与制造（3D 制作），工坊内建设了四个国际化专业和工程实践创新项目、新能源车项目六个实训区。印度鲁班工坊于 2017 年 12 月 8 日正式揭牌启运。

（四）建设过程

1. 前期充分调研，遴选优质适宜的合作院校

相关学者指出，中印两国都拥有庞大的人口和市场，都处于快速发展阶段，虽然两国经济存在竞争性，但更多的是互补性。中国在制造业、电力和电信设备、基础设施建设领域有较强实力，而印度则在信息产业、软件外包、制药等方面更有优势。印度鲁班工坊建设初期，天津轻工职业技术学院和天津机电职业技术学院通过在印中资企业，充分了解了印度发展需求，尤其是金奈地区工业发展对技术技能人才的需求状况。

2016 年 5 月，中方院校邀请了印度 3 所技术类院校及 2 家教育机构组成

的印度技术教育团组来天津交流，在交流研讨会上印方学校介绍了印度职业技术教育发展状况，中方提出了建设鲁班工坊的想法后，印方代表纷纷表达了希望和中方合作建设鲁班工坊项目的意愿，基于综合考虑，中方选定了印度金奈理工学院作为印度鲁班工坊合作的外方院校。

金奈理工学院是一所经印度技术教育委员会（AICTE）批准的技术教育工程学院。金奈理工学院是金奈最好的理工学院，获得过国家2016年度就业安置优秀奖、2017年智能印度黑客马拉松国家级优胜者等奖项。

通过中方院校的前期调研及印方学校提出的需求，中方确定了四个合作专业，这四个专业均为印度重点发展的主导产业，也是在印中资企业主要涉及的产业。

2. 师资培训

自揭牌启运以来共举办了五次培训，累计培养印方教师30人次。2016年11月，“印度鲁班工坊EPIP师资研修班”的首批6名印度教师在天津完成了四个专业为期一个月的培训。培训期间由校企共同制定培训方案，采用理论学习、实践实训、企业实地考察相结合的方式，为印度鲁班工坊的顺利运行储备了高水平师资及专业带头人。2017年7月，中方派出教师和企业工程师团组赴印度，与印方师生共同进行鲁班工坊实训区实训设备的安装调试，同时对印度的教师和学生进行第二次现场短期培训。2017年12月，中方教师赴印度参加印度鲁班工坊揭牌仪式同期，在印度鲁班工坊现场对印度教师和学生进行了第三次现场短期培训。2018年5月，印度鲁班工坊派出3名骨干教师及10名学生赴中国，接受第四次培训并参加中国全国技能大赛，印度师生经过在中国近一个月的培训，最终在比赛中取得了好成绩。2019年5月，印度鲁班工坊再次派出6名师生（5名教师，1名学生）到中国接受了第五次培训，还参加了中国全国技能大赛并获奖。上述教师培训活动，为后期鲁班工坊的建设和运行奠定了良好的基础。

3. 标准制定及教学资源

印度鲁班工坊运行4年来，中印双方共同开发、编写了4个国际化专业教学标准和课程标准，公开出版了4本国际化双语教材，开发了6个实训项目，形成了完整的专业教学和实训体系。天津轻工职业技术学院利用主持建设国家级新能源专业教学资源库的优势，为鲁班工坊提供了国内新能源领域最先进、最优质、最完整的线上线下教学资源，提供了双方共同认可的课程标准及双语教材。同时，中方院校与在印中资企业共同按照体现印度产业特点的国际化职业标准，使印度鲁班工坊更具国际化、多元化和本土化。

4. 实训室建设及装备购置

印度金奈理工学院高度重视鲁班工坊建设工作，2016 年 9 月中方代表团赴印度现场访问交流，印度金奈理工学院选出了主楼正面一层四个大的实训室作为了印度鲁班工坊实训室场所，双方达成一致。中方院校代表回国后，精心设计了四个实训的装修方案，印方负责按照中方设计方案施工完成了实训室装修改造工作。中印双方校企共同为四个实训室购置了中国先进的教学设备，2017 年 7 月，中方派出教师和企业工程师代表团赴印度，与印方共同完成了实训室的设备安装调试及实训室装饰等工作，印度鲁班工坊四个实训室及电脑鼠和室外新能源充电桩两个实训区建设也高质量完成了。

二、鲁班工坊管理及运行

（一）运行模式

作为三所学校共建的实体教育与培训机构——印度鲁班工坊，三所学校一直秉持的原则是“共研、共建、共享、共用、共赢”，中印双方学校的职责分工明确，保证了工坊的正常运行。中方两所学校主要负责专业开发、资源建设、标准制定、师资培训、人才培养、学生就业等工作，印度金奈理工学院则主要负责教育和培训工作的全面实施。

（二）领导与管理体制模式

印度鲁班工坊的最高领导机构是理事会，理事会由中印双方的三所院校的主要负责人组成，理事长由三校主要负责人轮流担任，每三年为一轮。理事会下设管理工作小组，主任由金奈理工学院鲁班工坊项目负责人担任，另设两名副主任，分别由中方两所学校的相关部门负责人担任。印度鲁班工坊的专职教师共 14 人，均具有大学本科以上相关专业学历同时在中国境内接受过系统专业和职业教育培训。在鲁班工坊教学中，印度教师担任主要教学工作，中方教师不参与实际教学工作。此外，印度鲁班工坊还特聘两位中资企业领导作为客座教授参与工坊建设，以提高人才培养质量，使印度鲁班工坊培养的技术技能人才，真正符合当地经济和行业发展需要，符合企业用人标准。

（三）学生评价模式

第一，进一步提升科学文化内容评价的科学性。EPIP 模式注重学生综合能力的培养，因此，要从原来的对学生单一的认知评价慢慢向对学生全面评价过渡，采用团队评价、学生自评、学生互评、笔试、口试等方式，来对学生的专业知识、个人综合能力展开评价。可采用电子制作作品评价、实验操作考试、实验实习记录的方式，对学生的实践能力进行评价。

第二，重视综合人文素质的评价。在 EPIP 模式下，人文文化和科学文化要被视作一个统一的整体。换言之，工程技术本身和人文文化同样重要。既要打下扎实的学科基础，又要注重对精神的追求。具体来讲，人文素养主要包括诚信素质、责任意识、职业道德、人际沟通、团队协作等基本的责任感。因此，一些动态性的因素，例如，态度、情感、意志、品质、方法等要纳入学生评价体系范畴，形成多元评价模式。

第三，注重评价主体的多元化。传统评价体系的主体是教师在整个评价过程中发挥着主导作用。在 EPIP 模式下，我们要强调学生在评价过程中的重要作用，让学生成为评价体系的主体，并建立多主体评价模式。具体包括教师评价、师生互评、学生自我评价、社会评价、学校评价和教师评价的有机结合。

因此，在 EPIP 模式下，我们构建的是一种以职业能力为核心的学生评价体系，这个评价体系主要包括情境评价、问题评价、路径评价、创新评价、综合反馈五大方面。我们要将这种评价体系的精神和理念贯彻到人才培养方案的课程设置和教学体系中，培养具备工程能力、创新创业能力、团队协作精神的技能型人才。

三、建设模式与特色

（一）建设模式

印度鲁班工坊建设是基于伴随中国企业“走出去”，依托中国企业组建鲁班工坊的模式。印度鲁班工坊建立的初衷是由于天津轻工职业技术学院的深度校企合作伙伴，在印度建厂发展。企业发现在印度招聘技术人员很难，所以，提出希望职业院校能够伴随企业“走出去”，为企业培养适用的本土技术工人。基于此目的，依托在印中国企业，在双方政府部门的大力支持和指导下，中印双方学校携手企业合作共同建立了印度鲁班工坊。在印度鲁班工坊建设的全过程中，企业深度参与，共同致力于助力印度职业技术教育发展，服务中印产能合作，共育适应中资企业用工要求的本土技术技能人才，助力企业在印度的发展和促进当地青年就业。

（二）建设特色

1. 建立“政、校、企”多维合作平台，构建“产教深度融合”长效机制

印度鲁班工坊的建设，充分体现了校企合作、订单培养的特点。海外鲁班工坊的建设，充分利用“政、校、企”多维合作平台，深化与印度中国企业在各个方面的合作，多渠道、多层面构建产教深度融合机制，充分调动各参与主体的积极性，搭建充满活力的政校企合作平台，鲁班工坊以学历教育和技能培训相结合，建设成为国际化校际合作、校企合作的项目。搭建起国际合作五个平台：校校合作平台、校企合作平台、资源开发平台、教育培训平台、职教研究平台。企业参与了印度鲁班工坊建设的全过程。

2. 在印度鲁班工坊实施订单培养、工学结合

在确定驻印中资企业的人才需求后，鲁班工坊与合作企业进行多次探讨完善人才培养方案。鲁班工坊与企业签订校企合作“订单班”培训协议，校企合作的内容包含人才需求信息共享，培养方案制定，教材开发，学校专业教师、企业工程师校企双师互聘，校企共同落实学生实习基地，确定学生顶岗实习岗位及实习考核标准等。鲁班工坊教师要与企业管理人员、工程师成立“订单班”项目推进小组，对培训课程的落实、课程资源的开发、校企师资的具体安排、学生组织与管理方式等工作进行督促与指导。

3. 教学模式采用 EPIP 教学模式

EPIP 工程实践创新教学模式是天津市教育委员会多年来大力倡导的具有中国特色的先进教育理念。EPIP 以培养学生的工程素养和技术素养为宗旨，探索职业教育与普通教育横向互通，实现两者在教学资源、教学模式、师资建设、课改成果等方面的创新与融合，从而为学生的多元发展搭建成长平台。

EPIP 产生于中国，结合中国职业教育的特定环境，将工程、实践、创新三个核心元素提取出来，形成项目式教学，是鲁班工坊的核心教育理念。EPIP 教学模式，符合技术技能人才培养的规律，同时也符合人的认知规律，所以从它产生到现在，正在被越来越多的职业院校所采用。

（三）建设模式特点

印度鲁班工坊的建设模式从本质上看，是一种“政府主导下的国际产教融合模式”。它的特点主要表现在以下三个方面。

1. 政府主导性

印度鲁班工坊的建设是在中印相关政府部门的支持与指导下建立的。主要表现在两点：一是在印度鲁班工坊建设的过程中，得到了中印相关部门的支持，包括印度科技部、全印度技术委员会、安娜大学（金奈理工学院主管单位）、天津市教育委员会、中国驻印度大使馆、海外中资企业等机构。印度鲁班工坊的建设，政府发挥了重要作用，并在宏观政策、资源投入上均给予了大力支持，这样才使得鲁班工坊的建设能够顺利实施。二是在整合国内职业院校优质职业资源等方面，政府和教育主管部门也发挥了重要作用，包括教育部、天津市委市政府、天津市教育委员会等，都全程参与了指导和协调。

2. 产教融合性

产教融合是印度鲁班工坊建设模式最本质的特点。第一，印度鲁班工坊的人才培养模式主要以订单式培养为主，并且主要是和驻印中资企业开展合作，培养的人才也主要是为驻印中资企业服务，这是培养上的产教融合。第二，在印度鲁班工坊的建设过程中，也有多家企业的参与，这是印度鲁班工坊在建设上的产教融合。

3. 跨国性

印度鲁班工坊的人才培养主要是和五家驻印中资企业进行合作培养，这充分体现了产教融合人才培养模式的“跨国性”。这种“跨国性”表现在很多方面，比如教育对象、参与合作的企业、教育服务的企业、语言和文化、教学标准、教学模式等，都具有“跨国性”，且都与国内的职业教育存在根本的区别。不仅参与合作培养的企业、教育培训服务的企业都是海外企业，同时鲁班工坊的教学标准、教学模式等还应该得到国外的认可，满足国外学生、海外企业的需求，只有这样，鲁班工坊的教学标准、教学模式等才具有生命力，才能在国际上具有市场。所以可以想象，海外鲁班工坊的建设和运行，还存在很多困难和挑战。

依托企业组建鲁班工坊的建设模式充分说明：在建设前，一定要根据当地经济发展和产业结构以及鲁班工坊的专业优势来选择合作的企业，当然也要考虑合作企业的经营效益、人才需求情况等因素；在建设过程中，一定要充分调动合作企业的积极性，让合作企业通过各种形式参与校企合作、产教融合，共同培养所需要的人才，提升人才培养质量，同时还要让学生学会跨文化交流、学会处理国际业务等；在建设后，一定要为鲁班工坊提供好的教学与培训，为印度中资企业在海外发展提供人才服务和智力支持，甚至为中国本土企业“走出去”提供好的经验和模式。

四、主要成效和特点

（一）学生培训、就业及竞赛情况

印度鲁班工坊揭牌启运以来运行情况良好，并取得了显著的成果。自2017年12月揭牌启运以来，印度鲁班工坊已培训印度金奈地区在校大学生200余名，对550名印度企业在职员工进行了培训，培训项目得到了全印度技术教育委员（AICTE）的资金补贴，目前已有20余名订单培养的学生被在印中资企业录用，已有65名学生被当地企业录用。每个学期中资企业都会到印度鲁班工坊沟通用工需求及标准。印度南部中资企业商会会长、中材国际印度公司总经理李明飞在接受记者采访时说：“商会成员公司将形成常态化机制，每年招收约10名来自印度鲁班工坊的学生。”

印度鲁班工坊以中国职业院校技能大赛装备为基础，促进中印职业教育交流。2018年，印度鲁班工坊派出印度师生团组到天津进行交流培训、参加2018年全国职业院校技能大赛，并在“机电一体化项目”国际邀请赛中荣获二等奖、“风光互补发电系统安装与调试”项目国际邀请赛中荣获优胜奖、“工业产品数字化设计与制造（3D）”项目国际邀请赛中获优胜奖。2019年5月，鲁班工坊再次派出一组队伍参加“工业产品数字化设计与制造（3D）”项目国际邀请赛，并获得二等奖。

此外，2020 年 1 月，在 MicroMouse 印度（国内）赛中，金奈理工学院鲁班工坊代表队，采用中方赠送的 TQD-MicroMouse-JD 电脑鼠，荣获印度国内大赛第一名。印度鲁班工坊领队卡西克老师表示：“成绩的取得源于中方合作院校天津轻工职业技术学院和中方企业天津启诚伟业科技有限公司的支持与帮助，这也是三年来我们学习中国技术的重要成果。”2020 年 1 月，天津轻工职业技术学院也派出李占芳同学赴印度与印度鲁班工坊学生组成联合代表队参加了印度孟买科技节电脑鼠国际比赛，并获得优胜奖。

（二）搭建教育合作交流平台

三次举办中国—印度职业教育合作论坛/研讨会。2018 年 12 月 20 日至 21 日，为落实中印两国领导人武汉会晤共识，深化双边人文交流合作，由两国外长牵头的中印高级别人文交流机制首次会议于印度新德里召开。中印职业教育合作论坛作为中印高级别人文交流机制配套活动，由中国驻印度大使馆和天津市教育委员会主办，天津轻工职业技术学院、天津机电职业技术学院和印度金奈理工学院承办。在论坛上，天津轻工职业技术学院院长戴裕崴、印度金奈理工学院院长 P. 斯里拉姆（P. Sriram）及鲁班工坊学生共同汇报了鲁班工坊的建设情况及经验。印度金奈理工学院的学生讲述了在鲁班工坊的学习经历和到中国参加技能大赛的感受，通过鲁班工坊的建设让更多的印度学生学到先进的知识，掌握实用的技能，并以“我爱中国”作为汇报的结束语，充分体现了中印人文交流的成果，论坛圆满结束，受到了各方广泛关注和高度评价。论坛还进行了中国天津职业院校师生海外拓展基地和“工程实践创新项目（EPIP）”教学研究中心揭牌仪式。

2019 年 5 月 11 日，第二届中国—印度职业教育合作论坛在我院召开。会议就深化印度鲁班工坊建设、印度鲁班工坊的可持续发展、如何更好地利用鲁班工坊服务在印中资企业以及中印教育、文化交流及成立中印职教联盟相关事宜进行了充分的研讨。在论坛上，我院与金奈理工学院签署了设备捐赠协议。随后，我院、天津机电职业技术学院与印度金奈理工学院共同签署了师资培训协议。论坛同期举办了中印职教联盟揭牌仪式。联盟旨在积极落实中印两国领导人关于扩大与发展中印两国文化与教育交流的有关要求，搭建两国优质产业和职业教育的对话与沟通平台，通过“联盟”的工作加快并不断完善印度鲁班工坊建设，使之成为中国优质职业教育资源国际化办学的典范，服务印度当地经济发展。论坛还举行了德里班墨文化研究院授牌仪式和赠书仪式。

2021 年 12 月 26 日，第三届中国—印度职业教育合作研讨会（线上）召开。为积极落实习近平主席在金砖国家领导人第十三次会晤提出“建立金砖国家职业教育联盟，举办职业技能大赛，为五国职业院校和企业搭建交流合作平台”的倡议，推动双多边职业教育务实合作。12 月 26 日，在印度鲁班工坊启运四周年之际，中国教育国际交流协会与中国驻印度大使馆共同主办了 2021 中国—印度职业教育合作研讨会。会议由天津轻工职业技术学院、天津机电职业技术学院承办，在天津市设立线下会场。会议围绕“技能 · 就业 · 发展”主题，凝聚政、校、行、企合力，为中印职教发展献计献策。双方结合中印两国职业教育发展的实际，全力推进职业教育领域的交流与合作，以期实现共研、共享、共用、共赢目标。中印双方共 33 家单位近 150 人参加了会议。

中印职教联盟是在中国驻印度大使馆和中国教育部领导下，在天津市教委具体指导下建立的。联盟初期纳入了印度德里大学、印度理工大学、印度金奈理工学院、中国天津轻工职业技术学院、天津机电职业技术学院、内蒙古机电职业技术学院等中印优秀院校，及在印中资企业、印度当地企业、中印教育协会等单位。联盟旨在积极落实中印两国领导人关于扩大与发展中印两个文化与教育交流，搭建两国优质产业和职业教育的对话与沟通平台，通过“联盟”的工作加快并不断完善印度鲁班工坊建设，扩大印度鲁班工坊的辐射功能，使之成为中国优质职业教育国际化办学的典范。

此外，天津轻工职业技术学院还在校建设了天津“鲁班工坊建设 · 体验馆”。馆内配套有鲁班工坊建设纪实画册，全面展示了鲁班工坊建设历程与成果。鲁班工坊体验馆自建成以来，接待了多所国内兄弟院校及高校的参观学习，还有来自多个国家的代表团来访，其中包括瑞士、英国、澳大利亚、日本、巴西、印度、埃及、南非、肯帝亚、哈萨克斯坦、突尼斯、约旦、科特迪瓦、马达加斯加、安哥拉等国家。2019 年 10 月，中国驻印度使馆组织，邀请全印大学联盟常任秘书长米塔女士（副部级），率 8 所印度高校校长共 9 人对我校进行访问，参观结束后，代表团与中国驻埃及大使馆教育官员孙美幸、天津市教委相关领导以及本市部分职业院校领导共同参加座谈会，会议由天津市教育委员会国际交流处张建青处长主持。全印大学联盟常任秘书长米塔女士发表讲话，表示了对我校印度鲁班工坊项目建设的肯定与支持。此类交流活动，对提高鲁班工坊的国际影响力和促进国际合作起到极大的推动作用。

（三）科研成果

2018 年上半年，我院作为第二建设单位和其他鲁班工坊建设单位共同申报了教学成果奖，获得天津市特等奖和国家级一等奖。2018 年 7 月，全国教育科学“十三五”规划 2018 年度教育部重点课题“‘一带一路’视域下海外鲁班工坊建设的标准化模式研究”和“基于‘工程实践创新项目’的教学模式研究与实践”获得立项，两个课题分别由轻工学院党委书记戴裕崴和机电学院院长张维津主持，并已结题。2018 年 9 月 25 日，以印度鲁班工坊为依托申报了“智能制造技术研发推广中心项目”获得天津市科学技术委员会国际合作“一带一路”项目立项及专项资金支持。

（四）社会影响

印度鲁班工坊的建设成效引起中印双方政府的重视，也受到了社会各界的广泛关注和我国驻印度大使馆的大力支持，促进了中印双边关系的发展，并取得了良好的社会效果。

2018 年 5 月 6 日，天津“鲁班工坊建设 · 体验馆”在天津轻工职业技术学院落成开馆，并配套有鲁班工坊建设纪实画册，全面展示了鲁班工坊建设历程与成果，获得中共中央政治局委员、国务院副总理孙春兰的充分肯定。

印度鲁班工坊从签约、师资培训、学生参加竞赛、实训室建设到揭牌启运，一直受到社会广泛关注，新华网、环球网、《人民日报》海外网、搜狐网、央广网、《天津日报》等中国各大主流媒体以及印度电视台、报纸媒体对印度鲁班工坊进行了四十余次报道，《人民日报》海外网报道称：“印度鲁班工坊有力地提高了中国职业教育的国际影响力，服务了印度当地经济与社会发展。印度鲁班工坊在中印职业教育中发挥了示范引领作用，架起了中印职业教育的新桥梁，搭建起了中印人文交流的新平台。”此外，在中印两国元首在印度金奈举行第二次非正式会晤之际，印度金奈理工学院校长还接受了中央电视台的采访。他表示，非常欢迎习近平主席来印度，希望两国关系越来越好，特别是在教育领域。印度鲁班工坊揭牌两年多以来，实施高水平、高质量国际合作，与国内优质企业、印度本科院校合作，深化国际化校企合作，产教融合，实现了职业教育优质资源的共享，实现了服务“一带一路”倡议，服务中国企业“走出去”。中印职教论坛的成功召开，使鲁班工坊在印度产生了广泛影响，成为中印人文交流的品牌。

五、反思与建议

（一）反思

1. 专业设置问题

在建设初期，我们不知道开设什么样的专业才能满足当地企业的需要。为了解决这个问题，中方两所学校、天津市教育委员会对印度及金奈当地的经济发展、人才需求等做了大量的调研工作，同时也充分结合两所学校的优势资源，最终才确定开设数控设备应用与维护、光伏发电技术与应用、机械设计与制造（3D 制作）、工业机器人技术四个专业。

2. 文化差异问题

两国之间存在的文化差异，使三所学校在建设过程中沟通起来存在一些障碍。为了克服这些障碍，中方学校与印度金奈理工学院采取电子邮件、视频会议、电话等多种方式进行沟通、交流，确保了印度鲁班工坊的顺利建成。

3. 国家教育管理体制不同问题

两国学校管理体制不同，在鲁班工坊的建设过程中可能还存在很多问题。根据鲁班工坊定位，应该是学历教育与培训相结合。但从目前的进度来看，金奈理工学院向主管部门提出了相应专业开展全日制招生的申请，但还没有得到批复和准许，更多地还是对在校学生或企业员工进行培训。

4. 学历层次问题

参与鲁班工坊建设的中方两所学校为高职院校，培养的学生主要是专科层次的学生，所以鲁班工坊开设的四个专业，能否开展本科层次的招生与教学，以及是否需要进行教学标准认证、学历认证等，仍是鲁班工坊要解决的问题。

5. 后续管理问题

目前，鲁班工坊管理制度上不尽完善，导致现在很多信息沟通存在不畅通的现象，这样可能会造成印度鲁班工坊的建设不能完全达到中方的要求和标准，中方两所学校在管理上也不便利。

（二）建议

1. 今后需完善管理制度，加强统筹和管理

中方两所学校指定专人对鲁班工坊的建设进行监控和管理，加强中印双方沟通协调，对鲁班工坊的建设进行监督与控制，掌握建设进度，及时掌握相关信息，进行统计和研究，及时处理相关的问题和意外情况。

2. 将印度鲁班工坊建设做实做好

鲁班工坊现已成为天津市及中国职业教育国际化的重要成果，因此，我们一定要把印度鲁班工坊进一步建设好，把相关的项目做实做好，切忌只重视形式而不重视内涵。要加强同印方的联系与沟通，循序渐进推动鲁班工坊的建设，要让印度鲁班工坊在服务印度中资企业发展方面切实发挥作用，并最终形成自己的教学模式和教学标准，让中国的教学模式和教学标准能够走向世界。

案例四：校际协同合作下印度尼西亚鲁班工坊建设模式

一、项目背景和建设

（一）背景

2012 年 9 月，天津市与东爪哇省签署了友好省市协议书，缔结为友好省市关系。至此双方在经贸、旅游、教育等领域不断开展务实合作。2013 年 10 月，习近平主席在印度尼西亚访问期间，首次提出建设“21 世纪海上丝绸之路”倡议。印度尼西亚是“一带一路”东盟地区的关键一环。

印度尼西亚是东盟最大的经济体，印度尼西亚政府正在推进基础设施建设，正在构思和筹划如何利用“一带一路”倡议创建全方位综合经济区。东爪哇省约有66万个服务业及制造业公司，对服务业、制造业市场加速发展的需求迫不及待。印度尼西亚东爪哇驻天津交流中心看到了两地在教育合作上不谋而合的契合点，通过两地主管教育部门牵头考察后，从3所印度尼西亚职业学校中遴选出了东爪哇省波诺罗戈第二职业学校，天津市东丽区职业教育中心学校与东爪哇省波诺罗戈第二职业学校签订了鲁班工坊建设合作协议，并于2017年12月12日启运揭牌。

（二）建设过程

双方主管教育部门、交流中心、建设学校、合作企业经互访考察后，根据印度尼西亚经济发展现状、产业需求以及双方学校专业特点，商榷在汽车维修技术、无人机技术、工程实践创新、新能源汽车等专业开展务实合作，汽车运用与维修专业和电子技术应用专业是东丽区职业教育中心学校的品牌专业，其中汽修专业承办了6次全国中职汽修技能大赛和10次天津市中职汽修技能大赛，电子技术应用专业拥有先进的智能制造实训设备、优秀的师资队伍，多名教师获得国家级荣誉。这两个专业代表中国中职教育的最高水平。波诺罗戈第二职业学校建设不低于300平方米的鲁班工坊实训基地并负责按照中方设计进行装修，实训设备由中方企业赞助，师资培养、教学资源由东丽区职业教育中心学校与合作企业共同培训。双方按照“优势互补、资源共享、互惠互利、共同发展”的原则，开展多形式、多层次的合作与交流。

（三）建设模式

通过双方实践共建鲁班工坊，形成了“一中七化”校际协同合作印度尼西亚鲁班工坊建设模式。所谓“一中”是指围绕“人才培养质量”一个中心；“七化”是指专业建设一体化、教学方法多样化、校本教材实训化、学生考核多元化、教学资源优质化、基地管理规范化、专业教师能力化七个方面。

二、工坊体制和运行

（一）工坊的领导体制和管理体制

鲁班工坊建设秉承平等合作、开放包容、互学互鉴、互利共赢的精神。

坚持共研、共建、共享、共用、共赢的“五共”机制。印度尼西亚波诺罗戈第二职业学校建设360平方米的实训基地，东丽区职教中心学校建设260平方米的实训基地，同时协调配备本身专业的实训基地，由双方各自学校负责教学运行管理、设施设备管理、实践教学管理、教师管理、学生管理以及教学资源管理，双方学校设有鲁班工坊运行专员与负责领导，负责鲁班工坊日常事务、出访来访、技能大赛组织、人文交流、企业合作等事宜。

（二）工坊的运行

双方搭建鲁班工坊运行四大平台，即合作办学平台、交流互访平台、国际技能竞赛平台、输出特色专业与服务平台。我们在实际开展建设中认为鲁班工坊学生考核体系应遵循发展性的评价原则，所以我们形成了“四方三层”的学生考核评价模式。

（三）工坊的教师队伍

印度尼西亚鲁班工坊师资队伍由波诺罗戈第二职业学校各专业骨干教师组成。印度尼西亚教师经EPIP师资培训后开始在鲁班工坊授课。

（四）实训及其设施设备管理

印度尼西亚鲁班工坊课程开展为波诺罗戈第二职业学校轻型汽车维修、摩托车工程、机械工程、车身工程、计算机和多媒体工程、重型设备工程、焊接技术工程等专业学生提供技能培训。每周开展4课时培训，为理实一体化授课方式，学校设有鲁班工坊工作部，一名教师为总负责人。教学部门负责排课。实训室由汽车专业、电子技术专业负责人管理、维护。

三、主要成效和特点

（一）主要成效

印度尼西亚鲁班工坊以汽车维修技术为主线，开设了2个国际化专业，建有汽车维修应用智能、新能源汽车、工程实践创新、无人机技术四个教学区。目前，开展了9期EPIP师资培训，共计1200人。举办了中国—印度尼西亚职业学校校长论坛，举行并邀请印度尼西亚学生参加了EPIP鲁班工坊国际邀请赛和2018年全国中职组汽车运用与维修技能大赛，成立了中国天津—

印度尼西亚东爪哇职业教育发展研究中心，形成了汽车运用与维修专业国际化教学标准，并在2018年教学成果奖评选中，获得天津市一等奖、特等奖及全国一等奖。双方致力于产能输出，将鹏顺隆科技公司2台植保机输出至印度尼西亚东爪哇省，目前已经服务于印度尼西亚当地农业发展。2018年印度尼西亚总统佐科·维多多对印度尼西亚鲁班工坊建设给予高度评价，2019年印度尼西亚教育部举办的全国职业学校创新展会上印度尼西亚教育部部长纳迪姆·马卡里姆（Nadiem Makariem）先生参观无人机植保机设备并给予高度评价。

（二）特点

第一，印度尼西亚鲁班工坊是在“21世纪海上丝绸之路”首倡之地建设的鲁班工坊。

第二，印度尼西亚鲁班工坊建设以来在中国—印度尼西亚产能输出、人文交流、师资培训、技能竞赛、学历进修、国际化专业教学标准开发等方面取得了显著成效。

四、反思与建议

（一）反思

迈向国际化的鲁班工坊，其核心竞争力源于职业教育与职业培训的教育教学水平，源于支持可持续发展的制度保障，因此教育管理、教学资源、师资质量等相关制度建设至关重要，需要实施综合化的改革。

（二）建议

鲁班工坊的发展还需要服务体系的支持，管理问题、师资问题、语言问题、教材本土化问题等都是影响鲁班工坊持续发展的因素，因此开发建设完善的综合服务体系是鲁班工坊发展的关键。

案例五：基于中巴职教体系融通的巴基斯坦鲁班工坊建设模式

2018 年 7 月 18 日，巴基斯坦鲁班工坊在巴基斯坦旁遮普省 TEVTA 正式启动运营，是继泰国、英国、印度、印度尼西亚之后的第五家鲁班工坊。巴基斯坦鲁班工坊选址于巴基斯坦第二大城市旁遮普省会拉合尔市——“中巴经济走廊”纵向联通的重要接合点。巴基斯坦鲁班工坊是中巴两国在职业教育领域的一次深度合作，是在中巴两国政府高度关注中，饱含中巴人民深厚友谊建设而成的，充分体现了两国作为“全天候、全方位的战略合作伙伴”关系。

一、工坊建设的经济和教育环境

（一）巴基斯坦产业发展现状

巴基斯坦是一个劳动力资源丰富、人口结构年轻型的国家，约 60% 的人口集中在农村，巴基斯坦的工业化水平处于前工业化向工业化初期过渡阶段，工业化的发展尚未将农村富余的劳动力充分转移出来。2015—2016 年，巴基斯坦工业总产值占国内生产总值比重为 21.02%、吸纳劳动力占 23.21%。2017—2018 年，巴基斯坦工业增长率为 5.8%。从巴基斯坦工业子部门采矿业、制造业、电力生产配送和天然气运输及建筑业等情况来看，无论是在国内生产总值 中的贡献率还是吸纳劳动力就业，制造业在整个工业发展中表现突出，制造业产值占国内生产总值的 13.6%，吸纳劳动力占 15.33%，而其他子部门的发展则明显不足。在制造业中，轻纺工业占了较大比例，机械、电子制造业发展明显不足，尤其是高新技术部门。此外，巴基斯坦进口额度占比较高的机电、设备及其附件类产品，主要从中国、美国、德国等进口。2012—2016 年，中国对巴基斯坦出口的商品平均价值为 134 亿美元，以机电产品的资本和技术密集型为主，占比最大的机电类产品平均每年出口为 50 亿美元，占所有出口产品的 37.5%。

（二）“中巴经济走廊”发展现状

2015 年 4 月，习近平主席访问巴基斯坦，两国领导人确立了“全天候、全方位的战略合作伙伴”关系，确定了以走廊建设为中心，以瓜达尔港、能源、交通基础设施、产业合作为重点的“1+4”合作布局，正式开启了“中巴经济走廊”全面建设。走廊总投资超过 180 亿美元，已进入充实扩展期，收效明显。萨希瓦尔燃煤电站等大型能源领域投产运营，拉合尔橙线项目等交通设施建设进入维护和试运营阶段，瓜达尔港口建设取得突破，自由区一期起步区已经完工，中巴双方就巴方提出的 9 个特殊经济区进行深入研究和评估。“中巴经济走廊”的建设快速提升了巴基斯坦经济的发展，其作为“一带一路”的标志性工程正迎来密集的项目推进和建设期。

“中巴经济走廊”项目的建设急切需要大量的技术技能型专业人才，但巴基斯坦职业教育、技术培训和当地青年技能水平尚不能满足需求。巴基斯坦人口总数为 2.1 亿人，35 岁以下青年占全部人口的 63%，巴基斯坦每年有 240 万年轻人进入就业市场，但文化程度普遍有限，有高技术技能的劳动力明显匮乏，且该国职业教育和技术培训机构的教学资源严重不足。除了市场对合格毕业生的需求与供给之间存在巨大缺口之外，还也存在着培训所需的师资、设备、技术与就业市场要求不匹配等问题。

（三）巴基斯坦职业发展现状

1. 技术和职业教育培训（TVET）制度

联合国教科文组织将 TVET 定义为“除通识教育外，涉及技术和相关科学研究以及与经济和社会生活各部门职业相关的实践技能、态度、理解和知识获取的教育过程的各个方面”。1999 年，巴基斯坦引进了 TVET 体系，巴基斯坦的技术教育是指在理工学院、专科技术学院、技术学院和技术学校为工业培养中级技术专业人员（副工程师）而提供的工业技术教育和培训，即为人们就业做好准备并使他们在各个经济领域有生产力的教育和培训，使人们在科学技术领域拥有广泛的知识和技能，以提升专业水平和社会生活能力。

巴基斯坦 TVET 政策具有以下特征：确保国家作为技能开发的重要性途径，实现经济持续增长，提高生产力，为人民特别是该国日益增长的年轻人口，提供就业机会服务经济社会发展；增加提升培训机会的数量和质量，以便在短期内每年至少培训100万名青年；政府主导与私营企业参与，到2025年除对现有工人进行技能提升和再培训以外，再培训20%的毕业生；引入国家标准的资质、评估和认证体系；设计和提供基于能力的教育和培训计划，专注于在工作中所需的技能；在政府和私营部门之间建立新的伙伴关系，鼓励企业更直接地进行培训，并为政府职业技术教育与培训的改革做出贡献；继续改革和振兴职业技术教育与培训部门。

2. 巴基斯坦技术教育和职业培训的管理体制

巴基斯坦TVET政策依托其国内各省技术教育和职业培训局（TEVTA）落实执行，巴基斯坦鲁班工坊的合作单位即巴基斯坦旁遮普省的技术教育和职业培训行政主管部门（TEVTA）。巴基斯坦旁遮普省技术教育和职业培训局（TEVTA）是通过旁遮普省首席执行官颁布的一项法令（1999年第XXIV号）成立的，主要目的是规范职业教育，实施学历教育和岗位技能培训。TEVTA是一个具有特殊地位的独立法人团体，由政府委任的委员不少于7人，不多于15人，由3名政府秘书（必备成员）及12名私营机构成员组成。TEVTA董事会共有13名获委任的成员，其中10名代表私营机构，自愿以荣誉身份服务。政府委任其中1名委员为主席，由其担任行政主席，并负责TEVTA的管理、行政及日常事务。

TEVTA的职能包括为下属的400余个机构进行监督、协调和顺利运作拟订政策准则；收购、发展和管理机构；批准涉及政府基金的发展项目和计划；落实省内技术教育和职业培训项目、计划的实施；更新、修改课程。技术教育和职业培训局（TEVTA）资金源于省政府和企业捐款。

3. 巴基斯坦教育体系

巴基斯坦的教育体系按照等级划分，由基础教育（小学）、初级教育（中学）、中等教育（高中）、高级中等教育（大学预科、职业院校和培训课程）及高等教育（本科、硕士及博士）组成；按照职能划分，由普通教育、技术教育和职业培训（TVET）组成。

小学是五年制即1~5年级，入学年龄是5岁；初级中学6~8年级；高中9~10年级；大学预科11~12年级。大学预科毕业后，开始文学、理学、医学和商科学士、硕士及博士阶段的高等教育学习。巴基斯坦职业教育在青少年完成了高中阶段的学习后，可通过入学考试进入技术职业院校，接受三年制

（11~13 年级）或二年制（11~12 年级）的技术和职业教育，毕业可获得副工程师证书。三年制学生通过专门的技术职业大学入学考试和学习，未来可以取得工程学或技术学的学士、硕士、博士学位。

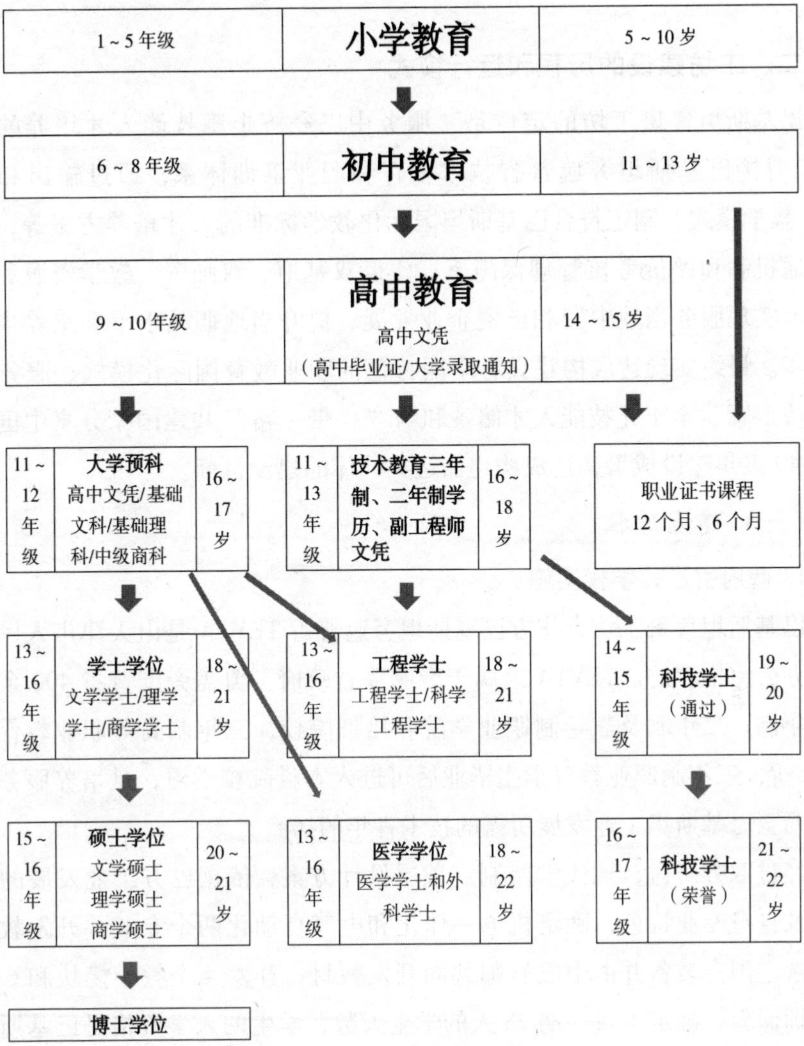

图 7-3 巴基斯坦教育体系图

同时，值得关注的是巴基斯坦 TVET，除了三年制、二年制学历教育，还有非常重要的培训课程部分，有 6 个月 G3 等级、12 个月 G2 等级、18 个月

G1 等级的职业资质培训课程。巴基斯坦的青少年学生在完成了中学学习后即可接受这些职业培训课程。培训课程涵盖了巴基斯坦全部的行业和工种，为工业、农业和服务业提供熟练和半熟练的劳动力。

二、工坊建设的历程和运行模式

巴基斯坦鲁班工坊的定位是“服务中巴经济走廊技能人才培养的桥头堡”，对接巴基斯坦旁遮普省技术教育和职业培训体系，通过输出和分享 EPIP 教学模式、制定符合巴基斯坦国际化教学标准的人才培养方案等，在双向沟通机制和评价考核管理保障下，建设双基地、双师资、教学资源和空中课堂，实现服务当地中资和巴资企业发展、提升当地职教水平和培养当地技术青年。最终实现达成构建具有中国特色的职业教育国际化模式、服务“中巴经济走廊”本土化技能人才储备和与“一带一路”共建国家分享中国改革开放 40 多年建设成果，达成构建命运共同体的建设目标。

（一）建设历程

1. 政府引进，学校实施

巴基斯坦鲁班工坊合作方巴基斯坦旁遮普省 TEVTA 是由天津市人民政府对外办公室推荐的。TEVTA 隶属于旁遮普省政府，覆盖旁庶普省 400 余所包含一年制、二年制及三年制职业学院和培训院校，三年制高等职业教育学院共 42 所，三年制职业教育学生毕业后可进入本科院校学习，是培养服务旁遮普省乃至巴基斯坦工业发展所需的技术青年的摇篮。

经过双方研讨，现代学院制定顶层设计方案，依据巴方工业发展的切实需求及自身专业特色，确定机电一体化和电气自动化两个专业并开发教学模块，选定国赛装备并由中巴教师共同开发教材，开发 4 个教学模块和 6 个月的培训课程，确定了每一期 25 人的学生人数，学生的入学资格是巴基斯坦高中以上学历的技术青年。在师资培养方面，由 TEVTA 遴选优秀教师到现代学院开展师资培训，作为鲁班工坊的储备教师。

2. 明确定位，确定方向

巴基斯坦鲁班工坊选址于“中巴经济走廊”的纵向交合点——“超级大省”旁遮普省省会拉合尔市，其发展定位是天津职业教育服务“中巴经济走廊”技术技能人才的桥头堡。出于合作单位巴基斯坦旁遮普省 TEVTA 的强烈要求，巴基斯坦鲁班工坊设置了机电一体化和电气自动化两个专业。之所以选择这两个专业，一是考虑其经济社会建设的需要；二是其本身职业教育发展的需要。巴基斯坦是经济快速增长的发展中国家，其中制造业占工业重要部分，机电一体化和电气自动化这两个专业是制造业领域发展进程中人才培养必不可少的专业。可以说，面对巴基斯坦正处于工业建设的关键起步和发展阶段，需要大量的高素质技术和管理从业人员，选择这两个专业是切实满足巴基斯坦工业发展的需求的。此外，TEVTA 是职业教育的学历教育和职业培训的政府职能部门。下属 401 所职业院校和培训机构，是旁遮普省的技术人才培养摇篮，培育高素质技术技能人才是 TEVTA 的首要职责。而巴基斯坦国内职业技术教育管理基础体系较好，职业教育与本科、研究生学历对接体系完善，管理流程规范。目前，教学理念变革和实训设备更新是首要的迫切需求。

通过中巴职教共同携手建设巴基斯坦鲁班工坊，将我国先进的教学理念和模式、国际化教学标准、国赛装备与巴基斯坦职教同仁和学生进行分享，共同培养出具有国际视野、通晓国际规则的技术技能人才，服务“中巴经济走廊”建设，同时也惠及巴基斯坦人民和经济社会发展。

3. 产教协同，共建共享

巴基斯坦鲁班工坊坐落于旁遮普省 TEVTA 总部院内，一期占地约 560 平方米，设立专业教学实训区和专业汉语培训区两个教学区域，重点建设电气自动化技术和机电一体化技术两个拥有国际化专业教学标准的专业。巴基斯坦鲁班工坊拉合尔成立了当地第一个国际产教协同育人联盟，联盟包括 1 个海尔—鲁巴经济园区，1 个巴基斯坦国家级行业协会——巴基斯坦汽车配件制造商协会，2 个天津企业及 7 个中资和巴资大型知名企业，为鲁班工坊学生提供了畅通的就业渠道。

4. 资源开发，研究推广

为做好巴基斯坦鲁班工坊研究与推广工作，现代学院和河北大学伊斯兰国家社会发展研究中心与河北大学及巴中环球文化公司共同成立了巴基斯坦鲁班工坊研究推广中心并在巴基斯坦管理与技术大学揭牌。制定了研究推广中心管理制度，推进国际化专业标准和教学资源开发，完成了 4 门国际化双语微课开发和5套双语教材开发，提升了鲁班工坊教学资源的建设水平。自鲁班工坊建成以来，先后接待了巴基斯坦、西班牙、印度、马达加斯加、加拿大、乌干达等国际团组并广泛开展人文交流，扩大了巴基斯坦鲁班工坊影响力，获得了《人民日报》《环球时报》《中国教育报》《天津日报》《参考消息》《天津教育报》、北方网等多家媒体的高度关注，津云《新闻会客厅》节目专题采访巴基斯坦鲁班工坊，在社会各界引起了广泛赞誉。

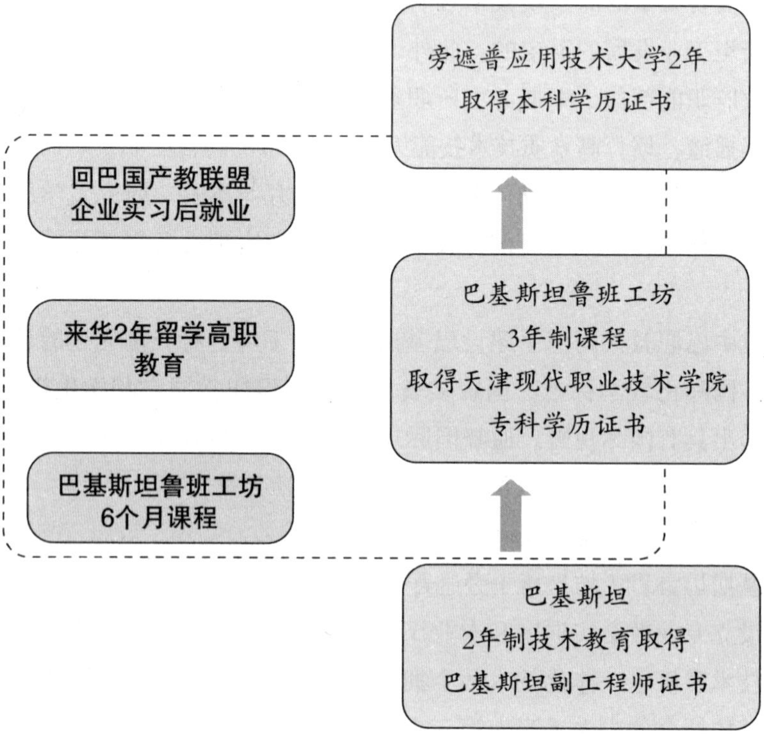

图7-4 巴基斯坦鲁班工坊专科层次人才联合培养路径图

（二）运行模式

1. 工坊的运行机制

巴基斯坦鲁班工坊运营采用中巴专科层次学历教育联合培养模式，由TEVTA择优其职业教育专科学历二年制及以上学历毕业生，与现代学院共同完成专科层次电气自动化专业学历教育。学制共3年，分为三阶段即“0.5+2+0.5”。第一阶段，在巴基斯坦当地完成鲁班工坊6个月课程学习并通过考核后颁发 TEVTA 培训资质证书；第二阶段，TEVTA 依据双方制定的考核标准，遴选优秀学员进入现代学院学习 2 年（学历部分）先进电气自动化专业课程并完成考核；第三阶段，返回巴基斯坦鲁班工坊产教协同育人联盟企业单位顶岗实习 6 个月（或升入中方、巴方本科大学）。巴基斯坦鲁班工坊专科层次联合培养项目全部完成并考核通过后，取得天津现代职业技术学院专科学历毕业证书。毕业后，学生可自主选择接受本科学历教育或者在巴基斯坦鲁班工坊联盟企业就业。通过鲁班工坊专科层次学习获得中巴职业教育共同认可的专科及以上学历的巴基斯坦技术青年或企业工程师，成为服务中巴产能合作技术岗位需求、满足驻巴中资企业生产和管理一线需求的技术技能人才。

依据巴基斯坦鲁班工坊专科层次人才培养协议，2019 年 1 月 16 日，巴基斯坦鲁班工坊开学运营，首批 25 名巴基斯坦学生走进鲁班工坊，开始为期 6 个月的课程学习。授课教师均为 2018 年到现代学院参加鲁班工坊研修的巴基斯坦籍教师。2019 年 7 月，25 名巴基斯坦学生顺利完成为期 6 个月的鲁班工坊专科层次联合培养第一阶段的学习任务，取得 TEVTA 认证的 G3 等级职业培训证书。其中 18 名优秀学员已成功申请天津政府奖学金，作为 2019 级留学生于 9 月 11 日到天津现代职业技术学院智能工程学院电气自动化注册报到，接受巴基斯坦鲁班工坊专科层次联合培养学历教育第二阶段的学习。2 年学习考核后，留学生返回巴基斯坦进入产教协同育人联盟企业进行第三阶段为期 6 个月的顶岗实习，待顶岗实习考核后获得现代学院专科学历毕业证书，与联盟企业双向选择就业。

同步，2019 年下半年巴基斯坦鲁班工坊完成了第二批 25 名学生在拉合尔当地鲁班工坊的学习。截至 2019 年，鲁班工坊开展了两期 50 名巴基斯坦青年学生为期 6 个月的职业培训课程的学习。

2. 工坊的教学管理

在巴基斯坦鲁班工坊专科层次学历教育联合培养的第一阶段鲁班工坊 G3 等级职业资格培训中，中巴教师共同开发了 6 个月共 800 学时的“工业自动化与机器人”课程，理论课占 20%，实践课占 80%。课程的考核由旁遮普技术教育委员会（PBTE）负责。试卷由 10 道多重短题（MCQ）组成，权重为 20 分，占理论部分的 20%，其余部分按课程安排在 4 个不同模块上执行项目任务，占实践部分的 80%。考试通过的学员将获得由旁遮普 PBTE 认证的旁遮普省职业资格 G3 等级证书。

在巴基斯坦鲁班工坊专科层次学历教育联合培养的第二阶段中，鲁班工坊中巴师资团队依据“一个定位”“三个类型”“五个方面”制定了适用于巴基斯坦学生的国际化人才培养方案。以“一个定位”明确人才培养目标，即切实发挥巴基斯坦鲁班工坊桥头堡定位作用，配合巴基斯坦鲁班工坊产教协同育人联盟成员单位巴基斯坦海尔—鲁巴工业园区企业需求，服务中资企业“走出去”，培养“中巴经济走廊”上熟知中国技术、技艺和技能的本土化技术技能人才。从“三个类型”优化课题体系，即设计了涵盖专业核心技术、专业+HSK 汉语、无人机专业拓展三类课程的课程体系。从“五个方面”保障人才培养过程，即专业教学对接国际标准、实训教学模式国赛引领、教学资源信息化建设、模块教学项目化实施、汉语教学专业化普及，保障人才培养实施全优质过程，提升鲁班工坊来华留学生人才培养质量。

在巴基斯坦鲁班工坊专科层次学历教育联合培养的第三阶段中，巴基斯坦籍留学生回到旁遮普省，到产教协同育人联盟企业进行为期 6 个月的顶岗实习。TEVTA 负责实习企业的联络，现代学院负责与企业共同制定顶岗实习设计。实习中每月进行学生个人总结、中方教师指导和企业师傅考评，实习到期后进行学生个人实习报告、教师和企业师傅的总评，最终给予成绩鉴定。

三个阶段“0.5+2+0.5”涵盖了巴基斯坦职业技能 G3 等级培训、中国天津现代职业技术学院专科学历教育和“中巴经济走廊”上企业实习。通过三个阶段考核的巴基斯坦学生可以获得巴方旁遮普省职业教育行政部门认证的职业培训证书、中国专科学历证书，以及大型企业就业机会。

三、巴基斯坦鲁班工坊的成效

（一）构建“巴方职业培训+中方学历教育”的人才培养路径

巴基斯坦鲁班工坊运营采用中巴专科层次学历教育联合培养模式，学制共 3 年，分为三个阶段即“0.5+2+0.5”，包括了鲁班工坊培训和中国职业教育电气自动化专业学历学习和巴基斯坦大型企业的实习。通过考核的巴基斯坦学生全面接受了技术技能和专业汉语、职业素养的培养，并将获得旁遮普省认证的职业培训证书、中国专科学历证书及大型优秀企业的就业机会，成为当地通晓中国技艺、国际规则的优秀国际化技术青年。

（二）服务“中巴经济走廊”本土化高素质技术技能人才培养

巴基斯坦鲁班工坊协同育人联盟由“中巴经济走廊”上11家大型中资和巴资企业组成，包括巴基斯坦海尔—鲁巴经济区、中国能源建设集团湖南火电巴基斯坦分公司等知名大型企业，是当地成立的第一个产教联盟单位。其中巴基斯坦海尔—鲁巴经济区是中国商务部批准建设的首个“中国境外经济贸易合作区”，也是巴基斯坦政府批准建设的“巴基斯坦中国经济特区”，是中国境外经济区的旗舰项目，经济区产业辐射家电、汽车、纺织、建材、化工等多个产业。联盟还包括中国天津勇猛机械有限公司、中国中天大地科技有限公司两家天津市科技创新型企业。巴基斯坦鲁班工坊“职业培训+学历教育+顶岗实习”的“双证书、三阶段”国际化人才培养模式，切实有效地服务了“中巴经济走廊”电气自动化专业本土化人才的储备。未来将围绕农机设备现代化制造、无人机植保服务天津驻巴企业本土化人才培养。

（三）以职业教育合作新模式开启中巴友谊新篇章

巴基斯坦正处于工业建设的关键起步和发展阶段，需要大量的高水平技术和管理从业人员，培育高水平技能型人才是巴基斯坦职业技能培训行政部门的首要职责，而巴基斯坦国内职业技术教育的教学理念和实训设备亟待更新和提升。面对巴基斯坦工业发展的切实需求，依据巴基斯坦技术青年和当地劳动力技术水平提升的急切需求，巴基斯坦鲁班工坊为当地技术青年提供“职业培训+来华留学+优质就业”的国际教育平台，惠及巴基斯坦人民和经济社会发展，体现了中巴“全天候、全方位合作伙伴关系”。巴方媒体纷纷表示，巴基斯坦鲁班工坊项目是中巴友谊的一座新的里程碑，是“一带一路”倡议下中巴职业教育合作的历史性成果，是中巴省级合作的新开端。鲁班工坊项目为巴基斯坦创建了一种全新的职业教育与培训模式，将按照现代工业生产流程提供最新的课程体系，从而提升巴基斯坦青年技术水平，培养未来巴基斯坦现代工业体系中的领导者。巴基斯坦鲁班工坊将以文化和教育交流加强两国人民之间的联系，成为中巴友谊新源泉，并在世界产生重大影响。

四、巴基斯坦鲁班工坊国际化问题归因

（一）标准化模式亟待建设

巴基斯坦鲁班工坊成功运用天津市教委指导开发电气自动化、机电一体化国际化专业教学标准和EPIP教学模式实施教学，但随着鲁班工坊项目在巴基斯坦旁遮普省建设地深入实施，来自巴基斯坦首都伊斯兰堡和其他省的职业教育院校和机构希望鲁班工坊项目可以推广和复制。当前巴基斯坦鲁班工坊尚未制定出统一规范的遴选学校、开展专业、设置课程、合作企业的标准，未明确国际化师资质量标准和优质的教学资源国际化开发标准等，这些都成为制约巴基斯坦鲁班工坊快速扩大规模和保障人才培养质量的一个重要瓶颈。鲁班工坊建设模式已经形成，但标准化建设是鲁班工坊长期运营，成功培育自生力，满足“一带一路”共建国家职业教育和中国企业“走出去”人才储备需求亟待解决的问题。

如现有的优质教学资源国际化程度有待提升，切实符合巴基斯坦工业发展起步阶段产业发展现状和教育水平的教学资源仍需加大开发力度。双向国际化师资力量培养不足，一方面在巴基斯坦籍教师来华开展EPIP师资研修的后续师资力量不足，接受研修后持续从事鲁班工坊教学任务的外籍教师数量下降；另一方面中方具备国际化教学能力的师资力量尚需提升，既精通专业英语又具备专业技术水平且知晓国内国外行业发展动态信息的专业师资尚需大规模持续培养。此外，巴基斯坦鲁班工坊教学效果的评价标准，尚需中巴双方结合巴基斯坦旁遮普省PBTE测试标准和现代学院制定的人才培养方案总结出一套科学有效的考核和评价体系。

（二）国际合作机制亟待完善

巴基斯坦鲁班工坊国际化建设处于起步拓展阶段，在完成建设布局目标的同时，机制内涵建设相对滞后，具体问题表现在：一是组织结构不完善，目前中方由国际交流处对接，巴方由项目运行部对接。尚无一个由各个相关职能部门共同组成的专项工作组，缺乏多边多项协同合作的交流机制。二是双边合作机制不健全，尚无形成中外建设双方职责、合作多方协同程序和监管退出准入制度。三是合作机制内容不丰富，鲁班工坊建设涉及功能、专业、

人文，包含政府、院校、企业和机构，但一套层次清晰、内容丰富的机制还未形成。四是机制欠缺法律保障。

（三）功能作用亟待深化

开展学历教育和职业培训是鲁班工坊的两项重要职能，目标在于将鲁班工坊课程纳入合作国职业教育体系之中，获得合作国职业教育资格认证。各个鲁班工坊都在积极推进与共建国实现中外学历互认或者获得合作国职业培训资质认证，巴基斯坦鲁班工坊被纳入了巴基斯坦旁遮普省职业培训资格 G3 等级体系。但是，巴基斯坦鲁班工坊实现学历互认存在很多实际困难。一是巴方职业教育的行政主管体系与我国不同。巴方合作单位 TEVTA 隶属于旁遮普省政府工商业投资部，由其负责该省职业教育和技术培训，但是学历教育课程的设置属于教育部审批。教育部与工商业投资部是两个平行部门，在推进学历互认的过程中存在较多行政审批程序问题。二是我国的职业教育国际化专业建设和资源开发尚需对接先进的国际标准，获得职业教育发达国家的认证，以便在世界大格局范围内实现国际化提升。

（四）自生力亟待培养

“一带一路”沿线国家经济发展水平普遍较低，需要给予一定的经济支持。目前，天津市对开展海外鲁班工坊项目学校给予了一定的项目启动经费，主要用于国内教师的海外费用、外方师资培训费、教学设备购置以及国际化教学资源开发的支出等。TEVTA 是政府职能部门，具有鲁班工坊日常运营的政府补贴。在巴基斯坦鲁班工坊建设中，中资和外资企业都加盟了产教协同育人联盟开展合作，为本土化人才储备提出培养需求，但多停滞于建立合作关系，企业和建设院校之间尚未形成资金成本运转等。随着海外巴基斯坦鲁班工坊纵向深化发展，资金的数量和使用范围难以满足现实可持续发展的长期运营需求。

（五）品牌形象亟待传播

伴随着鲁班工坊在世界各地的建设，其作为中国职业教育人文交流品牌也逐渐被世界所认知。中外双方开展合作之初，品牌的形象力至关重要，直接影响双方合作的成功与否。目前对于鲁班工坊塑造跨文化的国际职教品牌尚有较大的提升空间。一是对鲁班工坊国际化技术技能人才培养核心精神的凝练不足，可从中国古代班墨文化、中国职业教育国际化历史、中国当代“大国工匠”精神等深入研究凝练；二是对于鲁班工坊建设者跨文化培养不足，造成中外建设者交流多停留在工作任务本身，对于项目的人文内涵交流的程度不够；三是中国职业教育国际品牌的影响力有待提升，鲁班工坊是新生职教品牌，相对于“孔子学院”，其世界知名度不高，需积极扩展品牌影响力。

五、巴基斯坦鲁班工坊国际化启发

一是国际化发展是职业教育的职责使命。中华人民共和国成立70多年以来的教育国际交流合作的历史证明，职业教育的国际化进程始终与教育现代化、国家现代化同步进行，我们要有提升职业教育国际化发展的战略高度和文化自信。中国已成为全世界的国际教育中心之一，在外语学习人口、语言推广机构、国际学生生源国地位、引进世界优质教育资源开展合作办学等方面都全球领先。中国职业教育不断加快和扩大教育对外开放的步伐和范围，积极探索为“一带一路”沿线国家提供教育服务，积极共建“一带一路”教育共同体，深化双边多边教育合作，参与和引导全球教育和人文治理变革。已建成的鲁班工坊中英国、泰国等纳入了合作国职业教育学历体系，巴基斯坦鲁班工坊纳入了旁遮普省职业教育G3等级培训课程体系，并获得合作国政府、学校和社会各界的广泛好评。职业教育国际化已成为职业院校的基本职能和使命。

二是标准化是职教国际化发展的必经之路。对接职业教育发达国家，引进优化国际优质职业教育资源，将国际职业教育标准的要求与中国职业教育发展的现实基础和需求结合起来，构建中国特色的国际化标准体系。发挥鲁班工坊为“一带一路”沿线国家共谋职业教育发展的服务属性，为合作院校提供职业教育的建设方案，结合合作院校办学实际和当地经济社会人才培养的现实需求，将指标体系进行本土化改造，共同开发专业标准、课程标准、培训标准。推进院校与行业组织、跨国企业的合作，探索开发国际通用专业标准和课程体系的有效途径，推进本土标准的国际化，提升中国职业教育的国际影响力。

三是助力企业是职教国际化发展的核心目标。构建“政校企行”协同的国际合作体系是巴基斯坦鲁班工坊的一项重要特征，在项目建设和运营过程中，中巴合作双方持续整合政府、学校、“走出去”企业和行业资源的深化合作，搭建国际化产教融合平台，积极参与“中巴经济走廊”上国际产能合作。从而推进院校国际交流合作、推进产教国际协同、推进国际人文交流等，扩大鲁班工坊的国际影响，切实为“一带一路”共建国家和驻外中资企业培养知晓现代生产技术和具有职业素养的技术技能人才。今后，巴基斯坦鲁班工坊产教协同育人联盟将围绕工坊服务国际产能合作的发展目标，发挥鲁班工坊在人才培养、技术服务方面的资源优势，助力中国企业在海外腾飞。

案例六：基于“政政企校校”多方合作的吉布提鲁班工坊建设模式

伴随着“一带一路”的建设，鲁班工坊的发展规模越来越大。从2016年首个鲁班工坊创建至今，2019年，已陆续建立了泰国、英国、印度、印度尼西亚、巴基斯坦、柬埔寨、吉布提等20个鲁班工坊，在国内外产生了巨大的影响。随着鲁班工坊在全球范围内建设的不断扩大，总结并提升鲁班工坊的创建模式显得尤为重要。本报告以天津铁道职业技术学院在非洲创造的第一家鲁班工坊——“吉布提鲁班工坊”为例，探讨基于“政政企校校”多方合作的非洲鲁班工坊建设的独特模式，以期为天津职业教育鲁班工坊的整体建设提供经验支持和理论支撑。

一、项目背景与建设

（一）背景

1. 提高政治站位，服务国家发展战略

2018年9月3日，习近平主席在中非合作论坛北京峰会开幕式上提出，中国将在非洲设立10个鲁班工坊，向非洲青年提供职业技能培训，服务国家“一带一路”周边国家经济发展，为共建人类命运共同体贡献中国力量和中国智慧。为贯彻落实习近平总书记关于职业教育的重要指示精神，依据“国家现代化职业教育创新改革示范区”建设协议，在教育部的指导下，天津市政府、市教委带领广大职业院校积极探索优质职业教育“走出去”，服务国家“一带一路”建设，配合国际产能合作，创建鲁班工坊项目，以推动中国职业教育的国际化发展。天津铁道职业技术学院及时提高政治站位，积极参与天津市教委组织的鲁班工坊建设，开设了非洲第一家鲁班工坊——“吉布提鲁班工坊”开展职业教育与培训，提供职业教育中国方案及非洲职业教育策略。

2. 瞄准有利契机，满足吉布提对技术技能人才的迫切需求

吉布提属于世界上最不发达国家之一。自然资源匮乏，工农业基础薄弱，95%以上的农产品和工业品依靠进口。交通运输、商业和服务业（主要是港口服务业）在经济中占主导地位，约占国内生产总值的 80%。吉布提政府制定了 2035 年远景规划，着力发展交通、物流、金融、电信、旅游、渔业等行业。在水运方面，吉布提港是东非重要港口之一。在交通方面，吉布提与埃塞俄比亚首都亚的斯亚贝巴原有窄轨铁路相通，全长 850 千米，吉境内长约 194 千米。2006 年，吉布提与埃塞俄比亚政府决定将此段铁路私有化，交予南非的 COMAZAR 公司管理 25 年。因设备老化，铁路货运量逐年下降，于 2012 年停运。亚吉铁路是一条连接埃塞俄比亚首都亚的斯亚贝巴和吉布提首都吉布提市的铁路，是重要的枢纽。在中国政府的帮助下，2016 年 10 月 5 日，亚吉铁路建成通车。亚吉铁路全长 751.7 千米，设计时速 120 千米，共设置 45 个车站。亚吉铁路是中国海外首条集设计、设备采购、施工、监理和融资于一体的“中国化”铁路项目。2016 年 7 月，中国中铁和中土集团正式签约亚吉铁路运营权，以联营体形式承担起亚吉铁路的运营管理职责，同时也提出亚吉铁路的运营急需大量本土化的专业技术技能人才，以更好地推动亚吉铁路的发展。

然而，吉布提当前的教育相对落后，其教育体系是借鉴法国的教育体系。至今，吉布提共有 7 所职业技术类高中，其中技术类高中 5 所，职业类高中 2 所（工商职业学校及阿尔塔旅馆业职业学校），职业类高中共有在校生 2704 人。吉布提目前的教育水平无法满足亚吉铁路对高技术技能型人才的需求。因而，曾经为吉布提培训过学员的天津铁道职业技术学院抓紧有利契机，积极寻求合作。

3. 整合内部资源，提升国际化办学水平的需要

天津铁道职业技术学院具有非常丰富的国际化办学和合作交流经验。从20世纪80年代，我院就派出教师支援坦赞铁路建设。2001年以来，先后为坦桑尼亚、赞比亚、埃塞俄比亚、吉布提等非洲国家培养培训非学历留学生642人，学历教育留学生81人，学院先后选派教师42人赴摩洛哥等多个国家任教和进行技术援助。学院与中国土木工程集团有限公司、吉布提铁路公司、埃塞铁路公司等中外企业都建立了良好的合作关系。

近两年，我院积极响应“一带一路”倡议和职业教育国际化的要求，按照“建国际品牌，树国内名牌”的发展思路，不断深化国际院校合作、校企合作，建设完成了泰国鲁班工坊铁院中心和非洲第一家鲁班工坊——吉布提鲁班工坊，我院在建的第三家鲁班工坊——尼日利亚鲁班工坊即将于2019年年底启动运营。并以此为平台，打造了一支双师、双语、双能的师资队伍和一支具有国际视野、通晓国际标准的管理队伍，为中国铁路人才培养标准“走出去”打下坚实基础。

（二）建设过程

1. 建设原则

吉布提鲁班工坊的建设秉持着平等合作、共同协商、开放包容、互利互赢的精神，坚持共研、共商、共学、共建、共享的机制，其建设原则具体体现为：

（1）平等合作原则

在鲁班工坊创建之前，吉布提教育部、工商学校、中土集团吉布提公司相关负责人多次到校考察，就吉布提鲁班工坊建设进行了沟通磋商。天津铁道职业技术学院相关领导就吉布提鲁班工坊的建设背景、建设方案、进展情况、进度安排，以及需要中土吉布提公司支持的有关事项与之协商。多方就工坊揭牌时间、专业建设、师资培训、招生就业、实训场地选择等问题进行了深入的交流，从而达成共识。

（2）因地制宜原则

天津铁道职业技术学院根据吉布提的政治、经济、文化、社会环境的发展现状，在借鉴学院泰国鲁班工坊建设经验的基础上，针对吉布提的实际情

况，制定吉布提鲁班工坊的建设方案，配备专门人员到吉布提实地考察，留住在吉布提数月有余，为鲁班工坊的揭牌做好前期准备工作。

（3）质量优先原则

学院为保证鲁班工坊的建设质量，成立了专门的领导小组，抽调学院最优秀的教师为鲁班工坊建设成员，并选派一批优秀的专业教师进行双语培训，以保证鲁班工坊后期的可持续发展。

（4）产教融合原则

积极发挥学院服务行业发展的特色，积极与产业、行业、职业、专业取得相关联系，发挥政政企校校“五方携手”，凝集合力，高标准、高水平实施项目。

2. 建设过程

学院选择吉布提作为非洲第一家鲁班工坊的契合点是校企合作。铁道学院一直与中土木工程集团有限公司合作，培训坦赞学员。近几年，中国土木工程集团有限公司负责亚吉铁路的建设。亚吉铁路的运营需要一大批具有铁路专业的技术技能型人才。因而，为了响应习近平总书记在非洲建设10个鲁班工坊的号召，配合中国企业“走出去”，学院积极参与亚吉铁路技术技能型人才的培养，积极筹备非洲第一家鲁班工坊——吉布提鲁班工坊的建设。

在鲁班工坊建设前期，我院建设团队多次赴吉布提国民教育与职业培训部、吉布提技术教育与职业培训局、吉布提工商学校进行调研，就吉布提鲁班工坊的推进问题进行座谈。双方就鲁班工坊的规模、定位、合作形式、资金使用、建设流程、师资培养和教学资源进行了深度协商，达成一致，从而促成了鲁班工坊的建立。

2019年3月28日，由天津铁道职业技术学院、天津市第一商业学校、吉布提工商学校和中国土木工程集团有限公司共同建设的吉布提鲁班工坊正式揭牌成立。吉布提总统盖莱亲自参与揭牌仪式，并成为工坊的首位体验者。这是我国在非洲建设的首个鲁班工坊，致力于服务亚吉铁路和吉布提经贸港口经济发展，面向非洲青年提供学历教育和职业培训。吉布提鲁班工坊包括轨道交通和物流商贸两部分、7间实训室，共1000平方米。室内建有铁道运营沙盘教学区、机车模拟驾驶教学区、铁道模型展示区、EPIP教学教研区、企业全景感知实训区、企业模拟经营认知实训区、物流仓储模拟实训区；室外建有铁道工程教学区、叉车驾驶技能实训区。同时，鲁班工坊还在亚吉铁路那噶得车站设立了坊外实训基地，用于满足教学实习、技能实训、岗前培训等人才培养需求。吉布提鲁班工坊的教学理念、教学模式、教学设备、教学课程和教材等全部来自天津。

（三）建设模式

与其他鲁班工坊相比，吉布提鲁班工坊具有自己的特色，它是两国政府、企业与学校之间高度协商与深度合作的结果，吉布提鲁班工坊是一种典型的“政政企校校”创建模式。吉布提鲁班工坊是依托政府间的战略合作，充分发挥其作为人才交流机制的重要作用，配合中国企业和产品“走出去”战略，并依托职业院校校际的国际合作而创办的。吉布提鲁班工坊与承揽海外大型工程的企业（中国土木工程集团有限公司坦赞分公司）合作，选择在吉布提工商学校创建鲁班工坊，致力于培养本土化的技术技能人才，满足国（境）外企业发展的需要。

二、工坊运行体制

吉布提鲁班工坊一经揭牌，就开始运行。其具体的管理体制和运行模式将从以下四个方面来详细阐述。

（一）采取“政企校”协商共管的管理模式

吉布提鲁班工坊采取“政企校”共管模式。政企校各方以政治效益、经济效益、社会效益、公益效益为纽带，在共商、共建、共享的基础上，进行分工合作。在天津市教委、吉布提教育部的指导下，由天津铁道职业技术学院和合作企业共同开发教学标准、人才培养方案、教材和资源；由天津铁道职业技术学院、天津一商校负责工坊师资的培养，打造一支“双师、双语、双能”的师资团队；由天津铁道职业技术学院牵头组织政企校各方共同开展工坊的建设，在广泛调研的基础上，梳理企业岗位核心能力，确立了专业人才培养目标，构建工程项目引领的国际化专业课程体系，校企合作开发国际化专业教学标准；由校企双方共同开展招生，以吉布提工商学校为主开展日常运行管理；由中方校企共同建设工程实践基地和评价体系，培养本体化的高技术技能型人才。

（二）采用校企合作共招的招生模式

吉布提鲁班工坊采取校企共同招生的模式，企业根据其人员岗位需求及发展趋势，与吉布提鲁班工坊实行订单培养。目前，吉布提鲁班工坊、吉布提工商学校与吉布提铁路公司合作完成了首届24名高职层次铁道工程技术、铁道交通运营管理专业招生工作。2019年3月至5月，学院对首批学生开展学期辅导；2019年9月15日，工坊首批24名学生正式开学；4名吉布提留学生于2019年10月入学。作为吉布提铁路公司运营员工培训基地，工坊已经接待了200多人的短期培训。

（三）借鉴EPIP共享的教学模式

鲁班工坊采用国家级教学成果特等奖EPIP教学模式。在开展EPIP教学改革中，以课程为单位，组织教师遴选实际岗位真实项目，开发配套教学资源和教材，开展学生实践应用能力和创新能力培养。探索出“将铁路安规技规内容融入日常教学，将铁路运维技术标准、服务规范引入实践教学，将作业过程与教学过程相结合”的教学资源建设模式。经过校企双方或多方合作，已经完成了9本法语教材的编写，核心课程资源库的建设，为鲁班工坊正常教学提供了保证。图7-5为EPIP教学模式的系统、要素、结构、功能关系图。

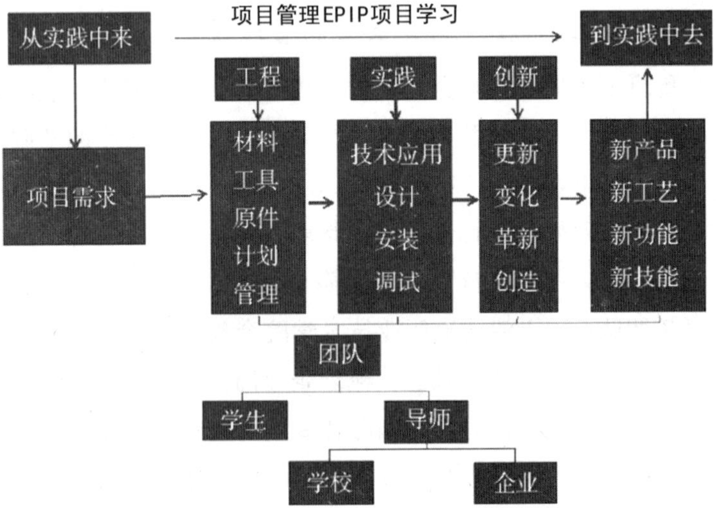

图7-5　EPIP教学模式的系统、要素、结构、功能关系图

吉布提鲁班工坊开设的铁道交通运营管理与铁道工程技术两个专业已经通过了吉布提国民教育与职业培训部的认证批准，标志着吉布提开启了新的高等职业教育层次。吉布提鲁班工坊采用了中国先进的技术设备、教学模式以及自主研发的专业教材和教学标准，针对非洲学生基础知识和技能操作都相对薄弱的特点，EPIP 可以极大地缩短毕业生进入企业的磨合期，符合当地企业的用人需求。

（四）选用“四双五能”的师资培养模式

师资队伍是鲁班工坊得以顺利运行的重要保障。为保障吉布提鲁班工坊的日常教学，天津铁道学院未雨绸缪，遵循“师资培训先行”的原则，采取“走出去，请进来”的方式和“四双五能”的培养形式，首先培养鲁班工坊本土化的师资队伍。对教师培养模式的具体阐释如下。

一是“走出去，请进来”。即为了保证鲁班工坊的师资队伍，天津铁道职业技术学院与各方协商，创造各种有利条件，保证吉布提鲁班工坊的顺利教学。一方面，选派学院骨干教师到吉布提鲁班工坊开展教学培训，就地培养教师学员；另一方面，邀请一些有条件的教师学员来到天津铁道职业技术学院学习，使其在中国本土环境中学习中国铁路专业的技术技能，在真实的铁路职业生活体验中学习专业技术技能。

二是“四双五能”。所谓“四双”，即“双讲”“双练”“双测”“双证”。“双讲”，即“讲专业理论知识、讲实践操作”；“双练”，即“练习专业技能、练习教育教学技能”；“双测”，即“测试理论知识、测试实际操作技能”；“双证”，即“结业证和资格证”。“五能”，即提升教师的专业实践能力、教学能力、资源开发能力、信息化应用能力和自我学习提升能力。“四双五能”是针对吉布提国家教师的特点而设计的培养模式，旨在培养出吉方所急需的合格专业教师，使其既具有专业技术技能，又提升教育教学技能，从而使其回国后能够更好地培养吉布提的学生学员。“四双五能”的培养模式已初见成效，截至目前，已累计为吉布提培训教师 8 人次。其中，2018 年 9 月—12 月，铁道学院完成首批 3 名吉布提教师的在津培训；2019 年 4 月—5 月，铁道学院选派 2 名教师赴吉布提开展师资培训（200 课时）；2019 年 6 月至 7 月，铁道学院完成第二批 2 名吉布提教师在津培训（200 课时）；2019 年 12

月2日至23日，铁道学院选派2名教师赴吉布提开展师资培训（90课时）。

三、主要成效和特点

吉布提鲁班工坊的建设取得了非常显著的效果，引起了积极的社会反响，具体体现为以下三个方面。

（一）打造了中非职业教育国际化校企合作新模式

铁道学院积极“走出去”，服务“一带一路”重点工程——亚吉铁路，与大型国企中土集团开展全方位合作，共同制定建设方案，共同宣传报道，共同招生。学院与中土吉布提公司、中交一公局东非区域总部、中建港务吉布提公司等分别签署共建协议和合作备忘录，企业投入大量人力、物力、财力参与工坊建设。工坊启动后，已接待亚吉铁路200余人的参观、培训和埃塞俄比亚、日本等国代表团的多次访问。

在工坊的辐射影响下，先后有埃塞—吉布提标准轨铁路股份公司（EDR）、亚吉铁路联营体公司来校访问寻求合作，北京交通大学与我院签约，由我院选派教师赴埃塞俄比亚开展铁路员工培训工作，中铁建国际运营公司正与学院洽谈订单培养，拟从明年起为亚吉铁路和阿布贾城轨培养技术人员。吉布提鲁班工坊采取校企共同招生的模式，企业根据其人员岗位需求及发展趋势，与吉布提鲁班工坊实行订单培养。2019年，吉布提鲁班工坊、吉布提工商学校与吉布提铁路公司合作完成了首届24名高职层次铁道工程技术、铁道交通运营管理专业招生工作。作为吉布提铁路公司运营员工培训基地，工坊已经接待了200多人的短期培训。2019年11月，我院为亚吉铁路员工开展铁路通信信号培训，目前我院四名教师已经在埃塞俄比亚完成了95名亚吉铁路员工为期40天的培训工作，吸引了中铁建铁路运营公司与我院合作共建尼日利亚鲁班工坊。

（二）开创了吉布提举办高等职业教育层次的先河

吉布提鲁班工坊作为非洲第一家鲁班工坊，其创建得到了吉布提国家政府的高度重视。吉布提总统盖莱在吉布提鲁班工坊启动仪式上的致辞中提到，鲁班工坊将为中吉两国带来双赢，未来的吉布提青年非常幸福。鲁班工坊将对吉布提青年进行铁道类、商贸类专业技术技能人才培养，解决吉布提青年就业问题，鲁班工坊是中国送给吉布提最好的礼物。它填补了吉布提多项空白，即开创了吉布提高等职业教育层次的先河，填补了吉布提没有铁道类专业的空白，填补了吉布提没有商科专业实训基地的空白，实现了工坊建成前即得到当地国家专业认证的新突破，开发了国际化人才培养方案、专业教材和教学资源，完成了首批招生并已开展了师资培训。

（三）成为中非文化交流的品牌

吉布提鲁班工坊的创建成为中外文化交流的品牌，引起了强烈的社会反响：《新闻联播》《晚间新闻》《朝闻天下》、人民网、《天津新闻》《天津日报》等国内外30余家媒体对吉布提“鲁班工坊铁院中心”的启动运营进行了跟踪报道和全方位解读。中央电视台《新闻联播》在对吉布提鲁班工坊的报道中说：“为落实中非合作‘八大行动’中‘能力建设’行动迈出了重要一步，将在中非职业教育合作中发挥示范性作用。”这意味着鲁班工坊将成为中非文化交流的一个重要品牌。鲁班工坊以中国传统文化中的班墨文化为思想基础，主张兼爱非攻，尊重劳动，体现了中国传统文化中“和”的哲学思想。中国“和”的哲学思想具有独特性，它强调的是一种包容差异的和谐，这在西方哲学中很少论述。从中国特色的哲学思想出发所创建的鲁班工坊，体现了中国职业教育在寻求人类和谐共生方面的积极意义。吉布提鲁班工坊的建立，正是我国职业教育适应非洲经济发展的需求，培养跨国技术技能型人才，使其参与本国经济建设的重要途径。通过鲁班工坊的服务项目，不仅能够发挥我国职业教育在提升吉布提师生的技术、素养和品质等方面的重要性，还将彰显我国职业教育在促进非洲经济发展、关照整个非洲人民和谐共生等方面的价值，促进中非文化更好地交流。

吉布提鲁班工坊作为中吉建交40多周年两国友好往来的见证，为落实中非合作“八大行动”迈出了重要一步。今后，我们将充分发挥吉布提鲁班工坊在中非职业教育合作中的示范引领作用，不断拓展中非铁路国际化人才培养新领域，为“走出去”企业和当地国培养轨道交通技术的本土人才，促进人文交流，服务互联互通，为“一带一路”建设做出更大的贡献。

四、反思与建议

吉布提鲁班工坊的创建具有一定的成效和特点。截至目前，天津铁道职业技术学院已经建立了泰国鲁班工坊、吉布提鲁班工坊，并正在推进尼日利亚鲁班工坊的建设。在保证这些鲁班工坊正常运行的过程中，我们也遇到了一些困难和问题，以下是对鲁班工坊建设的反思与建议。

（一）鲁班工坊的可持续性发展，需要健全政策支持和保障体系

在创建鲁班工坊的过程中，每个职业院校的师生都付出了极大的努力，才取得了如此成效。为了维持鲁班工坊的后续发展，需要国家政府、天津市政府在政策上给予进一步的支持，并将鲁班工坊建设作为建设世界"双一流""双高"评价的重要指标，作为职业院校提升办学能力的主要绩效指标，为创办鲁班工坊的职业院校提供充足的资金支持和物质保障，为扩大职业院校教师对外交流与合作规模、理论研究等方面提供便利等。

（二）鲁班工坊的健康发展，需要科学的管理体制

鲁班工坊作为天津市职业教育发展的一个特色项目，是天津职业教育国际化的一个重要体现。鲁班工坊的建设是一项长期的合作项目，需要建立相应的管理体制和激励机制，以保证项目的可持续性发展。为了保证鲁班工坊的健康发展，应从政府的角度尽快出台一个行之有效、科学的管理体制和激励机制，以规范鲁班工坊合作方的权利与义务，保证鲁班工坊合作方能够一如既往地投入鲁班工坊的项目教学中，真正发挥出鲁班工坊的作用，促进中国职业教育的国际化，促进中外文化的有效交流。当然，各个职业院校可以在统一的管理体制下，结合输入国的政治、经济、文化特色和需求，有针对性地开展鲁班工坊的项目教学。

（三）鲁班工坊的特色发展，需要加强国际化专业教学标准建设

鲁班工坊成立后，需要加强每个鲁班工坊的专业化教学标准建设。加大鲁班工坊课程、教材和资源建设力度，为鲁班工坊的学历教育和专业培训奠定良好的基础。在专业教学标准的建设过程中，需要注意统一性与差异性的统一，注重专业性与文化性的统一，注重国际性与本土性的统一。只有这样，才能保证职业教育国际化与本土化的融合，做到因材施教。

（四）鲁班工坊的质量发展，需要建构相应的质量评价体系

鲁班工坊的建设与发展，需要有一套行之有效的质量评价体系作为支撑，定期开展对海外鲁班工坊建设情况和人才培养状况的评价工作，以确保鲁班工坊优质高效地运行。鲁班工坊的评价体系主要反映了鲁班工坊项目的教育

教学质量，应主要从输入国学校的评价、学员的评价入手，从学生满意度等方面设计评价指标。建立完善的鲁班工坊信息化管理与服务平台，对已建成的鲁班工坊实施绩效评价，对评价良好的输出校给予一定的奖励，以保证鲁班工坊的良好发展。

案例七："一体两翼四方联动"的埃及鲁班工坊建设模式

2018 年 9 月，在中非合作论坛北京峰会上，习近平主席提出要"在非洲设立 10 个鲁班工坊，向非洲青年提供职业技能培训"，中非职业教育合作迎来空前的发展机遇。2019 年 4 月，习近平主席在会见埃及总统塞西时提出"中国还将在埃及设立'鲁班工坊'，向埃及青年提供职业技能培训"；2021 年习近平主席在中非合作论坛第八届部长级会议上再次提出"中国将继续同非洲国家合作设立'鲁班工坊'，鼓励在非中国企业为当地提供不少于 80 万个就业岗位"；2022 年 2 月，习近平主席在会见埃及总统塞西时强调中埃双方还要共同引领中阿（拉伯）、中非集体合作，加快打造面向新时代的中阿命运共同体，推动中非合作论坛"九项工程"取得更多早期收获，促进非洲发展振兴。埃及鲁班工坊建设已经上升为国家发展战略，也是不断深化中非合作的重要任务。

一、埃及中资企业与国际产能合作

（一）埃及中资企业现状

中国是埃及最大的贸易伙伴。2017 年中国成为埃及第一大进口来源地，出口目的地排名从 2016 年的第 14 位升至第 9 位，埃中双边货物贸易额为 80.57 亿美元，下降 9.08%。其中，埃及对中国出口 6.69 亿美元，增长 35.35%；自中国进口 73.88 亿美元，下降 11.71%；贸易逆差 67.19 亿美元，下降 14.67%。"中国制造"深受当地民众欢迎。在大型百货公司和大型超市里，中国品牌随处可见。2018 年 5 月华为手机在埃及的市场占有率由 4 月的 13.9%

增至 14.8%，位居第二；联想、传音、OPPO 手机分别位居第四、第五和第六。

中国与埃及在制造业、能源、电信、基础设施等领域已经开展了全方位合作，尤其在汽车、电力、铁路、港口物流、航天科技等方面合作潜力较大。自 2003 年中国汽车企业开始进入埃及市场，近年来汽车组装业发展迅速，现有轿车组装厂 12 家、客车组装厂 8 家、货车组装厂 5 家。华晨、奇瑞和吉利在埃均设立了全散件组装（CKD）工厂。

其中，中埃·泰达苏伊士经贸合作区（简称“泰达台作区”）是中埃“一带一路”合作的重点项目和标志性项目，是中非合作共建“一带一路”的示范性项目。该园区位于开罗以东 120 千米 Ain Sokhna 港畔的苏伊士湾西北经济区，距港口直线距离 2 千米，属于埃及苏伊士运河经济特区的一部分。经过 10 余年的建设，泰达合作区已成为埃及综合环境最优、投资密度最大、单位产出最高、中资企业最密的工业园区。目前共吸引入园企业 120 余家，实际投资额超 12.5 亿美元，累计销售额超 25 亿美元，缴纳税费近 1.76 亿美元，员工属地化率在 90%以上，为近 4000 人直接解决就业问题，产业带动就业 4 万余人。泰达合作区正充分发挥平台作用，推动产业聚集不断加快，促进中埃两国经贸合作，助力以国内大循环为主体、国内国际双循环相互促进的新发展格局的形成。

（二）中埃国际产能合作

据埃及投资和自由区管理总局（GAFI）统计，2018—2019 财年，中国对埃及直接投资流量 1.9 亿美元，在所有投资来源国（地区）中位列第 13，累计外国直接投资（FDI）存量约 9.74 亿美元，在所有投资来源国中位列第 23。截至 2020 年 6 月 30 日，在埃及注册的中国企业超过 1500 家。

据中国驻埃及使馆经商处不完全统计，中国企业通过不同渠道对埃及的直接和间接投资额累计超过了 75 亿美元，包括在石油领域的并购和股权投资等，创造本地就业岗位近 3 万个。投资领域集中在油气开采和服务、制造业、建筑业、信息技术产业以及服务业等。在中国驻埃及使馆经商处备案并开展经贸活动的埃及中资企业机构共 140 多家，其中在埃及正式注册的有 80 家，其余为非正式的联络处、项目部等。重点投资企业见表 7-1。

表 7-1 近 5 年中国对埃及投资统计①

（单位：万美元）

年份	直接投资流量	直接投资存量
2015	8081	66315
2016	11983	88891
2017	9276	83484
2018	22197	107926
2019	1096	108580

截至 2019 年年底，中国在埃各类实际投资额超过 70 亿美元，其中超过 90%为近 5 年内投入。而根据埃及方面的统计，有超过 1000 家中国企业以不同的形式在埃及的各个行业发展业务，涵盖石油、汽车、电力、制造业、承包工程、信息等产业。设立企业的形式主要有有限责任公司、股份公司、合伙公司、个人独资公司、分支机构、代表处、特许经营。目前在埃及的中资企业，主要类型是国内大型国营企业及民营，主要通过建立分公司、设立代表处或与埃及合资的形式发展业务；涵盖石油、汽车、电力、制造业、承包工程、信息等产业；中资企业在埃办公地址主要集中在埃及开罗、苏伊士等城市；在埃企业员工主要是国内员工外派，且大部分员工是本科及以上学历。通过对在埃及中国商会（Chinese Chamber of Commerce in Egypt）注册的 119 家企业相关材料可知，在埃及开设有限责任公司性质的分公司约 89 家，中埃合资企业约 15 家，国内大型国有企业及民营企业在埃及设有代表处约 15 家。②

二、埃及教育发展现状

（一）基本情况

埃及普通教育体系包括基础教育和高等教育。基础教育包括幼儿园、小学、中学。小学教育学制为 6 年，埃及满 6 岁的孩子可进入小学就读，11 岁小学毕业；初中阶段包括普通准备教育和职业准备教育，完成小学教育环节可升入该阶段，学制为 3 年，职业准备教育是在基本文化课基础上加入职业

① 中国商务部网站

② 2019 埃及投资指南（使馆经商处）

技能类课程，相当于我国的职业中学；高中阶段分普通高中学制为 3 年和中等技术教育学校学制为 3 年或 5 年。普通高中可升入大学、大学学制 4 年；也可以升入高等职业教育学校，学制为 2 年；中等技术教育学校毕业生也可升入高等职业教育学校。① 见表 7-2。

表 7-2　埃及教育体系表

<table>
<tr><th>年级</th><th colspan="2">教育层次</th><th>管理机构</th></tr>
<tr><td>2</td><td colspan="2" rowspan="2">博士</td><td rowspan="7">高等教育与科学研究部</td></tr>
<tr><td>1</td></tr>
<tr><td>2</td><td colspan="2">硕士</td></tr>
<tr><td>1</td><td colspan="2">毕业文凭</td></tr>
<tr><td>5</td><td rowspan="5">大学和高等教育机构</td><td rowspan="3"></td></tr>
<tr><td>4</td></tr>
<tr><td>3</td></tr>
<tr><td>2</td><td rowspan="2">五年制技术学校/职业教育学院</td><td rowspan="14">基础教育与技术教育部</td></tr>
<tr><td>1</td></tr>
<tr><td>12</td><td rowspan="3">普通高中</td><td rowspan="3">三年制技术学校</td></tr>
<tr><td>11</td></tr>
<tr><td>10</td></tr>
<tr><td>9</td><td rowspan="3">普通准备教育（初中）</td><td rowspan="3">职业准备教育（初中）</td></tr>
<tr><td>8</td></tr>
<tr><td>7</td></tr>
<tr><td>6</td><td colspan="2" rowspan="6">小学</td></tr>
<tr><td>5</td></tr>
<tr><td>4</td></tr>
<tr><td>3</td></tr>
<tr><td>2</td></tr>
<tr><td>1</td></tr>
</table>

① 来源：CAPMAS 统计年鉴（2018）

续表

年级	教育层次	管理机构
幼儿园 2	幼儿园	社会团结部
幼儿园 1		

埃及高中阶段分普通高中和中等技术学校，中等技术教育学校分为工业中等技术学校、农业中等技术学校和商业中等技术学校，各类学校、班级和学生数见表 7-3。

表 7-3　高中阶段教育（2014—2015 学年）情况表①

教育阶段	学校数（公办）	班级数（公办）	学生数（公办）	学校数（民办）	班级数（民办）	学生数（民办）
普通高中	2112	32921	1349540	1002	6095	185524
工业中等技术学校	956	23934	805673	10	109	3420
农业中等技术学校	205	3597	168705	–	–	–
商业中等技术学校	625	14937	565991	199	2526	101961
社会学校	5018	5018	106781	—	—	—
特殊教育	903	4430	36861	18	96	18

截至 2020 年，埃及拥有 35 所私立大学和 27 所公立大学，其中包括爱资哈尔大学，爱资哈尔大学是世界上最古老的高等学校之一，建于 972 年，比牛津大学、剑桥大学要早近 200 年，是埃及伊斯兰教古老高等学府；私立机构相对较小，大多数是营利性机构。根据统计研究所得的数据，2016 年，埃及 280 万名大专学生中，20. 6%进入私立学校就读。埃及许多私立大学都位于开罗，提供本科层次的教育和课程。

除大学外，还有数百所公立和私立技术学院，以及称为中级学院和高级学院的机构，它们通常会提供两门或三年制的文凭和四年制的学士学位课程，以更多的职业或专业为导向，从 20 世纪 90 年代中期的 40 家增加到 2017 年的 141 家。

① 《2019—2020 年度公私培训机构教育培训统计报告》中央公共培训统计局

（二）职业教育

埃及职业教育体系包括预备职业教育、中等技术教育和高等职业教育，中等技术教育分为3年制的中等技术学校和5年制的中等技术学校，主要包含三类专业：工业、商业和农业，学生毕业时可获得工业、商业、农业技术中等技术教育证书，五年制课程可获得高级技术文凭，且学科专业更细化，毕业后均可升入高等教育；此外，除了正规的中等职业技术教育与培训计划之外，还有非正式的培训计划，如学徒计划和双重计划，这些计划将职业培训中心的理论指导与实际培训相结合。这些课程通常是为就业而设计的，并不提供接受高等教育的机会。

埃及对高等职业教育重视不足，导致高等职业教育院校数量较少，埃及提供高等职业教育的院校有：阿斯旺能源学院，邦哈电子学院，开罗、邦尼苏义夫工学院和中级工业及贸易学院。

（三）埃及政府对职业教育的政策与改革方向

1. 主要政策

近5年，埃及针对教育的主要政策就是赛西政府提出的《埃及“2030愿景”》教育发展战略。虽然之前穆巴拉克政府也制定了《2007—2012年大学前教育改革国家战略纲要》，但该纲要更多的是针对基础教育改革，几乎没有涉及职业教育的内容，因此关于埃及职业教育最具有指导性和现实意义的政策，就是《埃及“2030愿景”》中涉及的教育发展战略。

在《埃及“2030愿景”》教育发展战略中，关于职业教育的规划和目标包括：一是提高职业教育和技术教育的质量；二是借助职业教育的发展推进全民教育的发展；三是提高教育，特别是职业教育和技术教育的竞争力。其具体的指标见表7-4、表7-5、表7-6：

表7-4　职业教育质量提高指标表①

项目	2020年	2030年
初中优等生升入职业教育的比例	12%	20%
职业教育毕业生毕业后从事本专业人数比例	60%	80%

① 《埃及“2030愿景”》

表 7-5 全面教育发展指标表①

项目	2020 年	2030 年
技术教育升入职业教育的比例	16%	30%
技术教育班级平均人数比例	30%	20%
技术教育和职业教育的社会参与度	12%	20%

表 7-6 教育竞争力指标表②

项目	2020 年	2030 年
教育支出和投资占国内生产总值比例	5%（赶超发展中国家一般水平）	8%（赶超发达国家平均水平）
世界银行关于各国职业教育排名	排名目标实现第三	排名目标保持在第三

埃及的职业教育政府主管部门是教育与技术教育部，该部制定了《技术教育 2.0 时代（TE 2.0）转型的愿景》。该文件调动了社会各界广泛参与，内容涵盖了对技术教育现状的分析、以往的研究和实践经验、国际最前沿技术教育实践范例以及过去一年半里实际执行的项目。该愿景的制定和实施由特定专家组负责完成，专家组成员来自教育部技术教育改革咨询委员会。委员会由现任技术教育部副部长领导，并在基础教育与技术教育部部长指导下开展工作。

文件阐述了当前技术教育的愿景和使命，进而展现技术教育 2.0 时代转型的基本原则，将列出时代转型的六大关键支柱及优先性较高的工作重点，以及叙述了职业教育在系统层面需要优先解决的事项，并呼吁全球合作伙伴共同参与解决职教领域中的系统性问题。

基础教育与技术教育部向 2.0 时代职业教育转型提出的愿景和使命如下：

转型与改革：教育部所采取的措施并非对当前失败的体制进行改革，而是要用全新的、高质量的且符合国际标准的技术教育体系取而代之。因此，

① 《埃及“2030 愿景”》

② 《埃及“2030 愿景”》

转型的过程将是一场思维模式的彻底转变而非简单的变革。新体系的运作要求某一部分职能快速转变并迅速投入运作，另一部分职能则可以缓慢推进。无论快慢，转型工作都需同步进行，直到完成最终的转型目标。

以学习者为中心：转型必须注重学生在学习成果、健康和安全、恰当的职业指导等方面的最大利益，尽可能确保学生拥有劳动力市场所需的技能及体面的就业前景，并致力于将学生培养为具有强烈责任感和纪律性且对社会有贡献的公民。

雇主参与度：转型的各个方面都将涉及并吸引从学校到教育系统管理层等各个层面的私营雇主，并通过公私合营（PPP）等制度刺激对技术教育的投资。

紧密结合国家发展战略：技术教育转型将与国家经济计划、投资规划、工业发展战略以及《埃及“2030 年愿景”》紧密结合。在面对不断转型和变化的国家发展重点规划时，灵活性和适应性非常重要。

国际质量标准：转型的各个方面都将以国际标准为基准，包括质量保证、教师培训、基础设施、学习材料以及学习成果等。

包容性和吸引力：转型中的一切要素都应注重性别平等、关注有特殊需求的人士，并致力于提高学校的吸引力使其更适应学生需求，从而提升技术教育的整体形象。

《技术教育 2.0 时代（TE 2.0）转型的愿景》体现的基本原则、六大支柱及其工作重点见图 7-6。

教育部在建立埃及国家职业技术教育质量保证和认证管理局时提供的支持就是体现责任的特例。每个利益相关方都必须对其组织的活动和设立的目标负责，而教育部的存在可以更好地支持他们的工作，并在其中一些计划里起到带头作用或帮助一些项目取得最终的成功。

2. 埃及职业教育的国际合作

欧盟援助非洲教育政策持续时间长、援助范围广。在历史上可以分为四个阶段即殖民地时期、欧共体时期、欧盟成立后、非盟成立后。就近现代而言，欧盟援非教育政策秉持合作办学形式进行，提倡“两个联盟、一个视角”，在此基础上形成“非洲联合欧盟战略行动计划”、两个非洲教育的十年计划。

图 7-6 《技术教育 2.0 时代（TE 2.0）转型的愿景》

德国与埃及借助职业技术培训形式，开展合作办学并进行资金援助。2011 年，德国实施“债务换发展计划”，将截至当时埃及对德国四年总计 3 亿欧元债务资金重新投入埃及相关发展项目，以完善职业教育、提升青年就业、增加对埃投资。2019 年埃及—德国技术培训学院在埃及苏伊士运河经济区建成，成为该区域首个职业技术培训中心。该培训中心由德国西门子公司、德国经济合作与发展署、德国国际合作署联合建立，总投资 2200 万欧元，计划在 2019—2023 年间针对埃及苏伊士运河经济特区为 5000 人进行德国职业技术培训。此外，德国与埃及还签署了名为“穆巴拉克—库勒工程”，即双重教育与培训体系协议。

美国对非洲国家进行教育援助并进行大量职业教育培训项目。在软件援助方面，美国投入巨大，注重文化、价值观、意识形态的输出。美国采用结果导向性方式进行对外援助系统管理，重视受援国自身能力建设，在教育援助方面注重受援国的政策改革和教育体系改革，建立受援国自身主导的教育发展战略，并和受援国组织、民间社会团体建立良好合作关系，提高教育援助效果，利用外来教育援助帮助受援国发展本国教育事业。美国对包括埃及在内的非洲国家开展教师培训和教育管理者培训项目。

日本对外援助重点为进行农业、工程、医学等相关的职业技术教育培训，重视对受援国进行技术技能人力资源培训与开发，主要援助项目为数学、科学技术等相关内容，相关学科外派专家占日本海外外派专家的31%，拨款资金占总拨款的22%。例如1997—2000年对埃及展开“初等教育中创新课程发展的微型项目技术援助”项目，其主要内容为数学、科学、技术教育。

3. 埃及职业教育发展面临的问题、影响因素

埃及是非洲发达国家，工业化起步较早，基础工业实力较为雄厚，工业门类较为齐全，服务业发达，教育体系较完善，高等教育水平位居非洲前列。但通过系统的资料查询和调研，认为埃及职业教育在许多方面欠发达，与世界职业教育发达国家差距较大，主要体现在以下五个方面。

一是埃及政府相对于普通教育对职业教育的重视程度不足，表现在多年来埃及政府和教育主管部门缺乏埃及职业教育的整体性政策导向，缺少必要的立法。经查询近5年，埃及政府和主管教育部所颁布的政策文件不足十项，缺乏对埃及整体教育发展的政策环境和对其强有力的支持力度。

二是埃及社会和国民存在着“重普轻职”的现象，数据显示，大约三分之二的预科毕业生希望升入高中，而进入职业院校的占少数，在高等职业教育阶段同样如此。

三是埃及职业教育体系尚待进一步充实和完善，数据显示，埃及职业院校大多数（800余所）为中职院校，高等职业院校数量很少。同时，从课题组现场观测情况看，埃及职业院校普遍存在规模小、办学条件差、教师队伍企业实践经验不足的问题。

四是埃及职业教育行业的参与度少，数据显示，埃及职业教育几乎没有相应的职业标准，职业院校专业大都是工业化初期和中期所对应的传统专业，在本报告所描述的埃及重点产业和支柱产业与职业教育专业的匹配度不够，产教融合几乎为虚化，职业院校毕业生的留用和对企业发展的支持度尚不充分，埃及的职业资格框架不完善，缺少完整职教和普教贯通的通道。

五是埃及职业院校的教学理念和教学模式与世界发达职业教育有一定距离，从资料显示和实地观测看，教师的课堂教学大多是采用传统面授方式，工学结合和工学交替的教学方法采用较少，现代学徒制实施不广泛，企业对学校专业和课程建设的参与度不够，信息化教学资源和现代化实训设备尚缺乏。

三、埃及鲁班工坊建设情况

（一）建设目标

服务国家“一带一路”倡议，支持中国企业和产品“走出去”，服务国际产能合作，探索援助非洲教育发展新模式，在埃及合作建立2个鲁班工坊，使职业教育配合中国企业“走出去”，为在埃及当地的中国企业培养急需的应用型、技术技能型人才和服务埃及当地经济发展，实现优质资源共享，开展交流与合作，提高中国职业教育的国际影响力，创新职业院校国际合作模式。

（二）外方建设院校

艾因·夏姆斯大学：位于埃及首都开罗，是埃及最著名的大学之一。学校现有8个校区，16个二级学院、3个研究院，共有200个系。学校现有14000名教职工，30000名雇员，200000名本科生，30000名研究生。

其工程学院设有基础设施工程、环保建筑与城市生活、机电一体化工程与自动化、计算机工程与软件系统、能源与可再生工程等专业。

开罗高级维修技术学校：成立于1996年，位于埃及开罗省纳斯尔市。学校占地面积25000平方米，是一所五年制的高级学校。学生15岁取得基础教育预备证书即可以入学，学制五年，毕业获得高级文凭。因为有大量的学生申请，故本校的选拔主要基于入学考试成绩，兼顾学生预备证书成绩。学校在2009年首次获得国家教育质量保证与证书颁发机构（NAQAAE）的认证。学校在2012年和2014年分别再次获得成功认证。学校共有学生753人，教师162人。

（三）项目建设过程

1. 项目调研与埃方合作伙伴遴选

自2018年开始，按照天津市教委统一部署，我院积极筹建埃及鲁班工坊。我院与在埃中资企业中非泰达集团等联系，借助企业寻找当地合适的合作院校作为合作伙伴，同时与中国驻埃及大使馆取得了联系，并进行了广泛调研。

2019年1月，中方代表团访问埃及实地对埃及相关政府部门、埃及相关院校、在埃中资企业及中埃·泰达苏伊士经贸合作区开展调研。之后，在中国驻埃大使馆的支持与帮助下，中方确定在3月邀请有意向合作的埃及教育部门及相关院校代表，包括：艾因·夏姆斯大学代表团、埃及教育与技术教育部副部长率领的技术教育代表团、开罗高级维修技术学校代表、五十五日城高级工业技术学校代表，来天津举办中埃职教研讨会，并遴选埃及鲁班工坊共建合作伙伴。研讨会期间，天津市委常委、市委宣传部部长陈浙闽及教育部副部长孙尧还分别会见了到访的埃及教育部副部长，并就鲁班工坊的建设与合作进行了交流洽谈。埃方表达了强烈的合作意愿，天津市专家团组也初步确定埃及鲁班工坊埃方合作伙伴为艾因·夏姆斯大学或开罗高级维修技术学校，需天津学校访问这两个学校，现场考察学校具体办学情况及建设场地情况等进一步确定。

2. 确定合作意向，签订合作备忘录

在前期调研和中埃职业教育研讨会的基础上，天津轻工职业技术学院、天津交通职业学院于三月底再次出访埃及，考察鲁班工坊选址工作，在天津市委、市政府领导下，在市教委指导下，最终确定在埃及建设两个鲁班工坊，一个是艾因·夏姆斯大学鲁班工坊，围绕数控设备应用与维护、新能源应用技术、汽车运用与维修技术三个专业开展合作；另一个是开罗高级维修技术学校鲁班工坊，围绕数控加工技术和汽车维修技术两个专业开展合作。

天津轻工职业技术学院、天津交通职业学院、艾因·夏姆斯大学三所学校签署埃及鲁班工坊合作备忘录。天津轻工职业技术学院、天津交通职业学院还与中非泰达投资股份有限公司、汉能薄膜发电集团及中交一公局集团有限公司签署了埃及鲁班工坊校企合作备忘录。天津市教委与埃及基础教育与技术教育部签订开展职业教育合作备忘录。

3. 工坊建设

埃及鲁班工坊的建设，以工程实践创新项目（EPIP）的教学模式，以开发的国际化专业教学标准为基本依据，以全国职业院校技能大赛赛项装备为重要载体，以“师资培训先行”及教学资源为必要保障。建成后，对当地学生和企业员工开展学历教育、技术技能培训，旨在为埃及培养适应当地经济社会发展需要的技术技能人才。与艾因·夏姆斯大学合作建设的鲁班工坊，位于艾因·夏姆斯大学工程学院院内共计1200平方米，建设数控设备应用与维护实训室、新能源应用技术实训室、汽车运用与维修技术实训室；与开罗高级维修技术学校合作建设的鲁班工坊，位于开罗高级维修技术学校校内，共计620平方米，建设数控加工技术、汽车维修技术两个专业实训室和电脑鼠实训区。

按照中国标准，中埃双方共同进行了实训室的装修装饰，中方院校为埃及鲁班工坊五个实训室捐赠了中国国内最先进的教学设备仪器。鲁班工坊模式是按照中国的职业教育标准培养合作国家的本土教师、教育本土学生。因此，埃及鲁班工坊非常重视师资培训，精准分析埃及教师基本情况，确定培训方案，通过专家讲座、技能训练、企业实践、文化考察等措施，使埃及教师学习优秀的教学方法、EPIP 教学模式和先进的专业知识和技能，培养埃及教师的综合能力，为使其成为鲁班工坊骨干教师，实现埃及鲁班工坊的可持续发展奠定坚实的基础。并将在埃及艾因・夏姆斯大学和开罗高级维修技术学校两个鲁班工坊建设及运行期间定期轮流对埃及教师进行培训，保证师资力量充足，教师随时更新知识。根据埃及鲁班工坊建设项目中学生培养培训发展需要，进行教学资源建设，开发 5 个专业的专业标准和课程标准，开发并出版 5 本专业双语教材。根据艾因・夏姆斯大学和开罗高级维修技术学校的需求，设计适合埃及当地学生的初中高培训大纲及相关教学资源，进行推广应用。

截至 2019 年 12 月底，埃及鲁班工坊从场地、设备、师资、教学标准、课程资源等方面，按照“五到位”要求完成了全部建设任务。

4. 揭牌启运

2020 年 11 月 30 日，埃及鲁班工坊“云揭牌”启动仪式在埃及艾因・夏姆斯大学、埃及基础教育与技术教育部、天津市教委、中国驻埃及大使馆、埃及驻中国大使馆，中埃两国 5 个会场同时连线举行，两国嘉宾在 5 个分会场共同见证鲁班工坊启动运营。埃及鲁班工坊“云揭牌”启动仪式圆满成功，标志着埃及鲁班工坊进入崭新的建设阶段。

图 7-7　埃及鲁班工坊举办“云揭牌”启运仪式天津市教委会场

图 7-8　埃及艾因·夏姆斯大学鲁班工坊揭牌现场图

图 7-9 埃及开罗高级维修学校鲁班工坊揭牌现场图

埃及鲁班工坊开创了自鲁班工坊建设项目开展以来首次在一个国家建设两个鲁班工坊的先河。为了顺应埃及进行职业教育改革的迫切需求，与埃及基础教育与技术教育部合作开展中职方向的职业教育合作，与高等教育部下的艾因·夏姆斯大学开展高职层次的职业教育合作，埃及鲁班工坊开设的 5 个专业将嵌入埃及职业教育改革，形成中高职贯通的鲁班工坊教育体系。将我国中高职衔接的职业教育体系分享给埃及，成为埃及职业教育典范，助力埃及职业教育体系规划与构建。

埃及高等教育与科学研究部副部长穆罕默德·艾曼·埃舒尔教授在埃及鲁班工坊“云揭牌”启动仪式讲话中提道：“埃及鲁班工坊是艾因·夏姆斯大学工程学院学生进行实训的开端，这在埃及甚至是非洲也是首创，这将为学生在工程领域的学习提供巨大的帮助，从而有利于推动埃及相关工业技术的进步。”

埃及基础教育与技术教育部副部长穆罕默德·穆贾希德博士在埃及鲁班工坊“云揭牌”讲话中提道：“埃及鲁班工坊的出现正值埃及职业技术教育改革重要时期，它有利于推进我们的改革，并将成为我们学习的对象，埃及鲁班工坊为开罗高级维修技术学校的师生们带来先进的教育理念、教学标准和实训设备，我们坚信埃及鲁班工坊将成为埃及职业技术教育的样板。”

埃及鲁班工坊建成初期，已经有当地政府部门及企业如 IMC（工业现代中心）、Lafarge（公司）等纷纷来与埃及院校联系，商谈为其培训员工事宜。鲁班工坊将发挥向埃及青年提供职业技能培训，为埃及培养应用技术人才的作用，增强埃及青年的就业能力，为埃及工业发展提供技术支撑。

埃及鲁班工坊还将服务于中埃国际产能合作，为在埃中资企业培训了解中国文化、懂中国技术的本土高技术技能人才。中非泰达投资股份有限公司帮助埃及建设中非泰达工业园区，园区目前吸引了越来越多的中资企业入驻投资建厂，对数控和新能源方面的人才有很大需求。中方院校与中非泰达投资股份有限公司、汉能薄膜发电集团及中交一公局集团有限公司签署了埃及鲁班工坊校企合作备忘录。三家公司积极参与埃及两个鲁班工坊人才培养方案的制定，明确用工标准，指导埃及鲁班工坊人才培养。今后，这些中资企业可以成为埃及鲁班工坊实习实训场所。鲁班工坊也将为更多的在埃中资企业的发展提供更多本土技术技能人才，支持企业在埃发展。埃及鲁班工坊也将会为国内企业“走出去”赴埃及投资考察搭建桥梁，成为企业“走出去”的桥头堡。

中埃双方院校为鲁班工坊的建设付出心血与汗水，凝聚智慧和理想，高起点规划、高水平建设，充分彰显了开拓创新、精益求精的工匠精神与携手并进、共同发展的国际合作理念。双方也将共同致力于把埃及鲁班工坊建设好、运营好、发展好，搭建中埃两国人文交流、文明互鉴的平台，将埃及鲁班工坊建成非洲鲁班工坊的标杆和样板工程，打造中非职业技术教育合作的新模式，使埃及鲁班工坊在中非职教合作中发挥更大作用。

图 7-10　埃及鲁班工坊实训室

四、建设模式与标准

埃及鲁班工坊实践了鲁班工坊建设程序“六步骤”、建设模式标准，并构建了“一体两翼四方联动”的建设与运行模式。

1. 建设程序“六步骤”

建设程序“六步骤”指：遴选境外合作院校、确定合作专业及建设场所、开发课程标准与配套教学资源、培训境外鲁班工坊教师、安装调试实训室设备、鲁班工坊揭牌启运。

2. 建设模式标准

埃及鲁班工坊研究与实践并行，构建了“一体两翼四方联动”的建设与运行模式，使埃及鲁班工坊成为非洲鲁班工坊建设的标杆。

“一体”指以支持埃及职业技术教育改革发展，培养技术技能人才为主体。埃及鲁班工坊建设的核心目的即向埃及青年提供职业技能培训，围绕这个核心目的，在建设初期中埃双方教育部和合作院校以埃方需求为导向进行了深入沟通，就中埃职业教育合作特别是埃及鲁班工坊建设进行研讨。中埃双方先后召开了两次中埃职业教育合作与交流研讨会，双方针对鲁班工坊的定位、功能确定及发展进行了深度交流并取得共识，制定了完善的建设方案，助力埃及职业教育发展。

“两翼”指打造中埃人文交流与国际产能合作桥梁。埃及鲁班工坊实训室建设、国际化专业建设、国际化教学资源建设和师资培养等始终围绕着支持埃及职业教育改革发展、支持中埃两国的人文合作交流、支持在埃中资企业的国际产能合作，中资企业及中国国内企业参与了埃及鲁班工坊的项目调研、实训室建设、设备安装调试、师资培训、人才培养方案制定、教学资源建设、提供校外实训基地、学生就业等各个建设环节。埃及鲁班工坊充分考虑埃及当地技术技能人才的需求和职业教育的发展实际，本着平等合作、优质优先、强能重技、产教融合、因地制宜的理念，提供高水平的实训教学设备，与埃方共同开发和建设特色的国际化专业，培训师资队伍，为当地青年提供技术技能培训和学历教育。

“四方联动”指政府、园区、企业及院校四方合作建设。政府即中埃双方政府联动，埃及鲁班工坊建设与发展始终得到了中埃两国和地方政府的高度重视和全力支持，埃及教育部和天津市领导分别四次亲临埃及鲁班工坊考察，对埃及鲁班工坊的建设效果给予了高度肯定；园区即中埃·泰达苏伊士经贸合作区积极参与埃及鲁班工坊建设及运行全过程，从调研、人才培养方案制订、建立校外学生培训就业基地等深度参与鲁班工坊建设；鲁班工坊也将为园区及园区企业培养本土技能人才，服务企业在埃发展；企业包括埃及泰达特区开发公司、中交一公局集团有限公司、汉能移动能源控股集团等中埃双国企业，埃及鲁班工坊联合中埃两国企业，积极服务国际产能合作，并建立了有效的沟通与合作机制。

五、主要特色与创新

在埃及鲁班工坊的实践与研究过程中，在几个方面有所突破并起到了示范作用，成为非洲鲁班工坊建设的标杆。做到了“四个第一”“五个最”。

（一）主要特色

埃及鲁班工坊在建设与实践中做到了“四个第一”，即第一次实践归纳出规范的鲁班工坊建设流程、第一次归纳总结出鲁班工坊的建设模式标准、第一次提出"一体两翼"的鲁班工坊核心功能、第一次依托"教育部与天津市省部共建协议"在国内成立了"非洲职业教育研究中心"。

埃及鲁班工坊在非洲鲁班工坊中实现了"五个最"，即办学层次最全，唯一一个在同一个国家设立两个层次的鲁班工坊，形成中高职贯通体系；场地建设面积最大，实训室建设面积1820平米，建设总投入约3200万元；开设专业数量最多，开设3个高职专业，2个中职专业；国际化标准最完备，构建"中高职"衔接的现代职业教育体系，中埃共同开发出适应当地需求的5个国际化专业教学标准及30门国际化课程标准和12套初、中、高级人才培养大纲，并将"中文+职业技能"融入埃及鲁班工坊建设；立体化教学资源最丰富，做到了建成具有埃及职业教育最高水平的5个综合实训室和配套的14本国际化双语教材及立体化教学资源。

埃及政府教育部及合作院校对鲁班工坊建设及教学模式给予了高度认可和评价，艾因·夏姆斯大学校长马哈茂德·马提尼在接受新华社采访时表示"从长远来看，鲁班工坊将帮助学生更好地适应就业市场，满足就业需求"。埃及鲁班工坊建设与运行模式经过几年来的实践，形成了具有推广价值、适应非洲职业技术教育改革与发展的范式。被埃及教育部与技术教育部列入《技术教育2.0改革》"卓越基地"试点项目。

（二）创新之处

1. 理论应用创新

在埃及鲁班工坊建设中，应用比较经济学理论、协同学理论等相关理论，做到了鲁班工坊建设模式有依托、运行管理有规则，在中国优质教育资源向非洲"输出"中形成了中埃合作交流的内部聚合力和鲁班工坊持续发展内生动力；在追赶和拉动作用下产生并逐渐放大鲁班工坊效应，支撑了埃及职业教育发展，逐渐拓展到国际产能合作和人文交流；创立的基础理论为建立鲁班工坊的基本概念、内涵、核心要义、功能范围、建设模式标准和运行模式标准提供了支撑。

2. 建设模式标准创新

埃及鲁班工坊建设提出了"合作院校、合作专业、实训场地输出设备与技术、外方教师培训与国际化教学资源、中外校企协同"的建设模式标准；

构建了埃及中高职衔接办学体制，为完善和补齐埃及职业教育体系中的“短板”做出了贡献，成为埃及职业教育改革的样板工程。鲁班工坊的建设模式标准在国内首次被提出并得到普遍认可，成为鲁班工坊建设的范式。见图7-11。

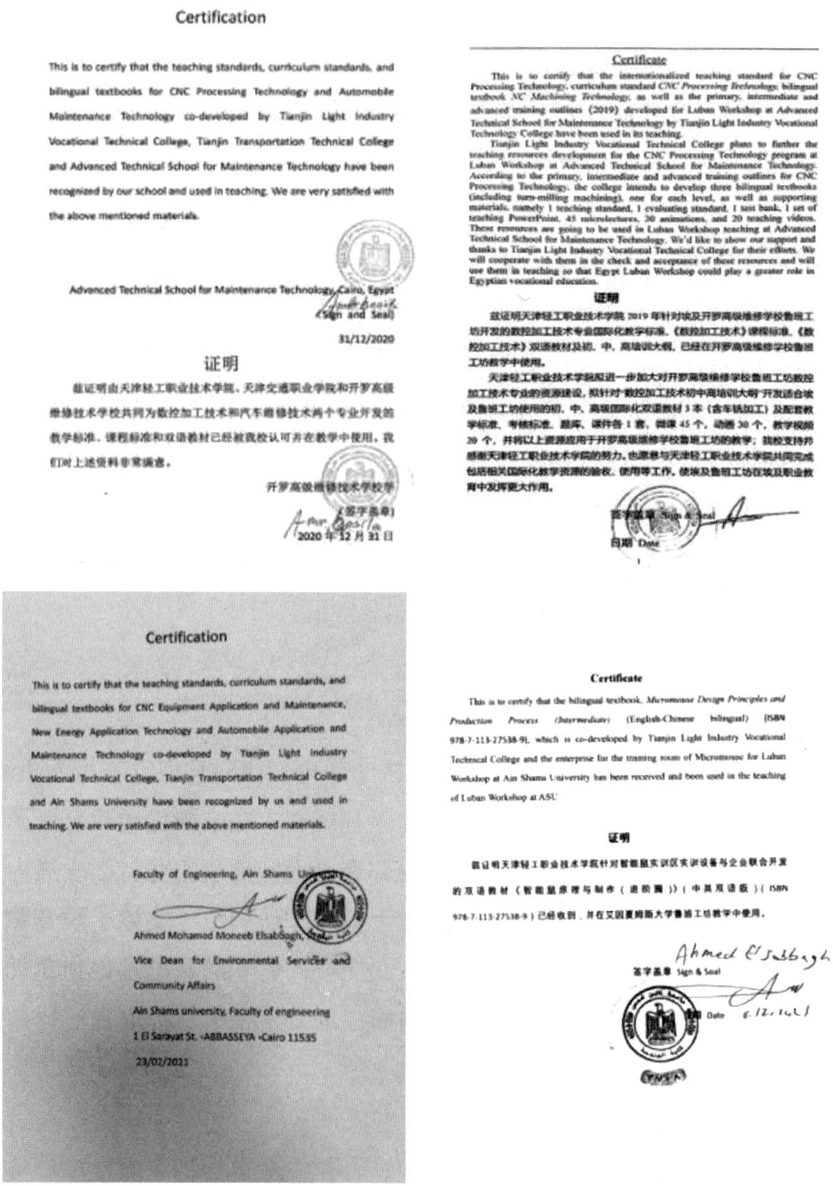

Certification

This is to certify that the teaching standards, curriculum standards, and bilingual textbooks for CNC Processing Technology and Automobile Maintenance Technology co-developed by Tianjin Light Industry Vocational Technical College, Tianjin Transportation Technical College and Advanced Technical School for Maintenance Technology have been recognized by our school and used in teaching. We are very satisfied with the above mentioned materials.

Advanced Technical School for Maintenance Technology, Cairo, Egypt
(Sign and Seal)
31/12/2020

证明

兹证明由天津轻工职业技术学院、天津交通职业学院和开罗高级维修技术学校共同为数控加工技术和汽车维修技术两个专业开发的教学标准、课程标准和双语教材已经被我校认可并在教学中使用。我们对上述资料非常满意。

开罗高级维修技术学校
（签字盖章）
2020年12月31日

Certificate

This is to certify that the internationalized teaching standard for CNC Processing Technology, curriculum standard *CNC Processing Technology*, bilingual textbook *NC Machining Technology*, as well as the primary, intermediate and advanced training outlines (2019) developed for Luban Workshop at Advanced Technical School for Maintenance Technology by Tianjin Light Industry Vocational Technology College have been used in its teaching.

Tianjin Light Industry Vocational Technical College plans to further the teaching resources development for the CNC Processing Technology program at Luban Workshop at Advanced Technical School for Maintenance Technology. According to the primary, intermediate and advanced training outlines for CNC Processing Technology, the college intends to develop three bilingual textbooks (including turn-milling machining), one for each level, as well as supporting materials, namely 1 teaching standard, 1 evaluating standard, 1 test bank, 1 set of teaching PowerPoint, 45 microlectures, 30 animations, and 20 teaching videos. These resources are going to be used in Luban Workshop teaching at Advanced Technical School for Maintenance Technology. We'd like to show our support and thanks to Tianjin Light Industry Vocational Technical College for their efforts. We will cooperate with them in the check and acceptance of these resources and will use them in teaching so that Egypt Luban Workshop could play a greater role in Egyptian vocational education.

证明

兹证明天津轻工职业技术学院2019年针对埃及开罗高级维修学校鲁班工坊开发的数控加工技术专业国际化教学标准、《数控加工技术》课程标准、《数控加工技术》双语教材及初、中、高培训大纲，已经在开罗高级维修学校鲁班工坊教学中使用。

天津轻工职业技术学院拟进一步加大对开罗高级维修学校鲁班工坊数控加工技术专业的资源建设，拟针对“数控加工技术初中高培训大纲”开发适合埃及鲁班工坊使用的初、中、高级国际化双语教材3本（含车铣加工）及配套教学标准、考核标准、题库、课件各1套，微课45个，动画30个，教学视频20个，并将以上资源应用于开罗高级维修学校鲁班工坊的教学；我校支持并感谢天津轻工职业技术学院的努力，也愿参与天津轻工职业技术学院共同完成包括相关国际化教学资源的验收、使用等工作，使埃及鲁班工坊在埃及职业教育中发挥更大作用。

签字盖章 Sign & Seal
日期 Date

Certification

This is to certify that the teaching standards, curriculum standards, and bilingual textbooks for CNC Equipment Application and Maintenance, New Energy Application Technology and Automobile Application and Maintenance Technology co-developed by Tianjin Light Industry Vocational Technical College, Tianjin Transportation Technical College and Ain Shams University have been recognized by us and used in teaching. We are very satisfied with the above mentioned materials.

Faculty of Engineering, Ain Shams University
Ahmed Mohamed Moneeb Elsabbagh,
Vice Dean for Environmental Services and Community Affairs
Ain Shams university, Faculty of engineering
1 El Sarayat St. ·ABBASSEYA ·Cairo 11535
23/02/2021

Certificate

This is to certify that the bilingual textbook, *Micromouse Design Principles and Production Process (Intermediate)* (English-Chinese bilingual) (ISBN 978-7-113-27538-9), which is co-developed by Tianjin Light Industry Vocational Technical College and the enterprise for the training room of Micromouse for Luban Workshop at Ain Shams University has been received and been used in the teaching of Luban Workshop at ASU.

证明

兹证明天津轻工职业技术学院针对智能鼠实训区实训设备与企业联合开发的双语教材《智能鼠原理与制作（进阶篇）》（中英双语版）（ISBN 978-7-113-27538-9）已经收到，并在艾因夏姆斯大学鲁班工坊教学中使用。

签字盖章 Sign & Seal
日期 Date

图 7-11　埃及鲁班工坊教学资源使用证明

3. 优质教学资源输出，支持合作国职业教育的创新

实体化实训教学装备与虚拟仿真教学资源同步输出，线上线下教学资源同步建设。埃及鲁班工坊共建设了体现国际先进水平的 5 个实训室，11 台（套）综合实训装备，30 门国际化课程标准和 12 套初、中、高级人才培养大纲，并将“中文+职业技能”融入埃及鲁班工坊建设，提供了学生实践教学和技能训练的场所和条件；在输出实体化教学装备的同时，同步输出具有国内先进水平的全套的虚拟仿真系统，提供了定制式立体化的虚拟现实实训教学环境；新能源国家级教学资源库 4 门课程、教材等国内优质教学资源全部上线，数控加工技术等 24 门网络视频公开课和相应的高水平线上资源为实现线上线下混合式教学提供了条件。在新冠肺炎疫情防范期间，中埃双方的线下教学受到影响，但依托和利用优质的线上教学资源，鲁班工坊的教学运行没有中断，见图 7-12、图 7-13、图 7-14、图 7-15。

新能源类专业教学资源

类型	名称	备注
设备	风光互补安装与调试系统	已投入运行
	风力发电调试系统	资源正在开发
虚拟仿真	风光互补安装与调试系统	中英文
	风力发电调试系统	2022年计划
视频	风光互补设备资源	授课视频10段（普通话、中英文字幕）
	风光互补设备资源（培训资源）	资源建设中，满足线上培训（250分钟）
	风电设备授课资源	授课视频8（普通话、中英文字幕）
	风电设备授课资源（培训资源）	2022年计划，满足线上培训
教材	《风光互补发电系统安装与调试》	中英文、适用埃及
	《智能鼠原理与制作（进阶篇）》	中英文
	《大型风力发电系统安装与调试》	中英文、待出版
课程标准	《风光互补发电系统安装与调试课程	中英文
	《智能鼠原理与制作实训课程标准》	中英文
	《应用光伏技术课程标准》	中英文
	《大型风力发电系统安装与调试课程	中英文
培训大纲	《风光互补发电技术》培训大纲 1套	中英文
	《风力发电技术》培训大纲（一级、	中英文
专业标准	光伏发电技术专业人才培养标准	中英文
	光伏工程技术专业国际化专业标准	天津市级
	新能源装备国际化专业标准	天津市级
鲁班工坊建设标准	新能源鲁班工坊准入标准	天津市级
相关课题	《基于“鲁班工坊”EPIP视野下新能源类专业国际化课程建设模式研究》	天津市“十四五”规划课题、在研
	《基于“鲁班工坊”建设推进专业课	2020年天津市高等职业技术教育研究会
	《后疫情时代新能源“鲁班工坊”建	2021年院级课题、在研

图 7-12　新能源应用技术专业教学资源

数控设备应用与维护专业教学资源

序号	类型	名称	备注
1	视频	1. 数控系统硬件连接	频（普通话、中英文
2		2. 主轴电气故障	
3		3. 认识PMC地址	
4		4. PMC程序调试	
5		5. 基本参数设定	
6		6. 伺服参数设定	
7		7. 数控机床的位置检测装置	
8		8. 绘制机床电气控制线路图	
9		9. 电动机正反转控制电路的设计与连接	
10		10. PMC系统的备份及恢复	
11		11. 了解数控车床的结构	
12		12. 了解数控铣床的结构	
13		13. 数控铣床精度检验	
14		14. 数控机床拆卸操作过程	
15		15. ZTXC-15数控车床精度检验	
16	微课	行程控制电路	（普通话、中文字
17		数控车床尾座拆装	
18		数控车方刀架的工作原理和拆装	
19		数控车主轴故障	
20	工作录像	数控车床、数控铣床精度调整	工作录像（普通话、无字幕）
21	（纸质版）教材、标准、	数控设备应用与维护专业国际化教学标准	中英文
22		《数控机床安装与调试》课程标准	
23		《数控设备应用与维护》初中高级培训大纲	

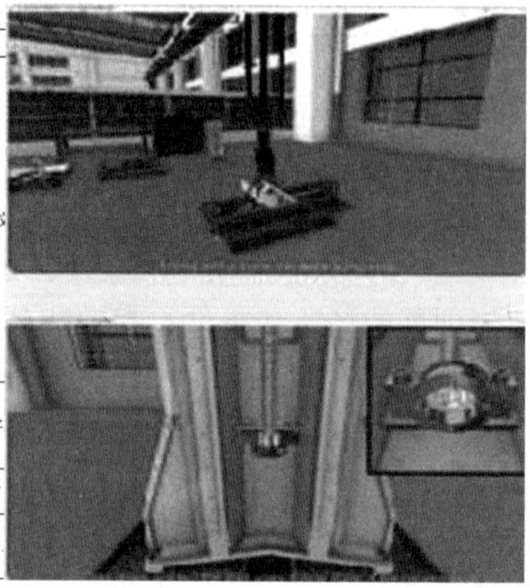

图 7-13　数控设备维护与应用教学资源

数控加工技术专业教学资源

序号	类型	名称	备注
1	（纸质版）教材、标准、大	《数控加工技术》双语教材	本资源对应埃及鲁班工坊《数控加工技术》中数控车、数控铣加工编程的中级技能等级水平，包含了轴类，槽类，螺纹，平板类等长用加工指令的应用，也包含了数控车铣配合类零件的加工。
2		《数控加工技术》培训大纲（	
3		数控加工技术专业国际化教学	
4		《数控加工技术》课程标准	
5	线上教学资源	底座的加工	
6		活钳体的加工	
7		基本体的加工	
8		螺母的加工	
9		手柄的加工	
10		丝杠的加工	

图 7-14　数控加工技术专业教学资源

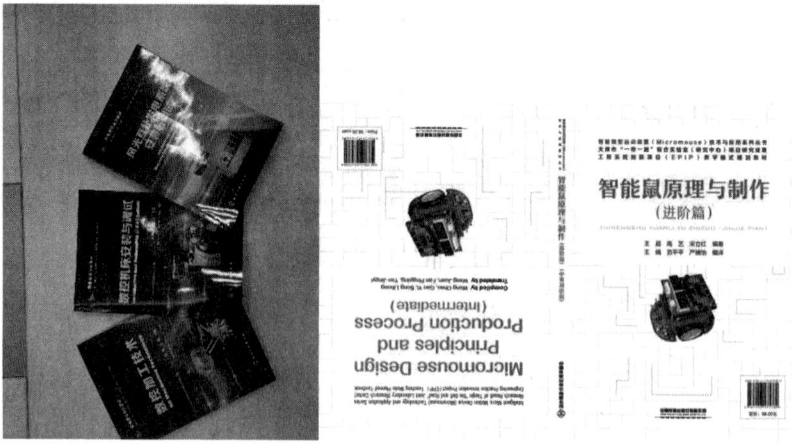

图 7-15　数控加工技术、数控设备维护与应用、新能源应用技术、电脑鼠双语教材

六、建设成效

埃及鲁班工坊自2018年年初建设以来，中埃两国政府将鲁班工坊融入国民教育体系作为合作与共同发展的重点，由于埃及高等职业教育院校数量较少，职业教育体系相对欠完善，不能满足培养大量高层次技术技能人才的需求，埃及鲁班工坊的建设补齐了埃及职业教育体系中的“短板”，在埃及同时建立中高职两个鲁班工坊，进一步增强了埃及高等职业教育层次的办学实力，优化埃及职业教育体系，满足了当前埃及职业教育发展的需求。

（一）研究与建设同步进行，理论研究成果丰硕

埃及鲁班工坊在建设过程中坚持研究与建设同步推进，通过高质量科研课题、研究成果等载体，依托项目建设实际，进一步夯实了鲁班工坊建设的理论依据，并创造性地提出了特色化的建设模式标准，提升鲁班工坊建设的科学性。在埃及鲁班工坊建设过程中，先后完成了国家教育科学规划教育部重点课题“‘一带一路’视域下海外鲁班工坊建设的标准化模式研究”，成果在全国教育科学规划办官网向全国进行成果公报；2020年完成《中国高等职业教育与非洲合作研究——埃及国别研究》，研究成果在中国联合国教科文组织全国委员会秘书处开展工作中被采纳；学院申报山东省与教育部部省共建国家职业教育创新发展高地鲁班工访研究与实践课题，被批准立项；在教育部、天津市教委和国内外论坛及接待学访中做典型报告150余次，核心观点和主要方法被天津市鲁班工坊研究与推广中心的有关文件所采纳。建成全国唯一的“鲁班工坊建设·体验馆”并详解介绍了成果的主要内容，得到国家领导人、教育部领导、外交部领导、天津市委市政府、天津市教委领导及多国驻华使节的肯定，接待国内外来访3万余人。

（二）搭建平台，国际产能合作成果丰硕

2021年，落实《关于深化产教城融合 打造新时代职业教育创新发展标杆的意见》，经天津市教委批准，在教育部职业教育中心研究所的指导下，成立了全国唯一的“非洲职业教育研究中心”，搭建了中非职业教育研究、交流、合作平台。2021年2月举办线上埃及鲁班工坊产教融合工作会暨中资企业赴埃及投资推介会。会议旨在以埃及鲁班工坊为平台，进一步深化产教融合、

校企合作，为中资企业“走出去”搭建实体桥梁，为已在埃及投资的企业和准备在埃及投资考察的企业建立双向沟通交流的平台和媒介，从而发挥鲁班工坊的更大作用，实现合作共赢，会后多家企业表达了赴埃及发展的意愿。2021 年 12 月 30 日，由天津轻工职业技术学院、天津交通职业学院、艾因·夏姆斯大学、埃及泰达特区开发公司 4 家单位携手共建的埃及鲁班工坊培训就业基地揭牌，泰达合作区成为了埃及青年专业技能实践的重要平台。

以埃及鲁班工坊为依托，学院还加入了“未来非洲——中非职业教育合作项目”，成为中非应用型人才联合培养项目的首批试点院校。

迄今为止，埃及鲁班工坊项目已培养埃方职业教育院校教师 40 人，学生 300 余人，为在埃中资企业培训员工 50 人。

（三）中外媒体广泛关注，人文交流持续深化

埃及鲁班工坊的建设受到了多方肯定，埃及高教部副部长、教育与技术教育部副部长、艾因·夏姆斯大学校长、埃及驻中国大使高度肯定了鲁班工坊在埃及实用人才培养方面发挥的重要作用；中方天津市副市长、中国驻埃及大使指出鲁班工坊是两国元首共同关心、两国职业教育深度开展合作的标志性成果。

埃及鲁班工坊建设及成效引起了广泛的社会关注，在国内新华社、《人民日报》等主流媒体先后报道 40 余次，在埃及权威媒体报道近 20 次。艾因·夏姆斯大学专门制作网页介绍埃及鲁班工坊。2020 年 12 月 20 日，埃及《宪章报》发表中国驻埃及大使署名文章《中埃职业教育牵手联合培养技能人才——写在埃及鲁班工坊启动运营之际》，大使指出埃及鲁班工坊将成为中埃两国人文交流、文明互鉴的平台，成为非洲鲁班工坊的标杆和样板工程，使埃及鲁班工坊在中非职教合作中发挥更大作用，为中埃两国的友好往来、推动两国经济合作发展做出新的更大贡献。

案例八：国际化教学资源建设标准的研究与实践

一、基本情况

（一）背景

鲁班工坊是中国职业教育国际知名品牌，是“一带一路”倡议下职业教育国际合作的创新服务项目。目前，天津的职业院校共在海外建设了20家鲁班工坊。在鲁班工坊的建设过程中，系统地提出了国际化专业教学标准开发的理念、方法和途径。

为了进一步提升鲁班工坊国际人才培养质量，在现有国际专业教学标准开发的基础上加快课程开发建设，鲁班工坊国际化专业课程开发与建设标准的制定就显得尤为重要。同时，由天津渤海职业技术学院承担的鲁班工坊服务平台运维及国际化专业示范性资源建设也正在稳步推进，在实施过程中，急需设计和制定一套理念先进、方便使用的鲁班工坊国际化专业课成绩资源建设标准，更好地服务于教育教学。

（二）目的

从鲁班工坊合作院校的实际出发，制定鲁班工坊国际化课程及资源建设标准，研发符合国际标准、鲁班工坊所在国教学及职业资格标准，用于所在国教师日常教学且所在国学生所能学习的国际化课程及资源。

（三）意义

中国职业教育国际课程标准开发建设既是长期以来我国职业教育的理论研究问题，又关系到当下职业教育国际合作的重大实践。当前迫切需要明确具有符合职业教育发展规律、对接国际职教理念、具有中国特色的职业教育课程开发指导思想，并以此为支撑来创建国家层面的对接国际的职业教育课程标准体系。该课题通过建立与国际先进水平接轨的，符合我国职业教育国际化品牌的课程标准，解决标准理念没有深入、课程体系没有衔接、开发工具不够科学、研制主体不够明确的问题。

（四）成果

制定了鲁班工坊国际化专业课程建设标准和鲁班工坊国际化教学资源建设标准。

课程建设以所在国国家职业资格标准和中国国际化专业教学标准为依据、以跨国企业岗位技能要求为导向、以实践创新能力培养为核心，着力构建生产过程无缝对接的课程体系；强调突出综合实践能力培养，开展课程与职业证书相融合的“双证书”一体化教学改革，积极探索将国际职业资格证书纳入课程框架；课程体系设计中突出企业实践能力培养；毕业设计立足为实习企业解决技术上的实际问题，鼓励采用企业生产中的真实课题，真题真做。

教学资源涵盖专业教学标准规定内容、覆盖专业基本知识点和技能点，建设特点突出、颗粒化程度较高、表现形式恰当，能够支撑标准化课程的资源。还包括针对鲁班工坊所在国产业发展需要和用户个性化需求，开发建设有特色性、前瞻性的教学资源。

资源类型一般包括文本类素材、演示文稿类素材、图形（图像）类素材、音频类素材、视频类素材、动画类素材和虚拟仿真类素材等。视频类素材注重叙事性和完整性，以“微课程”为主要形式，用于讲解知识点或技能点；动画类素材注重逻辑规律运动的形象表达，将抽象微观黑箱的概念可视化，用于演示抽象概念、复杂结构、复杂运动等；虚拟仿真类素材注重现场感和体验，主要用于展现“看不见、进不去、动不得、难再现”等不能开展现场教学的场景环境过程。

还将此标准运用到实际工作中，按照此标准组织开发了课程资源。对鲁班工坊一期项目成果的 225 个演示文稿、150 个教案、232 个微课（65G）进行改造，使之符合国际化课程和资源标准。二期项目正在紧张有序地进行，一方面借助信息化手段完成平台的升级改造，使之成为国际化课程和资源标准的载体和工具，保证使用平台所建课程均符合标准中的技术要求；另一方面拟建设开发符合标准要求的 40 个微课、32 个视频、32 个教案、32 个习题以及 5 本出版相关的教材。

二、鲁班工坊国际化专业课程开发与建设

鲁班工坊国际化职业教育专业课程标准是鲁班工坊专业课程教学的指导性文件，以中外行业、企业技术的发展需求和两国学历教育的专业要求为依据，对学生在课程学习过程中所学习的核心内容，课程实施的方式，以及学生在完成课程学习之后，在知识、技能、情感和职业态度的综合水平应达到的目标要求等诸多方面进行界定与阐述。

（一）鲁班工坊国际化课程标准建构依据

本课题所研究的国际化课程标准框架是以国内外的职业教育改革目标与经验，特别是以已建成的鲁班工坊为基础来进行设计的。相关的政策依据以我国职业教育国家政策文本为主导，包括我国“十二五”规划之后，国家层面为规范高等职业教育与中等职业教育教学发布的多项制度，2019 年国务院发布的对未来我国职业教育发展具有重大意义的国家职业教育改革实施方案等。相关国际参考重点借鉴德国、英国、澳大利亚和美国在国家专业课程标准方面的经验，吸收了德国的单元化课程设计理念与教学双主体模式、英国的国家职业资格框架体系以及澳大利亚的“培训包”开发理念等。经验参照则是以天津、上海和广东省等地方层面在对标国际专业技术标准、建构多层级的课程标准的开发模式与试点反馈经验。

鲁班工坊职业教育国际化专业课程标准所使用的对象既包括我国国内的职业院校，又包括海外的合作院校，因此课程标准的制定源于对中外职业教育的要求。国际化课程标准的制定依据，重点包括三个方面的内容。

1. 我国国家层面职业教育教学的相关政策

我国职业教育经过几十年的改革，已经形成具有中国特色的职业教育教学体系，教育部为提高我国职业教育的教学质量，从“十二五”开始，先后出台多项制度政策，规范高等职业教育与中等职业教育教学，这些制度对促进职业教育课程实现国际化发展具有重要的指导作用，相关制度主要包括以下四个制度。

制度一：2012 年教育部首次发布的《高等职业学校专业教学标准（试行）》。

本规定是中国首次发布的专门针对高职教育教学的标准，解决了高职教育没有国家标准的问题，对加强高职学校专业基本建设、提升教育质量具有重大意义。试行标准总共涉及 18 个大类 410 个高等职业学校专业教学标准，从专业名称、培养目标与规格、课程体系与核心课程、职业证书等 10 个方面对专业教育提出具体的建设要求，是目前正在使用和开发的职业教育专业教学的基本依据。

制度二：2018 年《教育部关于完善教育标准化工作的指导意见》（教政法〔2018〕17 号）。

制度明确提出了中等职业学校公共基础课程设置方案，并给出了思想政治、信息技术、数学、语文、历史等总共十门课程的国家课程标准。同时完善了职业学校专业目录和专业设置管理办法、专业教学标准、顶岗实习标准、实训教学条件建设标准等，使高职与中职专业教育教学活动的各个环节的要求得以明确。

制度三：2015 年教育部颁发的《普通高等学校高等职业教育（专科）专业目录（2015 年）》和《普通高等学校高等职业教育（专科）专业设置管理办法》。

这两个办法是在教育部 2004 年颁布的《普通高等学校高职高专教育指导性专业目录》（以下简称《目录》）和《普通高等学校高职高专教育专业设置管理办法》（以下简称《办法》）的基础上进行了全面修订而制定的，和“十三五”之后我国职业教育的人才培养目标与规格、职业教育的教育质量与效益、职业教育与经济社会之间的协调与适应紧密相关，因此也是课程标准制定的重要依据之一。

制度四：2019 年国务院印发的《国家职业教育改革实施方案》。

国务院发布的《国家职业教育改革实施方案》是我国国家层面对未来 5 到 10 年中国职业教育发展提出的全方位改革设想，是对我国职业教育科学发展、高质量发展的全面规划。构建职业教育国家标准是改革的重要内容之一，其中完善职业教育教学相关标准和实行 1+X 证书制度试点是建立教学层面国家标准的两个核心内容，目的是发挥标准在职业教育质量提升中的基础性作用，通过与产业需求、职业标准以及生产过程的全面对接，完善专业设置，推进专业教学、实习实训标准的建设与实施，实现学生完成学历教育的同时，取得多类职业技能等级证书，增强就业竞争力。

2. 国家层面与行业企业的职业认证要求

我国职业教育国际化发展的一个重要发展方向是引进与输出并举，在继续引进国外先进教育思想、教育模式的同时，要积极“走出去”办学，输出我们自己的教育理念、教育模式以及相应的教育资源。要“走出去”，要参与国际职业教育标准的制定，要使中国的标准在国外获得认可。职业教育“走出去”的一个重要任务就是服务国际产能合作，为海外的中资企业培养大量的熟悉中国技术、认知中国产品的本土化技术技能人才。因此，中国企业所生产的产品标准、所使用的技术标准都将成为国际化专业标准开发的重要依据。

3. 合作国家的教育制度与实际发展需求

我国职业教育“走出去”，在合作国家开展职业教育、学历教育与职业培训，为国际产能合作提供教育服务，其使用的专业课程标准首先必须满足合作国的教育制度与规则。受每一个合作国家其教育管理制度不同、经济社会发展水平不同的影响，其专业相应的教学标准也有很大的差异性。因此，对于输出性的国际化专业课程标准的制定依据，首先需要考虑对方国家的职业教育认证制度，以符合本土学历教育的要求与职业认证的要求为准，将中国专业课程的标准采用嵌入式的模式，与本土课程标准或者本土要求相融合。

（二）鲁班工坊国际化课程标准建设的原则

鲁班工坊职业教育国际化课程标准的制定与实施过程是合作与竞争并存的人才培养过程，所制定的职业教育国际化课程标准，在服务中国企业“走出去”的同时，也必然要求与之相配套的职业教育相关要素共同跟进。借鉴四国职业教育课程标准建设经验，提出我国职业教育鲁班工坊国际化课程标准的建设应该遵循以下五个原则。

1.“通用性”原则

鲁班工坊职业教育国际化课程标准的制定，本质上是中外职业教育办学活动各个要素的标准逐渐对接的过程，是以开放为基础的国际标准互通、互鉴、逐渐对接的过程，需要践行以开放为基础的国际“通用性”原则。在开发理念方面，职业教育国际化课程标准的开发与实施要以开放的理念，做到在概念、方法和标准要素等方面具有国际“通用性”，学习借鉴德国的“学习领域”和澳大利亚的“培训包”，构建以能力为导向的职业教育国际化课程标准；在内容设置方面，需要从“通用性”角度对职业教育国际课程标准进行开发，将行业领域的国际通用技术标准、国际型企业的适用标准作为课程标准开发的重要依据。

2.“选择性”原则

基于学生个体差异性和学生潜质的无限性，构建多元多层的选择性课程显得尤为重要。选择性课程可以有效帮助学有余力的学生积极拓宽视野、增长知识，充分挖掘学生的兴趣潜能，提升职业素养，促进学生的个性化和多样化发展。在课程建设过程中，要尊重学生的兴趣和需求，以职业素养提高为引导，特别是要结合所在国的经济社会发展状况和就业特点，通过合理的启发和引导，最大限度地激发学生潜质，增强学生的职业意识，提升学生的职业素养。

3.“本土化”原则

制定国际化课程标准，应该从实际需要出发，充分考虑鲁班工坊合作国家的实际，以本土的专业教育教学标准，中外合作的本土企业以及本土企业的实际需求为出发点来进行课程标准的开发。适合与融合是本土化设计课程标准的两个重点内容：一方面要确保标准的建立适合合作国家的现状实际，而非一味地追求高水平，和本土职业教育、学历教育与职业培训要求相适合的标准，具有实际的可操作性；另一方面，标准的设计要体现合作双方的学历教育与职业培训的特点，将中国的优秀成果和合作国家的原有经验与模式相互融合，优势互补、互学互鉴。

4.“多主体”原则

产教融合校企合作是职业教育发展的基本特征，鲁班工坊国际化专业教育的实施主体既有中外双方的职业院校，又有合作的行业组织与实习实训企业，同时还要有政府的支持。

因此，国际化专业课程标准的设计需采取多主体共同开发的原则，首先是专业教师，中外双方院校的专业教师是职业教育国际化课程标准开发最直接的参与者、实践者和检验者；其次是企业的专家，国际化专业的课程内容来源于学校教育教学过程中与行业企业工作过程中相融合的需求，来源于因行业企业的现实需求与长远发展对技术技能人才综合能力的要求，因此课程标准的开发必须有企业专家与师傅的参与，才能确保标准与技术发展、企业需求的同步；最后是行业组织或者认证机构的专家，中外合作开发的课程标准需要得到合作国家的认可才能真正进入学历教育与职业培训体系，因此课程开发的工具与内容等必须得到权威机构或者行业组织的认可。

5.“系统性”原则

鲁班工坊国际化专业课程是面向中外合作院校学历教育与职业培训的多重教学而设计的，因此课程的建构是梯次化、体系化的，在满足学生在不同层次的学历教育升学需求的同时，也要满足不同等级职业培训的需求，即形成中职、高职、应用技术型本科同类课程之间、不同等级职业认证培训之间的相互衔接与相互沟通，确保学生通过一个一个课程的学习能够实现在不同层次职业教育之间的晋升。

（三）国际化课程标准框架构成

国际化专业课程标准框架的设计定位是以提升鲁班工坊学生综合职业能力培养为中心的，涉及课程目标、内容、教学组织与实施的多个方面。

1. 设计定位

鲁班工坊国际化职业教育专业课程标准是专业课程教学的指导性文件，是以中外行业企业技术的发展需求、两国学历教育的专业要求为依据，对学生在课程学习过程中所学习的核心内容、课程实施的方式以及学生在完成课程学习之后，在知识、技能、情感和职业态度的综合水平应达到的目标要求等诸多方面的界定与阐述。

2. 框架设计

本研究成果将每一门国际化专业课程标准的制定分成六个部分，课程名称、课程性质、课程目标、课程纲要、教学建议与教学评价，具体见表 7-7。

表 7-7　国际化专业课程建设标准

序号	项目	关键内容
1	课程名称	XXXX 专业课程
2	课程性质	本课程在专业教育教学中的作用与地位
		本课程所适用的专业以及相关专业名录

续表

序号	项目	关键内容
3	课程目标	以学生为对象，阐述本课程学习结束后，学生应了解、认知和熟练掌握的知识与技术技能水平
		结合中国 1+X 证书体系标准，提出本课程结束后应对接的我国或相关行业、企业证书考核要求
		结合合作国的国家职业证书体系要求，提出本课程结束后应对接的合作国职业资格证书考核要求
4	课程纲要	教学目标。以课程目标为依据，设计每个单元、项目、任务或主题的教学目标或学习目标，形成教学目标框架，明确课程的核心知识点与技能点
		教学内容与实施。根据课程内容以及企业实际，设计教学项目，项目包括针对某个能力培养设计的单一项目，针对综合能力培养设计的综合项目，并给出相应的学时
		资源配置。根据各部分教学内容的实际，明确课程教学的资源开发要求，以实践导向为依据，强化职业综合能力的培养，专业理论突出能力需求，体现实用性、开放性与国内外专业内容的融合性，不以学科理论体系为框架，强调专业理论与实践教学资源的一体化设计
5	教学建议	明确每一项目内容的教学所必备的教学条件，重点说明项目单元所应配备教学装备的具体标准
		明确教学组织形式，以 EPIP 教学模式为主导，明确课程教学的具体组织与实施的方法与步骤
6	教学评价	明确课程教学评价的主要内容与评价方式方法

3. 内容说明

（1）课程名称

课程名称要与我国或者合作国家的专业课程名称相一致。

（2）课程性质

对本课程在整个专业教育教学中的作用与地位进行阐述，并明确本课程属于专业必修课程还是专业选修课程，实践必修课程还是实践选修课程。

说明本课程所适用的专业名称以及相关的专业名录。

（3）课程目标

职业教育课程目标的设计依据是学生的职业生涯发展需求，是以培养学生的综合职业能力为出发点，对课程学习结束之后学生应了解、认知和熟练掌握的知识、技能与情感态度的明确要求，并要具体到中外两国国家职业资格证书制度或者相关行业企业与本课程相对应的、与本土技术技能发展水平相对应的职业资质的要求。

（4）课程纲要

课程纲要即课程的教学计划，是由中外专业教师、行业企业与机构专家综合考虑课程目标、本土实际专业教学条件等因素，对本课程的教学目标、教学内容与设计、资源配置的整体规划。

在教学目标的定位上，紧紧围绕课程目标框架，厘清课程教学的核心知识、技能与情感态度。

在课程内容的选择与设计上，紧贴中外相关行业技术发展与企业生产实际，围绕核心专业知识与技能，采用工程实践创新项目设计方法，对课程内容进行理论与实践教学的一体化设计，包括针对某个具体能力设计单一项目，针对复杂的综合能力培养则以典型任务为依托设计复杂的综合项目，通过项目之间的组合与层次叠加，以及每个项目教学的学时数量给予规定，实现教学目标。

（5）教学建议

实践教学是职业教育教学的重中之重，教学装备与教学模式是教学质量的重要保障。因此对鲁班工坊国际化专业课程的教学建议重点包括两个方面：教学组织与实施方法和实践教学装备。

国际化专业教学的教学活动是以先进的教育教学理念为指导的，要求专业教师能够运用具有国际职业教育理念、中国特色的教学理念与教学模式，组织实施教学活动。EPIP 是天津国家现代职业教育改革创新示范区在广泛学习借鉴德国、英国等发达国家职业教育经验的基础上，与中国传统的职业教育教学相互结合而形成的本土化的职业教育教学模式，是国际化课程教学的主导模式。因此，本课程标准认为国际化专业课程的教学组织与实施应遵循EPIP教学模式的理念与规则，以真实的工程项目为载体，以创新能力培养为目标来设计组织实施教学活动。

此外，在教学装备上要紧贴教学内容的需求，明确每一部分教学活动所应当配备的教学环境条件与实践教学装备条件，确保教学能够在具有国际水准的条件下顺利实施。

（6）教学评价

作为一种类型教育，国际化专业课程的教学评价应凸显职业教育的职业性与实践性特征，将教学评价与课程目标紧密对接，注重对学生职业能力与职业素养的评价。在评价主体上，以中外相关行业、企业的技术专家和中外学校的专业教师等为评价主体；在评价内容上以学生实际获得的专业知识、技能和方法能力等为评价对象；综合运用多种方式方法，即评价方法的选择以准确获得学生达到相关能力要求的各种证据为依据，对学生的学习过程和学习结果进行综合性评判，中外两国国家、行业和企业的职业资格证书是评价的一个重要参考依据。

三、主要成效

（一）鲁班工坊国际化专业课程建设标准

鲁班工坊国际化专业课程建设标准是鲁班工坊国际化专业课程资源建设的统一协定。本标准以课程整体设计为核心，用于指导鲁班工坊国际化专业的课程建设。本标准是为鲁班工坊教学资源平台量身制定的，为鲁班工坊国际化专业课程建设提供统一技术要求，规范鲁班工坊国际化专业课程资源建设。该标准将规范鲁班工坊国际专业教学资源在鲁班工坊教学资源平台的展示，便于优质资源的教学使用。

《“鲁班工坊”国际化专业课程建设标准》的编制以职业能力标准的国际对接为基础，以跨国企业人才要求为目标，以体现国际发展趋势的专业课程开发为核心，以教学条件的世界水平建设为保障，以国际权威职业资格证书为引领，是瞄准国际先进产业和高水平职业教育的国际互认的突出本土特色与优势的专业教学标准。

(二) 鲁班工坊国际化教学资源建设标准

以鲁班工坊国际化教学设计为核心，用于指导我国职业院校在“一带一路”沿线国家建设鲁班工坊并开展国际化教学，在鲁班工坊服务平台上建设网络学习空间，开设在线开放课程等。《“鲁班工坊”国际化教学资源建设标准》依据我国最新的课程资源建设相关指南，并参考学习、教育、培训领域的信息技术标准委员会（ISO/IECJTC1/SC36)，共享内容、对象、参考模型(Sharable Content Object Reference Model，SCORM)，学习资源元数据（IMS LRM)，学习对象元数据（IEEE LTSC LOM）等国际化通用模型及标准，进一步细化了具有我国职业教育特点的国际化教学资源建设规范。

《“鲁班工坊”国际化教学资源建设标准》是为鲁班工坊国际化教学资源建设量身定制的，主要从教学资源元数据定义、素材制作标准、课程组织结构三个角度为国际化教学资源建设提供统一技术要求，规范鲁班工坊国际化教学资源建设。本标准用于支持我国职业院校在鲁班工坊建设中，基于“鲁班工坊服务平台”建设网络学习空间，开设在线开放课程等，同时适用于学习对象中与教育资源开发、应用和管理有关的领域，对教育资源技术开发、属性标注、资源管理系统开发、教育资源的质量控制等有直接的指导意义。

(三) 积累了国际化专业教学标准开发的实践经验

天津市将国际化教学标准的开发研制作为国家职业教育改革创新示范区建设的重要内容全面推进，制定了《天津市国际化专业教学标准开发路径》和《天津市国际化专业教学标准编制体例要求》，在现代制造业、战略新兴产业、现代服务业等重点领域的专业，开展了国际化专业教学标准的开发工作。

参加本子课题研究的天津渤海职业技术学院、天津机电职业技术学院、天津轻工职业技术学院、天津交通职业学院，以开发国际化专业教学标准为契机，在专业的培养目标、课程体系、教学资源配置、教学模式与方法、教学评价与管理、职业资格证书考取、就业与可持续发展等方面进行研究和实践，极大地提高了职业教育的国际化水平和影响力。

课题组成员所在学校把课程标准、教学团队标准、环境（开设条件）标准和评价标准等作为国际化专业教学标准开发的着力点，建立起国际化的课程体系和教学内容。专业课重点介绍和学习国外科学最前沿的知识、技术成果，并重组现有课程内容，进行本土化改造；公共基础课和文化素质课推动学生对国外人文知识有更深入的了解。教学中，创新双语教学的方式方法，建立起国际化的教学团队标准，积极引进具有海外学习背景的专业教师，聘请在行业内知名的跨国企业技术和管理骨干担任兼职教师，并定期派教师出国接受培训、学习或实习，逐步使师资构成呈现国际化的特征。学校建立了与国际化相适应的教学条件，建设了与国际化相适应的校内外实训基地，编写了符合国际化人才培养需要的教材，并通过“教学做”一体化，将理论、实训、实习进行有机结合。

（四）有利地促进了鲁班工坊的建设实践

参加本子课题研究的天津渤海职业技术学院、天津机电职业技术学院、天津轻工职业技术学院、天津交通职业学院都进行了鲁班工坊的建设工作。2016 年 3 月，天津渤海职业技术学院在泰国建立了第一家鲁班工坊。埃及的两个鲁班工坊由天津轻工职业技术学院、天津交通职业学院两校联合，分别与埃及艾因·夏姆斯大学和开罗高级维修技术学校合作建设。艾因·夏姆斯大学建设数控设备应用与维护、新能源应用技术、汽车运用与维修技术三个专业（属高职层次），开罗高级维修技术学校建设数控加工技术和汽车维修技术两个专业（属中职层次）。印度鲁班工坊由天津轻工职业技术学院和天津机电职业技术学院在印度金奈理工学院共建，自 2017 年 12 月 8 日正式揭牌启运。工坊建于金奈理工学院校内，建筑面积 1200 平方米，合作专业包括四个：新能源、数控设备应用与维护、工业机器人、机械设计三维建模，工坊内建设了四个国际化专业和工程实践创新项目、新能源车项目六个实训区。

鲁班工坊的中方教师并不直接给学生上课，而是用中国标准培训当地教师，再由当地教师教授学生，为合作国家培养适应当地经济社会发展需要的技术技能人才。把先进教学理念、优质专业、优质课程、优质教师、优质资源带到合作国家，合作国家不仅能收获到中国的优秀实验实训设备，而且还能收获到天津先进的职业教育理念和国际化教学标准。

（五）积极推广了 EPIP 教学模式

EPIP 是鲁班工坊的核心内容，是天津国家职业教育改革创新示范区在借鉴发达国家经验的基础上创建的教学模式，四个字母分别代表不同的含义：工程（Engineering）、实践（Practice）、创新（Innovation）、项目（Project），EPIP 是四个英文单词首字母的缩写。EPIP 教学模式以实际工程项目为导引，以实践应用为导向，以创新能力培养为目标，创新了以项目实践为统领的应用型、技术技能型人才培养新途径，强调职业教育的教学过程必须基于学生综合职业能力的发展，将理论教学与实践教学融为一体，在真实的工作情景中，形成与发展了学生的综合职业能力与创新能力。

四、存在问题与建议

一方面，研究视角应进一步扩大，要立足天津、放眼全国，做好全国范围内的调查研究，制定出适应面更广的国际化课程标准和资源建设标准。同时，应进一步加大现有鲁班工坊的资源共享力度，强化政府统筹。

另一方面，目前制定的《“鲁班工坊”国际化专业课程建设标准》和《“鲁班工坊”国际化教学资源建设标准》，只是一个 1.0 版本的标准，今后应该继续 2.0 版本的研究。进一步研发鲁班工坊国际化专业课程及资源建设工具，通过《“鲁班工坊”国际化专业课程建设标准》《“鲁班工坊”国际化教学资源建设标准》相关的技术标准内嵌到该工具中，服务于各鲁班工坊课程及资源建设。